社会教育経営の基礎

山本　珠美
熊谷愼之輔
松橋　義樹

［編著］

学文社

［執筆者］

山本　珠美	青山学院大学	［第 1 ・ 9 ・ 16 章］
熊谷愼之輔	岡山大学	［第 2 ・ 10 章］
井上　伸良	創価大学	［第 3 章］
松橋　義樹	常磐大学	［第 4 章］
久井　英輔	広島大学	［第 5 章］
稲葉　　隆	東京都立中央図書館	［第 6 章］
志々田まなみ	国立教育政策研究所	［第 7 章］
正木　遥香	大分大学	［第 8 章］
荻野　亮吾	佐賀大学	［第 11 章］
大木　真徳	青山学院大学	［第 12 章］
佐々木保孝	天理大学	［第 13 章］
内山　淳子	佛教大学	［第 14 章］
天野かおり	下関市立大学	［第 15 章］
清國　祐二	教職員支援機構	［特論 1］
鈴木　眞理	青山学院大学	［特論 2］

（執筆順）

まえがき

　本書は、「社会教育主事講習等規程の改正（2020年4月1日施行）」により、大学における社会教育主事養成課程および社会教育主事講習に新設された科目「社会教育経営論」のテキストとして刊行するものである。

　旧カリキュラム「社会教育計画」のテキストとしてこれまで学文社から刊行されてきた、倉内史郎編著『社会教育計画』（1991年）、鈴木眞理・清國祐二編著『社会教育計画の基礎』（2004年）、鈴木眞理・山本珠美・熊谷愼之輔編著『社会教育計画の基礎［新版］』（2012年）と同様、今日の社会教育をめぐる状況を理解するための基礎的・基本的な事項について、技術や技法に偏ることを避けながら、体系的に整理・解説することを試みている。

　社会教育のおかれている現在の状況を一言で表せば「危機と期待」である。

　2006年の教育基本法全部改正、数次にわたる地方分権一括法の成立などを受けて、社会教育法をはじめ社会教育にかかわる各種法令にはさまざまな改正が加わった。そのなかには、従来の社会教育行政理念の再検討を要するようなものも含まれている。さらに、社会教育法には「予算の範囲内において」と記されているが、社会教育予算は年々減じられている。制度的には相当な危機的状況と言わざるを得ず、社会教育の公教育としての基盤は揺らいでいる。

　いっぽう、社会教育は教育委員会におかれてきた社会教育行政だけが担うものではなく、首長部局においても環境や防災、食育など、地域住民に対してさまざまな学びの機会を提供し、あるいは行政外に目を転じれば、民間非営利団体や企業、高等教育機関などが、多様な学習機会を提供している。学校・家庭・地域の連携に対する期待も高まっており、とりわけ新学習指導要領がうたう「社会に開かれた教育課程」の実現のためには、これまで以上に学校教育と社会教育との協力関係が求められている。地域づくりのための人材育成も課題であり、社会教育への期待は低まるどころかむしろ高まっているといえる。

　「危機と期待」が併存するなか、今後の社会教育を「経営」という観点に基

づき，広い視野で検討することが本書の課題である。

本書の構成は以下のとおりである。

第1〜3章は本書の総論に位置づく章である。はじめに，社会教育とは何か，社会教育経営とは何かを論じ（第1章），旧カリキュラム以来の社会教育行政を理解するための基礎知識（第2章），および，近年の社会教育行政の新しい動向，とりわけ多様な手法による資金調達について取り上げている（第3章）。

第4〜6章は，社会教育の基本テーマである職員（第4章），施設（第5章），学習課題（第6章）を扱っている。そして，第7章では義務教育ではない社会教育においてはきわめて重要な広報戦略を，第8章では教育を語る際に重要なキーワードとなっている社会的包摂と社会教育とのかかわりを取り上げている。

第9〜13章は，社会教育を推進する地域ネットワークの形成に焦点を当てている。地域ネットワークのための鍵概念である「連携」「協働」の理念について検討したのちに（第9章），多様な主体，すなわち，学校・家庭（第10章），民間非営利団体（第10章），企業（第11章），高等教育機関（第12章）との連携・協働の現状と課題をそれぞれ扱っている。

さらに第14章で社会教育行政の変遷，第15章では社会教育行政と関連して家庭教育支援施策の展開について取り上げている。どのような過程を経て現在に至っているのかを知ることは，思考に深みをもたせるうえで重要である。そして第16章では社会教育経営を考えるうえでとくに重要と思われる3点，「評価と調査」「危機管理」「住民参加」についてまとめている。

巻末には，長年にわたり社会教育にかかわってきたベテラン執筆者による特論として，学校教職員等が社会教育を学ぶ意義（特論1），社会教育計画と社会教育経営（特論2）を付した。こちらもぜひ読んでいただきたい。

本書が単に基礎知識を得るのみならず，今後の社会教育のあり方について考えるきっかけとなってくれることを願う。

2021年1月

山本　珠美・熊谷愼之輔・松橋　義樹

目　次

第 *1* 章　社会教育経営の考え方

1　公教育としての社会教育

(1) 社会教育の領域―学校教育に相対するもの

　教科書というものは，学問そのものの定義，あるいは当該学問が扱う対象の定義を述べることから始めるのが通例である。それゆえ，本書『社会教育経営の基礎』も，「社会教育」とは何かについて説明することからはじめよう。

　社会教育の定義は，社会教育法（1949 年法律 207 号）第 2 条によって説明することが一般的といってよいだろう。

> 　この法律において「社会教育」とは（中略）学校の教育課程として行われる教育活動を除き，主として青少年及び成人に対して行われる組織的な教育活動（体育及びレクリエーションの活動を含む。）をいう。

　近代国家は公教育として学校教育制度を整えるが，教育は学校だけで行われているわけではない。学校外において展開されるさまざまな教育の営みを何と呼ぶかは国・地域によって異なるが，わが国では社会教育と呼称されている。

　法律上，社会教育とは学校教育以外の組織的な教育活動と規定されるが，「～以外」という定義ほど厄介なものはない。学校教育の場合，学校教育法に規定された一条校[1]における教育と範囲を定めることができるのだが，それ以外となると，主体，対象，目的，内容，方法などにおいて多様かつ膨大な教育活動のどこまでを含むものと考えればよいのだろうか。社会教育という言葉は曖昧であるといわれるが，その概念を把握することはむずかしい[2]。

　とはいえ，社会教育が学校教育に相対するものであることは間違いなく，明

治20〜30年代には学校教育に対するものとして社会教育が論じられはじめた[3]。以後，歴代の社会教育学の研究者たちは，社会教育と学校教育との具体的な相違点を語り，あるいは社会教育を学校教育の補足（学校教育の制度的内容的不足を補う教育）や継続（学校教育終了後の生涯にわたる教育）などとして捉え，社会教育の機能・特質について議論を展開してきたのである[4]。

(2) 社会教育の法的根拠

　第二次世界大戦後，日本国憲法第26条で「すべて国民は，法律の定めるところにより，その能力に応じて，ひとしく教育を受ける権利を有する」と定められた。続いて，教育基本法，学校教育法，社会教育法が制定された。憲法以外は制定時から改正されているものの，現在に至るまで，社会教育は制度的にはこれらの法律に基づき展開されている。

　1947年制定の旧教育基本法は第7条で「家庭教育及び勤労の場所その他社会において行われる教育は，国及び地方公共団体によって奨励されなければならない」「2　国及び地方公共団体は，図書館，博物館，公民館等の施設の設置，学校の施設の利用その他適当な方法によって教育の目的の実現に努めなければならない」と規定された。学校のみならず，社会のあらゆる場所で教育が実施されうるようにする必要があり，第1項では国および地方公共団体がこれを奨励すること，第2項では国および地方公共団体が自ら社会教育を行う場合の方法を示した。第二次世界大戦前においては，図書館令（明治32年）など一部を除き社会教育に関する法制は未整備であり，教育基本法（および2年後の社会教育法）によって社会教育が公教育として法的根拠をもつことになった。

　教育基本法は2006年全部改正され，現行の教育基本法では第12条が社会教育に関する規定となっている。条文は変更され，「個人の要望や社会の要請にこたえ，社会において行われる教育は，国及び地方公共団体によって奨励されなければならない」「2　国及び地方公共団体は，図書館，博物館，公民館その他の社会教育施設の設置，学校の施設の利用，学習の機会及び情報の提供その他の適当な方法によって社会教育の振興に努めなければならない」となったが，旧教育基本法同様，社会教育は国および地方公共団体が奨励すべきものである

という位置づけは変わっていない。

　教育基本法に基づいて定められた社会教育法では，より具体的に国および地方公共団体の任務などが定められている（2020年現在，第一章総則，第二章社会教育主事等，第三章社会教育関係団体，第四章社会教育委員，第五章公民館，第六章学校施設の利用，第七章通信教育）。さらに，社会教育法第9条の規定により，別に，図書館法，博物館法も定められている。

　これらの法律は，①国民の教育を受ける権利を，学校教育以外の場においても，生涯にわたって保障するものであり，②いつでもどこでも，誰でも，個人および集団での学習への参加と享受の機会を提供するものであり，③そのために国および地方公共団体が公民館，図書館，博物館などの社会教育施設を設置し，④国民の学習活動支援のための専門職員の整備充実を図るという，「社会教育の公共性」概念の根拠となっている[5]。

2　社会教育の本質

(1)　大山郁夫「二種の社会教育観」

　社会教育は，"①学校教育に相対するものであり，②法律によって国および地方公共団体によって奨励されるべきものとされている"という2点を確認したところで，本書初版刊行の100年前にあたる1920年の日本に時をさかのぼってみよう。社会教育に関する法制が整備されたのは第二次世界大戦後ではあるものの，「社会教育行政」が成立したのはそれより約四半世紀前の大正デモクラシーの時代である。「教育は国家百年の大計」という言葉があるが，当時，一体どのようなことが語られていたのだろうか。

　社会教育という言葉は先に述べたとおり明治20年代には登場していたものの，日本の文教行政においては明治期以来「通俗教育」という言葉が使われていた。しかし「通俗教育」は文部省官制には位置づけられていたものの，具体的な施策が十分に展開されていたとは言い難い。文部省が「通俗教育」に代わり「社会教育」を用いるようになり，学校教育以外の教育に本格的に取り組む

ようになったのは大正中期である。臨時教育会議の通俗教育の改善に関する答申（1918年）が「なるべく各地方には通俗教育に関する主任者を置かしむること」と述べ，それに基づく文部省普通学務局長通知により，全国の道府県に「社会教育主事」が設置されはじめた（1920年）。このとき，社会教育主事に任命された一人である福家惣衛（香川県）[6]は，地元の新聞に寄稿した「社会教育に就いて」と題する記事の冒頭で，次のように述べている。

> 　学校教育と社会教育とは国家発展の二大原動力であって，何れの一方を欠いても其の完全なる機能の発揮を望むことは出来ないのである。然るに今迄の教育は学校教育に偏して社会教育の方面を閑却してゐる。かゝる偏倚的，跛行的，畸形的な遣り方で以て文化の向上発展だの人類の幸福だの国力の充実などを望んで居るもののゐるのは，実に其の短見と痴愚とを憐れまねばならぬ。
> 　　　　　　　　　　　　　　　　　　　　　　（『香川新報』1920年12月4日付）

　仰々しい言葉が並んでいるが，社会教育主事として任命された福家の率直かつ素朴な心意気が吐露されたのだろう。記事には，これまで学校教育偏重であったこと，しかし学校教育と社会教育は国家発展の両輪であり社会教育の振興が重要であることという，当時の状況が端的に示されている。

　いっぽうで，社会教育行政に対して批判的な見方も存在した。

　一例が，福家の新聞記事とほぼ同時期の雑誌『我等』（1920年12月）に掲載された大山郁夫の「二種の社会教育観」である[7]。二種とは「支配階級の社会教育観」と「民衆の社会教育観」であり，両者は同じく社会教育といっても，その本質，内容を異にしている。前者が「結局彼等の政治的社会的の優越地位の維持を目的として居るものであるから，従ってそれは彼等の統治目的とは切り離すことが出来ないもの」であるのに対し，後者については次のように述べる。

> 　民衆の側から出た社会教育観は，民衆の実生活上の必要から湧き出でたものである。…それは，新しき社会生活の創造のために民衆が民衆自身を訓練することを，その使命とするものである。…民衆自身の手に依てそれを実行しなければならぬものである。

大山は論考の末尾で「『社会教育』といふ言葉は，『学校教育』に対立するものとして用ひられ，学校以外の教育といふ意味を付与せられてゐる場合もあるが，私は或る種類の教育を，その教育自身の本質内容に依ってでなく，それが執行せられる機関に依って標識しようとすることから出たこの用法に賛成することが出来ない」と述べ，社会教育を単に学校教育以外という意味で用いることには否定的であった。代わりに，社会教育の本質とは何かを問い，それは支配階級（「文教の任に在るもの」＝文部省）による教化や馴化であってはならず，新たな社会創造をめざして行われる民衆自身の自己教育であらねばならぬと論じた。戦前の社会教育行政（通俗教育行政）は，碓井正久が「官府的民衆教化」という言葉で表したように[8]，国家による国民の思想善導を目的としており，大山はそれを批判したのであった。

　福家と大山の文章からは，大正中期に社会教育行政が本格的に展開されはじめたこと，そして，社会教育行政誕生のまさにそのときから，「社会教育＝学校教育以外の教育」と単に領域概念で捉えるだけでなく，本質として国家の統制を受けない自己教育であるという認識が存在したことが確認できるだろう。

(2)「国民の自己教育・相互教育」と「社会教育の自由」

　大山をはじめとする戦前の社会教育行政に対する批判は，第二次世界大戦後，社会教育法の理念となって結実した。文部官僚として社会教育法の制定において中心的な役割を果たした寺中作雄は，次のように述べている[9]。

> 　第一に社会教育の本質に関する認識が改められなければならない。社会教育は本来国民の自己教育であり，相互教育であって，国家が指揮し統制して，国家の力で推進せらるべき性質のものではない。国家の任務は国民の自由な社会教育活動に対する側面からの援助であり，奨励であり，且奉仕であるべきであって，例えば社会教育関係の団体を統制し，指揮したりするようなことは慎まなければならない。

　教育基本法にせよ社会教育法にせよ，社会教育は国および地方公共団体が奨励すべきものと定めているが，このことは社会教育を行う主体が国や地方公共団体のみであることを意味しない。社会教育は社会教育行政によって発展して

きたが，行政だけが社会教育を担っているわけではない。伝統的には社会教育関係団体（社会教育法第10条「公の支配に属しない団体で社会教育に関する事業を行うことを主たる目的とするもの」）が，近年ではそれらに加えてNPOや企業など多様な主体が，地域住民等に対してさまざまな学習機会を提供している。

　そして，社会教育法には，不当な支配・干渉を受けない「自律性」と自らの意思によって行う「自発性」を守るため，「社会教育主事は，社会教育を行う者に専門的技術的な助言と指導を与える。ただし，命令及び監督をしてはならない」（第9条の3），「国及び地方公共団体は，社会教育関係団体に対し，いかなる方法によっても，不当に統制的支配を及ぼし，又はその事業に干渉を加えてはならない」（第12条）と，専門的教育職員である社会教育主事や国・地方公共団体に対して厳しい制限が加えられた。再び寺中を引用すると，「社会教育は社会の中にある教育であり…法制では規制しきれない教育活動の分野であって，下手にこれを法制のわく内に閉じこめることは，自由を生命とする社会教育を却って圧殺する結果となることを恐れる」としつつ，次のように述べる[10]。

> 　法制化は必ずしも国民の側に拘束と負担とをもたらすものではない。大きく国民の自由をもたらすために，自由を阻む方面に拘束を加えて，自由なる部分の発展と奨励とを策することも法制化の一の使命である。…社会教育の自由の獲得のために，社会教育法は生れたのであるということができるであろう。

　以上，社会教育とは，領域的には学校教育以外の場で展開される教育であり，公教育として国および地方公共団体によって奨励されるべきものであるが，その本質は自律性，自発性に基づく国民の自己教育および相互教育であり，国・地方公共団体による不当な支配・干渉を排したところに成り立つものであると，まとめることができるだろう。

3 社会教育の経営

(1) 社会教育経営の枠組み

社会教育経営論を学ぶにあたり，処方箋的知識（あるいは技法）の獲得のみに陥ることなく，社会教育の本質を問い続けることは必要である。それゆえ，ここまでは原点に立ち返り，あえて古い文献などに依拠しながら「社会教育とは何か」について述べてきた。ここで再び現代に時を戻して，ここからは本書のタイトルである「社会教育経営」について検討したい。

「社会教育経営」は，多くの人にとって聞き慣れない言葉であろう。古くは川本宇之介『社会教育の体系と施設経営：経営編』（最新教育研究会，1931），比較的新しいものとしては（とはいえ40年以上前だが）塚本哲人・古野有隣編『社会教育の経営』（第一法規出版，1979）など，「社会教育」と「経営」をタイトルに掲げる文献はわずかながら存在するし，あるいは公民館経営や図書館経営，博物館経営など各社会教育施設と経営を結びつけた使用例がみられないことはないものの，広く使われてきた用語とは言い難い[11]。その証拠に，これまでに刊行された主だった社会教育事（辞）典[12]を調べると，関連する「社会教育行政」や「社会教育財政」，「社会教育計画」が独立した項目，あるいは索引にあげられているのに対して，「社会教育経営」という言葉は見当たらない。

ただし，「社会」を取り除いた「教育経営」は昭和20年代から使われはじめ，1958年には教育経営学会（現日本教育経営学会）が発足している。

高野桂一は「『教育経営』とは，広義には，教育行政および学校をはじめとする諸種の教育組織体がその教育目的達成のために行う人的・物的・財政的諸条件および教育内容・方法的条件を整備する活動の総体を意味する」と定義し，続いて公教育には学校教育と社会教育があることから，教育経営は「学校教育経営と社会教育経営とに分けることができる」という。さらに，「学校教育経営または社会教育経営のいずれもが教育行政の行う行政的経営と各種の教育機関それ自体の行う現場実践的・専門的経営の二つの側面をもっている」と，教育経営には行政レベルの経営と，現場レベルでの経営があると述べている[13]。

先にあげた塚本・古野編『社会教育の経営』の第1章冒頭も，社会教育において経営概念が使われる背景として，「行政活動も施設活動も，自らがそれぞれの目標を設定し，それに必要なヒト，モノ，カネなどの手段を選択し組織し，その手段の組み合わせによる実践活動を展開し，その実践のあと，はたして当初の目標にどの程度まで到達しえたかを評価（反省）するというサイクルで動いていくことをめざすようになった」と述べている。そして，社会教育経営とは，「① 目標設定，② 計画立案，③ 計画実践，④ 自己評価の4つのステップ」，すなわち，PDCA（Plan-Do-Check-Action）サイクルであるという[14]。

　ところで，教育に経営という言葉が用いられるようになった歴史的背景は，明治以来の中央集権的な教育構造における教育法規の解釈および適用としての「学校管理」に対して，大正デモクラシーを背景に教育理想の実現をめざす「学校経営」が使われたことであるという[15]。これは，「教育行政」と「教育経営」との違いについてもみられることである。「教育行政」が教育法規に則った管理的営為であるのに対して，「教育経営」は「教育法規に制限されつつも，その機能の根拠を常に教育の論理に置くというあり方を指すもの」[16]とされる。教育経営が教育の論理に基づく概念であるということは，篠原岳司が（教育経営学が学校経営を中心に発展してきたことをふまえて）「教育経営学は常にその時代の教育政策，そして学校と家庭と地域の教育の様相に着目し，国家権力との関係も視野に入れ，学校の自律性をいかに実現できるかを問うてきた」[17]と述べていることに通底する。

　このことは重要である。私たちは社会教育経営という言葉を，法規に基づきつつも，社会教育の本質から導き出される目的を達成するため，すなわち，政府の教育振興基本計画や中央教育審議会答申に基づきつつも，あくまでも個人のニーズや地域社会の課題解決のため，人的・物的・財政的諸条件および教育内容・方法的条件を組織化することとして理解すべきなのである。昭和初期に川本宇之介が「社会教育経営の原則」として，自己教育や多様性，機会均等などをあげていたことは，覚えておいてしかるべきであろう[18]。

　なお，教育経営には行政レベルの経営と現場レベルの経営，2つの側面があ

ると先に述べたが，本書が射程としているのは，現場のことも念頭におきつつ主には行政レベルでの経営である。本書が，社会教育主事資格取得のための新カリキュラムにおける必修科目「社会教育経営論」のテキストであり，社会教育主事とは都道府県および市町村の教育委員会事務局におかれる職であるからである（社会教育法第9条の2）。その意味で，旧カリキュラムの必修科目「社会教育計画」と内容面で重複することはご承知いただきたい。

(2) 社会教育（行政）をとりまく環境の変化

今日の社会教育について，藤原文雄は「社会教育への高い期待と社会教育行政の危機が併存している点に特徴がある」[19] と述べている。

社会教育は，公教育として主に社会教育行政が整備・推進する以外にも，多様な主体が取り組んでいる。それこそが「社会教育の公共性」であり，学校教育とは異なる社会教育のあり方である。近年の特徴的な動向をあげると，社会教育の推進を目的にあげる特定非営利活動法人は全法人中半数弱を数え，企業の社会的責任（CSR：Cooperate Social Citizenship）により，従来の民間教育文化産業のみならず直接教育を目的としていない民間企業もさまざまな学習機会を提供するようになっている。高等教育機関が地域連携として行う事業も増加の一途である。個人のニーズに応じた学習，あるいは地域課題解決や地域づくりに向けた学習への関心の高まりから，これまで社会教育を担ってきた社会教育関係団体以外にもさまざまな事業体が社会教育に参入し，活況を呈している。

しかし，社会教育行政に焦点を当てると，1990年代以降の規制緩和と地方分権による一連の法改正に伴い，社会教育行政所掌事務の首長部局への移管が一部可能となり，また，厳しい行財政改革に伴って，社会教育主事の大幅な減少や社会教育関係予算の削減，社会教育施設の減少がみられる。「『埋没』状況にある社会教育行政」[20] と称するほかはない状況となっている。

学校教育と比べて制度化の度合いが弱い社会教育行政は，以前から自治体間で取組に差があったのであるが，法令の弾力化がさらに進められたことで，自治体の主体的判断が強く求められるようになっている。詳細は後章に譲るが，社会教育行政の根幹である住民参加制度（教育委員会が委嘱・任命する社会教育委

員, 公民館運営審議会など) は, かつては社会教育法に明示された委員構成が削除され, 各地方公共団体の条例で定めるものとなっている[21]。前例踏襲主義で昔の規定のまま委員を任命しているのであれば, 果たしてそれが現在も適切であるのかどうか, 制度を積極的に位置づけ直すには再考の必要があるかもしれない。施設の管理・運営についても, 2003年の地方自治法改正によって, いわゆる「直営」方式か指定管理者かを選べるようになった。社会教育行政を担う体制 (行政委嘱委員の構成, 施設の管理・運営) をどのように組織化すべきかは, そもそもの所管も含め, 各自治体が主体的に判断しなければならない。

　さらに深刻な課題は, 財政面である。実のところ,「教育経営≒学校経営」として語られてきたゆえに, 教育経営学の文脈では (少なくとも大学経営を除けば) これまで表立って議論されてこなかったのがこの点である。社会教育費が貧弱であるとは長年繰り返しいわれてきたことであるが, 令和元年度地方教育費調査 (平成30会計年度) をみると, 社会教育費はピーク時の平成8年度の2兆8063億円から平成30年度は1兆5254億円へと, 45.6%も減少している。たしかに同期間の学校教育費も減少しているとはいえ (8年度15兆2447億円→30年度13兆4415億円；11.8%減), 社会教育費の減少幅はあまりに大きい。

　一般的に「経営」という言葉からは, 民間企業の経営をイメージすることが多いのではないだろうか (もちろん, 病院や大学, 寺社, NPOの経営など, 必ずしも民間企業にのみ使われるわけではないが)。民間企業の経営においては, 採算がとれることが重要である。そして, 社会教育においては1980年代以降「民活」が唱えられ, 公設民営や指定管理者制度, 国立社会教育施設の独立行政法人化などが次々と導入されてきた。社会教育経営には, あえてオブラートに包まず直接的な言葉を用いれば「社会教育の目的を実現するための専門的職員, 事業実施, 施設維持, 等々のお金の算段をいかにつけるか」という議論が―それが果たして「国家百年の大計」として望ましい方向であるかどうかは別にして―以前にもまして重要になっているのである。

　かくして, 現在, それぞれの地方公共団体において, 単に法規に従って社会教育にかかる業務を実施するだけではなく, 自律的, 主体的に経営する能力―

ヒト，モノ，カネを組織化する能力―が必要とされている。本書の読者は，その覚悟をもって，社会教育経営論を学んでほしいと強く願う。

【山本　珠美】

【注】

1) 本書初版現在の学校教育法第一条は次のとおり。「この法律で，学校とは，幼稚園，小学校，中学校，義務教育学校，高等学校，中等教育学校，特別支援学校，大学及び高等専門学校とする」。
2) 社会教育法における定義はあくまでも「この法律において」のものであり，数ある定義のうちの1つにすぎない。『社会教育・生涯学習辞典』の「社会教育」には，「社会教育の定義は歴史的に多様であったが，今日においても定まった定義があるわけではない。定義づけようとする者によって多様な定義が存在するのである」と書かれてある。松田武雄「社会教育」社会教育・生涯学習辞典編集委員会編『社会教育・生涯学習辞典』朝倉書店，2012，p.241.
3) たとえば，山名次郎『社会教育論』金港堂，1892／佐藤善治郎『最近社会教育法』同文館，1899. など。
4) 倉内史郎「Ⅳ 学校と社会教育」小川利夫・倉内史郎編『社会教育講義』明治図書出版，1964，p.131-145. による。そのほかにも，たとえば，宮原誠一は，社会教育の発達形態を「学校教育の補足」「学校教育の拡張」「学校教育以外の教育的要求」と論じている。『宮原誠一教育論集 第二巻 社会教育論』国土社，1977，p.15-24.
5) 姉崎洋一「社会教育の公共性」社会教育・生涯学習辞典編集委員会編，前掲，p.253.
6) 香川県知事は1920年6月13日社会教育主事の設置及び職務規定について訓令を発し，香川県師範学校教諭の福家惣衛を社会教育主事に任命した。
7) 大山郁夫「二種の社会教育観：社会教育の意義に関する一考察（後篇）」『我等』1920年12月号。復刻は，小川利夫監修『社会教育基本文献資料集成 第21巻 社会教育批判と自己教育論2』大空社，1992，p.197-208.
8) 碓井正久『社会教育の教育学』〈碓井正久教育論集Ⅰ〉国土社，1994，p.99（初出は碓井正久編『社会教育―戦後日本の教育改革10』東京大学出版会，1971）。碓井は，戦前の社会教育について，「終始，絶対主義的官僚が社会教育組織化の主導権をにぎっていた」「全面的に体制目的に占有するという意味での『教化』活動にほかならなかった」と述べている。
9) 寺中作雄『社会教育法解説』社会教育図書，1949，p.9-10.
10) 同上，p.1.
11) もちろん，これは社会教育主事講習等規程改正で2020年度から社会教育経営論が必修科目となる前の話である。
12) 小和田武紀ほか編『社会教育事典』岩崎書店，1955.／平沢薫・三井為友編『現代社会教育事典』進々堂，1968.／河野重男ほか編『社会教育事典』第一法規出版，

1971.／伊藤俊夫ほか編『新社会教育事典』第一法規出版，1983.／社会教育・生涯学習辞典編集委員会編『社会教育・生涯学習辞典』朝倉書店，2012. など。

13)　高野桂一「教育経営概念の検討（特集・日本における教育経営研究の成果と課題）」『日本教育経営学会紀要』第 25 号，1983，p.30-31.

14)　岡本包治「社会教育経営の評価」塚本哲人・古野有隣編『社会教育の経営』第一法規出版，1979，p.3.

15)　大嶋三男「教育経営」海後宗臣・村上俊亮・細谷俊夫監修『教育経営事典』（第 2 巻）帝国地方行政学会，1973，p.68-69.

16)　河野重男「アプローチⅣ―教育経営学の視座」伊藤俊夫ほか編『新社会教育事典』第一法規出版，1983，p.27.

17)　篠原岳司「教育経営学―学校の自律性と臨床的アプローチ，その追及の先に」下司晶ほか編『教育研究の新章（教育学年報 11)』世織書房，2019，p.252.

18)　川本宇之介『社会教育の体系と施設経営：経営編』最新教育研究会，1931，p.12-25.

19)　藤原文雄「社会教育における制度の意味」鈴木眞理・稲葉隆・藤原文雄編『社会教育の公共性論―社会教育の制度設計と評価を考える』〈講座 転形期の社会教育Ⅴ〉学文社，2016，p.43.

20)　稲葉隆「教育改革と社会教育行政の位置」同上，p.36.

21)　社会教育委員の場合，社会教育法制定時には第 15 条に「一　当該都道府県又は当該市町村の区域内に設置された各学校の長，二　当該都道府県又は当該市町村の区域内に事務所を有する各社会教育関係団体において選挙その他の方法により推薦された当該団体の代表者，三　学識経験者」と委員構成の定めがあったが，当該箇所は削除された。公民館運営審議会なども同様である。

キーワード

日本国憲法第 26 条　教育基本法　社会教育法　社会教育の公共性　自己教育
相互教育　自律性　自発性　主体性　社会教育の自由　社会教育主事　社会教育経営

この章を深めるために

(1) 社会教育の原理原則について，「公教育としての社会教育」「社会教育の自由」をふまえて，整理してみよう。

(2) 近年の社会教育（行政）をとりまく環境の変化を考慮しつつ，社会教育経営の課題について考えてみよう。

【参考文献】

川本宇之介『社会教育の体系と施設経営：経営編』〈最新教育研究叢書 7〉最新教育研究会，1931

寺中作雄『社会教育法解説』社会教育図書，1949

塚本哲人・古野有隣編『社会教育の経営（社会教育講座第 3 巻)』第一法規出版，1979

鈴木眞理・稲葉隆・藤原文雄編『社会教育の公共性論―社会教育の制度設計と評価を考える』〈講座 転形期の社会教育Ⅴ〉学文社，2016

第2章　社会教育行政の経営戦略

1　社会教育行政のコンセプト

(1) 教育行政と社会教育行政

　教育行政とは，国や地方公共団体といった公権力の機関による教育を対象とした作用のことをさす[1]。教育行政の主体は，国と地方公共団体である。いっぽう，教育行政の客体は，国が主体である場合には国民あるいは地方公共団体（教育委員会）であり，地方公共団体の場合には当該地域の住民となる。つまり，地方公共団体は，教育行政の主体であると同時に客体にもなるのである。

　教育行政の主体が行う作用は，①規制作用，②助成作用，③実施作用の3種類に区分される[2]。①の規制作用は，教育行政の主体である国や地方公共団体が，教育の客体である地方公共団体や国民に対して，一定の義務を課したり解除したり，行為に制約を加える権力的作用である。たとえば，就学義務を課したり，猶予・免除することや，市町村立学校の設置・廃止の認可，公務員に対する分限・懲戒処分などがあげられる。②の助成作用は，教育行政の主体が客体の行為を奨励・援助するための指導・助言・援助や，経費の補助を行う非権力的な作用の1つである。具体的には，教科書の無償給与や補助金の交付などがこれにあたる。同じく非権力的作用に位置づけられる③の実施作用は，教育行政の主体である国や地方公共団体が，自ら必要な教育事業を実施する作用のことをいう。具体的には，学校や図書館，博物館等を設置し，維持・運営したり，出版物の作成・配布を行うことなどがあげられる。教育行政は，ほかの行政領域に比べて，②助成作用や③実施作用が多く，①規制作用が少ないとされる。

もちろん，このことは教育行政の一環である社会教育行政にもあてはまる。むしろそれ以上に，人々の自発的・自主的な学習活動を重視する社会教育行政においては，権力的な規制作用が抑えられている。社会教育行政の作用で，規制作用と呼ばれるものは，公民館において運営方針に反する行為を行った際の事業または行為の停止（社会教育法第23条），博物館の登録・取消（博物館法第10～17条）など，ごく一部を除いては存在しない[3]。このようにみると，教育行政のなかで社会教育行政のもつ，一段と非権力的な性格がわかるだろう。

(2) 教育基本法からみる社会教育行政の任務

　これらの作用を果たすため，教育行政は法律主義の原理に基づいて行われる。社会教育については，教育基本法（1947年，2006年全部改正）のもと，社会教育法（1949年），図書館法（1950年），博物館法（1951年）が制定され，現在につながる社会教育行政が動き出していく。

　現行の教育基本法で社会教育行政の任務についてみると，第12条第1項に，「個人の要望や社会の要請にこたえ，社会において行われる教育は，国及び地方公共団体によって奨励されなければならない」という規定がある。次の第2項では，「国及び地方公共団体は，図書館，博物館，公民館その他の社会教育施設の設置，学校の施設の利用，学習の機会及び情報の提供その他の適当な方法によって社会教育の振興に努めなければならない」と規定し，国や地方公共団体の責任と任務を明らかにしている。ここで大事なのは，社会教育行政における国や地方公共団体の任務が，「奨励」や「振興」と表現されている点である。ここからも社会教育行政の非権力的助長行政としての性格が読み取れ，人々の自発的・自主的な学習活動を支援するところに社会教育行政の主要な任務があるといえる。

　ただし，人々の学習活動はさまざまな場で展開されており，社会教育行政だけでそれを担っているわけではない。たとえば，厚生労働省系統の子ども・子育て支援のための施策や，総務省系統の地域コミュニティに関連する施策など，社会教育行政と同様の事業が数多く存在する。こうした社会教育行政以外の行政部局を「社会教育関連行政」と捉えた場合，社会教育行政との違い，言い換

えれば社会教育行政の独自の意味はどこにあるのだろうか⁴⁾。鈴木によれば，社会教育関連行政においては手段と考えられる教育・学習が，社会教育行政においては目的そのものであると捉えられている⁵⁾。このように，自発的・自主的な学習活動への支援自体を目的や任務とする社会教育行政には，社会教育関連行政では必ずしも強調されない，独自の原則が存在する。そうした原則を，地方教育行政に関する4つの理念をもとにおさえておこう。

2　社会教育行政の原則

(1) 市町村主義

　地方教育行政を規定する「地方教育行政の組織及び運営に関する法律」（以下，地教行法）は，①地方自治の尊重，②教育の政治的中立と教育行政の安定，③指導行政の重視，④行政の調和と連係の4つの理念で支えられている⁶⁾。

　第一の「地方自治の尊重」とは，住民に最も身近な存在である市町村が教育を行うべきとするもので，社会教育行政も，このいわゆる「市町村主義」を原則としている。社会教育法には，国の役割が「地方公共団体に対し，予算の範囲内において，財政的援助並びに物資の提供及びそのあっせんを行う」（第4条）と間接的に示されているのに対し，市町村の教育委員会には「社会教育に関し，当該地方の必要に応じ，予算の範囲内において」（同第5条），社会教育施設の設置・管理，講座の開設・奨励など，さまざまな事務を行うことが直接的に規定されている。いっぽう，都道府県の教育委員会には，社会教育指導者などの研修に必要な施設の設置・運営，市町村の教育委員会との連絡など（同第6条），市町村を補完する役割を位置づけ，市町村主義が貫かれている。なお，都道府県教育委員会は，1990年に制定された「生涯学習の振興のための施策の推進体制等の整備に関する法律」（生涯学習振興法）によって，生涯学習審議会の設置など広域的な生涯学習振興のための体制整備の役割も担うことになっている。

　市町村主義に基づいた運営を進めるため，社会教育行政には住民の意思を反映させるための制度が導入されている。代表的なのが，社会教育に関する諸計

画の立案，教育委員会の諮問への意見提出，必要な研究調査など，教育委員会に助言する職務をもつ社会教育委員の制度である（社会教育法第15〜18条）。そのほか，「置くことができる」という任意設置ではあるものの，公民館における公民館運営審議会（同第29〜31条），公立図書館における図書館協議会（図書館法第14〜16条），公立博物館における博物館協議会（博物館法第20〜22条）が，運営への住民参加制度として用意されている。

(2) 環境醸成と指導・助言

　第二に，教育は中立公正であって簡単に変えるべきものではないというのが，「教育の政治的中立と教育行政の安定」の理念である。このことは，教育基本法第16条において「教育は，不当な支配に服することなく，この法律及び他の法律の定めるところにより行われるべきものであり，教育行政は，国と地方公共団体との適切な役割分担及び相互の協力の下，公正かつ適切に行われなければならない」と明記されている。社会教育行政も，一般行政から独立した教育委員会の所管のもと，教育活動の中立性が確保されている。

　しかし，第二次世界大戦前における日本の教育は今日と大きく異なり，社会教育政策も国民に対する教化としての性格を強め，戦争遂行のための役割を担ってしまった。この反省をもとに，戦後は社会教育行政のあり方についても転換が求められた。それは，社会教育行政の役割を規定した社会教育法第3条，「国及び地方公共団体は，（中略）社会教育の奨励に必要な施設の設置及び運営，集会の開催，資料の作製，頒布その他の方法により，すべての国民があらゆる機会，あらゆる場所を利用して，自ら実際生活に即する文化的教養を高め得るような環境を醸成するように努めなければならない」という条文に象徴的に示されている。つまり，社会教育行政にとって，国民の主体性を尊重し，その自発的な学習を奨励・助長するための「環境を醸成する」ことが，根幹をなす原則なのである。

　これに関連して，第三の「指導行政の重視」は，法的拘束力を伴わない指導・助言・援助を教育行政の中心とすべきという理念である。もちろん，社会教育行政における指導・助言も，「環境醸成」の原則に基づいて行われる。たとえば，

社会教育法第11条で「文部大臣及び教育委員会は，社会教育関係団体の求めに応じ，これに対し，専門的技術的指導又は助言を与えることができる」とある。ここで重要なのは，婦人会，PTA，子ども会，青年団に加え，スポーツや文化団体など多岐にわたる社会教育関係団体からの，あくまで「求めに応じ」た指導・助言であるという点である。同第12条において「国及び地方公共団体は，社会教育関係団体に対し，いかなる方法によっても，不当に統制的支配を及ぼし，又はその事業に干渉を与えてはならない」とあるように，行政には社会教育関係団体の自発性・自主性を確保したうえでの条件整備や環境醸成が求められる。このことは，しばしば「サポート・バット・ノーコントロール（援助すれども統制せず）」の原則と呼ばれる。

　教育委員会事務局におかれる社会教育主事についても，「社会教育を行う者に専門的技術的な助言と指導を与える。ただし，命令及び監督をしてはならない」（同第9条の3）と，社会教育主事の助言や指導を与える専門的職員としての立場を明示し，命令・監督することを禁止している。また，2008年の同法改正で社会教育主事の職務について，「学校が社会教育関係団体，地域住民その他の関係者の協力を得て教育活動を行う場合には，その求めに応じて，必要な助言を行うことができる」という項目も加わった。

(3)「行政の調和と連係」の理念と社会教育行政

　第四の「行政の調和と連係」の理念は，教育を専門とする教育委員会が，他の行政機関と連携することを求めるものである。地方教育行政においては，自治体内で教育委員会と首長の職務権限を明確にしている。たとえば，教育委員会は公立学校の教育や社会教育を，首長は大学・私立学校に関することや予算の執行などを担っている。このように，それぞれに権限が分有されているため，この理念，すなわち教育行政と一般行政が相互につながりあう「連係」，さらには互いに連絡を取り，一緒に物事を行う「連携」が重要になる。

　しかし，1990年代後半から地方分権改革が進むと，首長が教育行政も直接担えるようにするべきとの意見が強まってきた。こうした，いわば「第二と第四の理念の対立のはざま」のなかで，2014年の地教行法の改正では，第四の

理念を強め，首長が自治体の教育における基本的方針を定めた「大綱」を策定し，首長と教育委員会が協議する場として「総合教育会議」を設置することになった[7]。義務づけられた大綱を策定する際には，この総合教育会議で協議・調整を行うことになるが，最終的には首長の判断で大綱を決定する。

　いっぽう，教育基本法第17条の2で地方公共団体は，国の「教育振興基本計画」を「参酌し，その地域の実情に応じ，当該地方公共団体における教育の振興のための施策に関する基本的な計画を定めるように努めなければならない」と，地方においても，「教育振興基本計画」を策定する努力義務が明記されている。そして，この計画は主に教育委員会が作成することになっている。見るところ，「大綱」と教育振興基本計画は役割が重複しており，地方公共団体が教育振興基本計画を定めている場合には，そのなかの目標や施策の根本となる方針の部分が大綱に該当すると考えられる。そのため，2014年7月17日の文部科学省初等中等教育局長通知では，「地方公共団体において，地方公共団体の長が，総合教育会議において教育委員会と協議・調整し，教育振興基本計画をもって大綱に代えることと判断した場合には，別途，大綱を策定する必要はない」とされている。

　社会教育行政にひきつけて，「行政の調整と連係」の理念をみると，1998年の生涯学習審議会答申「社会の変化に対応した今後の社会教育行政の在り方について」が注目される。この答申では，今後の社会教育行政の重要な課題として「ネットワーク型行政の推進」をあげ，「社会教育行政は生涯学習振興行政の中核として，積極的に連携・ネットワーク化に努めていかなければならない」と提言している。つまり，生涯学習振興行政の要としての役割が，社会教育行政に期待されているのである。

　ここまでを考えあわせると，社会教育行政のもつ独自の原則を確保したうえで，社会教育行政を中核に，一般行政，なかでも社会教育関連行政との連携を図る「ネットワーク型行政」のあり方が追求されなければならない。

3　社会教育行政のマネジメント

(1)　経営戦略の必要性と社会教育計画の意味

　社会教育行政がどのような原則をもっているかに関係なく，環境は変化する。そこで，原則を確保しながら，社会教育行政を推進していくためには，環境の変化に対応し，あるいは環境変化を先取りする形で，社会教育行政自体も変わっていかなければならない。そのための一定の方向性や指針を提供する設計図のようなものが，「経営戦略」である[8]。家を建築する際の設計図は，このような家に住みたい，建てたいという構想（意図）を具体的に表示したものであり，設計図が拠出できる予算の範囲（資源）を超えたものであれば，家を建てることは不可能になる。また設計図は，多くの工事担当者の活動を調整し，ちぐはぐな家ができるのを防いでいる。同じように，将来構想を伴った経営戦略がなければ多くの人々の活動を一定の方向に向け，有効な協働を促すことができない。そして，たとえ経営戦略が存在したとしても，経営資源を無視したものであれば実現困難となる。

　今日，社会教育行政をとりまく環境はめまぐるしく揺れ動いている。このような状況下で，多様なステークホルダー（利害関係者）の集まりとも認識できる環境との相互作用を通して，社会教育行政を推進していくには，有効な経営戦略が必要になってきているのである。

　経営戦略の重要な構成要素として位置づくのが「計画」である。計画とは何らかの未来を構想して設定された目的や目標を達成するための手段をまとめたものである。このことを生涯学習と社会教育の関係にひきつけていえば，生涯学習支援のための社会教育の領域で設定された目的や目標を達成するために必要な政策手段を体系的にまとめたものが，「社会教育計画」ということになる。

　ここで気になるのは，社会教育を計画するということが，学習者の自発性や主体性を重視する社会教育の原理と矛盾するのではないかという疑問である。これに関して鈴木は，「計画ということ自体が多かれ少なかれ自由の抑圧という側面をもつ点を問題視することよりも，人びとの自由・自発性を確保できる

ような計画のあり方を考えるという視角が重要」[9]であると指摘している。つまり，社会教育の自由や学習者の自発性を尊重し，確保するためにも行政による社会教育計画が必要で意味があると考えていくほうが現実的なのである。

(2) 社会教育計画の体系と種類

　社会教育を計画する意味をふまえれば，社会教育計画には学習者の自発性を前提として「環境を醸成する」，すなわち社会教育の環境をハード面から整備していくことがまず求められる。つまり，社会教育計画は「行政計画」の一部として財政的に裏打ちされた形で実現されていく必要がある。行政計画といえば，地方自治体の大部分は，まちづくりの基本的な理念や目標，方針などを定める「基本構想」とこれに基づく「基本計画」および「実施計画」からなる「総合計画」を策定し，行政運営を行っている[10]。

　この行政計画のなかで社会教育計画は，最も上位に位置する総合計画の下位計画，あるいはそこから導かれる部門別計画の１つとして位置づく。その一方で，社会教育計画は各種の事業や活動の企画・実施といったソフト面を中心とした，文字どおり「教育計画」でもある。自治体には，教育行政の方向性を示す教育大綱・教育振興基本計画が策定されており，これらの計画のもとに学校教育計画や社会教育計画が定められている。

　このようにみると，社会教育計画には，「行政計画」と「教育計画」の両面を併せもつ性格があることをおさえておく必要がある。関連して，地方自治体には生涯学習振興計画や生涯学習推進計画を策定しているところが多数ある。しかし，その計画では社会教育計画との違いや関係が明確に意識されていないことが多く，なかにはそれまでの社会教育計画を生涯学習振興計画などの名称に言い換えたにすぎないものも現実にはある。計画体系のなかで連動性や関連性をもった社会教育計画を考えていくには，生涯学習や社会教育の基礎的な概念の理解が必要であることはいうまでもない。

　社会教育計画は一般に行政が策定するものであるが，その計画内容や期間などによって多様なものが存在する。たとえば，行政計画と教育計画の二面性をもつ社会教育計画には，「施設・物的な事項」や「人的・財的な事項」などの

いわゆるハード面の計画である施設計画，指導者計画，行財政計画があり，ソフト面である社会教育事業にかかわる事業計画もある。また，5〜10年程度を計画期間とした総合的な構想と施策である「中・長期計画」，各年度の「年間事業計画（単年度計画）」など計画期間によっても分けられる。これらのさまざまな計画の総称が，社会教育計画なのである。

　こうした社会教育計画は，国レベル・都道府県レベル・市町村レベルといった層ごとに存在し，それぞれの地方自治体レベルでも，中・長期計画に基づく年間事業計画という層化がみられる。さらに，社会教育の事業を中心にした年間事業計画をもとに「個別事業計画」や，学級・講座等における「学習プログラム」が作成されていくことになる。

(3) 社会教育計画と PDCA サイクル

　現在の行政には，戦略的な視点をもって，「行政を経営（マネジメント）する」ことが不可欠になっている[11]。そのため，社会教育計画においても，マネジメントの代表的な考え方・手法である PDCA サイクルの導入が求められている。PDCA サイクルとは，P（Plan：計画）→ D（Do：実行）→ C（Check：評価）→ A（Action：改善）を段階的かつ循環的に推進し，事業改善を図るものである。循環という点では，評価と改善の段階が2周目以降のサイクルへ向けてのポイントとなる。この段階，とくに評価をしっかりと行わなければ，PDCA サイクルをうまく回すことができない。

　このように注目される評価ではあるが，評価は最後になって，つまり事業や講座等の終了とともに評価を始めるという考えが根強く，この段階になって計画につなげなければならないと慌てて評価を取り繕うというケースがみられる。これではまさに"評価のための評価"である。なにも評価はあとになってから考えるのではなく，評価と計画はリンクしているため，計画の時点で評価の視点を組み込んでおくことが必要である。計画時の目標が，達成された成果を測定するための評価指標にもなる点は看過されがちである。どうしても目的は曖昧で抽象的なものになりやすいが，目標はその後の評価指標になりうるように，評価結果を予測して具体的に設定していくことが求められる。

評価指標に関して，これまでの行政においては，予算や人員など資源の投入（インプット）と，事業の具体的な活動量や活動実績（アウトプット）を表す指標を用いて施策や事業の評価を行うことが一般的であった。これに加えて，民間企業の経営の考え方を行政の現場へあてはめようとする「NPM（ニュー・パブリック・マネジメント）」の基本的な考え方である「顧客重視」の立場から，具体的な効果や効用を基準とする「アウトカム指標」が注目を集めている。防犯パトロール事業を例にとってみると，事業をどれだけしたかというパトロール回数がアウトプット指標であり，犯罪がどの程度減少したかといった犯罪派生件数がアウトカム指標となる。今後の事業評価では，アウトプットとアウトカムの両指標を設定することが望まれる。その際，定量的な評価指標だけでなく，定性的な指標も組み合わせて用いることを心がけてほしい。

(4) エビデンスに基づく政策立案

　そのうえ最近は，PDCA サイクルのどのプロセスにおいても，定量的なデータを中心とした「エビデンス（客観的根拠）」をもとに，確認しながら進めていくことが求められている。なかでも，計画段階において，「エビデンスに基づく政策立案（Evidence-Based Policy Making；以下，EBPM）」に対する関心が高まっている。EBPM の意味するところを定義づけることはむずかしいが，国会答弁などにおける「政策目的を明確化させ，その目的のために本当に効果が上がる行政手段は何かなど，当該施策の拠って立つ論理を明確にし，これに即してデータ等の証拠を可能な限り求め，『政策の基本的な枠組み』を明確にする取組」との説明が参考になる[12]。さらに，EBPM を通して「政策形成における透明性と説明責任を高めると共に，実効性のある PDCA サイクルの構築へ結びつけることが目標」とされている[13]。

　EBPM 推進の動きは，わが国における教育改革に対しても影響を与えている。2018 年 6 月 15 日に閣議決定された第三期教育振興基本計画の前文には，「各種教育施策の効果の専門的・多角的な分析，検証に基づき，より効果的・効率的な教育施策の立案につなげ，広く国民の間で教育施策の効果や必要性に対する理解を共有し，社会全体で教育改革を進めるための方策について示して

いる」とあり，EBPM を教育政策においても推進していくことが明記されている。ただし，教育分野での EBPM の導入は懸念も大きい。そのため，同基本計画では「他の政策分野と比較して，成果が判明するまでに長い時間を要するものが多いこと，成果に対して家庭環境など他の要因が強く影響している場合が多く，政策と成果との因果関係の証明が難しいものが多いことなどの特性があることにも留意」する必要があると指摘している。そして，「研究者や大学，研究機関など，多様な主体と連携・協力しながら，数値化できるデータ・調査結果のみならず，数値化が難しい側面（幼児，児童，生徒及び学生等の課題，保護者・地域の意向，事例分析，過去の実績等）についても可能な限り情報を収集・分析し，あるべき教育政策を総合的に判断して取り組むこと」を求めている。

4　社会教育行政のマネジメントをめぐる課題

（1）社会教育行政の危機とマネジメントの Will

　藤原の見立てによれば，社会教育行政は危機にあるという。その危機とは，「厳しい行財政改革に伴う社会教育主事の大幅な減少や社会教育関係予算の削減，老朽化による廃止やコミュニティーセンターへの改組などによる公民館の減少，地方自治法の補助執行規定などを活用した社会教育行政の首長部局への移管の動きなど」をさしている[14]。加えて，エビデンスの重視や EBPM といった新たな波も押し寄せているので，社会教育行政の危機はいっそう深まっているといえる。

　ただし，危機を必要以上に煽りすぎるのも禁物である。どうしても，危機（クライシス）と聞くと，破局的なイメージを抱いてしまう。だが本来，危機とは，ギリシア語のカイロスという言葉に由来し，「ヒポクラテスは病気が悪い方に向かうか，良い方に向かうかの分かれ目の時点をカイロスと呼んで」いたとされる[15]。つまり，危機には否定だけでなく，肯定的な意味合いも含んでいるのである。このことを社会教育行政にひきつけて考えると，行政をとりまく状況が厳しいのは疑いようもない事実である。しかし，不確実な状況に直面した

社会教育行政職員が，既存の知識や事業領域を単に「活用」するだけでなく，既存の枠組みを超えて「探索」的に学びあって創造していけば[16]，ピンチをチャンスにかえることもできるだろう。このようなポジティブな見方で，危機という分かれ目にさしかかった社会教育行政の経営を考えた場合，危機を乗りこえるには，マネジメントの起点に立ち返る必要がありそうだ。

　ここでいう起点とは，マネジメントの Will（意思），つまり価値を形成・創造することである[17]。自治体マネジメントで最も重要なのは，この「価値の形成・実現であり，地方分権のもとで求められるのは地域価値の創造である」，そして「地域価値こそが地域のビジョン・政策目標のプライオリティ付け，個々の公共サービスの水準を決めるよりどころになる」とされる[18]。要するに，マネジメント・サイクルが機能するには，何よりもマネジメントの意思（価値・ビジョン・政策目標）が必要なのである。

(2) RV の重要性

　ところが，意思が明確でない場合が多く，ここにマネジメントの根源的な問題があると考えられる。PDCA サイクルでいえば，P の計画部分であり，ここを強化・改善し，PDCA サイクルをより効果的に進めるためには，RV を加えることが重要とされる。つまり，R（Research：調査研究）による現状把握・分析と，そこから導き出される V（Vision：ビジョン）をもとにした RV・PDCA であり，とくにマクロレベルの組織マネジメントで有効なサイクルと捉えられている。

　RV・PDCA，とりわけ RV の具体については，地域学校協働のマネジメントにおける PDCA サイクル（第 10 章の図 10-1 を参照）を例にみてみたい[19]。まず，P を拡充させるために R の段階として，学校運営協議会などで教職員や地域住民，保護者といった地域学校協働にかかわる大人たちに求められるのは，目に見えるデータに基づいた「子どもたちの実態把握」である。子どもの実態を肌感覚でしか知り得なかった地域住民や保護者らがデータをもとに地域の子どもたちの強みや弱み，さらには子どもをめぐる学校・家庭・地域の現況や取組を分析して理解することは，チームとしての学びの出発点であろう。

この段階をなおざりにして地域学校協働が停滞しているところは，活動が盛んなところに対して「あの地域（学校）だからできる。うちでは無理」とよくいう。だが，どの地域にもさまざまな資源が眠っている。だからこそ，そうした眠っている資源，もう少しいうと地域における人々の信頼関係や結びつきを表す「ソーシャル・キャピタル（社会関係資本）」をリサーチによって顕在化していく必要がある。現状を嘆くよりも，地域学校協働のマネジメント次第で変わってくるのである。その際，具体的なデータをもとにしたエビデンスの提示が，有効かつ重要であることは間違いない。だが，エビデンスはあくまで１つの要素であって，それに基づいた「熟議」こそが肝要であることを見落としてはならない。

　その意味では，次にこうした実態把握に基づいて，自分たちは地域の子どもたちに対して義務教育が終わる中学校卒業までにどのような力をつけさせたいのかといった「目指す子ども像（15歳の○○っ子）」を考え，共有することが大切である。すなわち，Ｖの段階である「ビジョンの共有」であり，コミュニティ・スクールにおける「学校運営協議会（より多くの人たちとの共有が図られる拡大学校運営協議会が望ましい）」や「地域学校協働本部」などの組織が，その場としての役割を果たすことが期待される。さらに，形骸化やマンネリ化を防ぐためには，チームのメンバー同士が「何のために，何をしたいのか」ということを問い続けることによって，共有ビジョンを絶えず検証するとともに，時には自分たちが築いたビジョンの見直しを図ることも重要である。ここまでをふまえて，「目指す子ども像」のために必要な「地域学校協働活動」を，チームでの学びあいのなかで創り出し，組織でPDCAのサイクルを回していくことになる。

（3）現代的な公共のあり方と社会教育行政職員の学び

　このようにみると，RVはマネジメントのWillを形成・創造する学びあいのプロセスといってよい。さらに，例示した地域学校協働におけるマネジメントのWillは，学校組織の内部と多様なステークホルダーからなる外部との関係性，つまり「主観」と「客観」とのバランスから生まれるものである[20]。そ

もそも，マネジメント自体が「厳格」で「客観的」なものではないため，関係性から独立した「客観的で厳格なシステム」などはありえないとされる[21]。もちろん，このことは社会教育行政のマネジメントにもあてはまる。むしろ，社会教育の特性や原理をふまえると，社会教育行政のマネジメントにおいては，一段と柔軟性をもった計画のほうが適しているようにも思われる[22]。ただ，そうはいっても，教育は「不確実性」という性格をもっており，計画策定の方法や手順において，確かさを求めてマニュアルに走ってしまう傾向も理解できなくはない。しかし，社会教育行政職員には，教育，そしてここで扱う社会教育は不確実だからこそ，創造的な営みだと捉えてほしいものである。

さらに，ここまでみてきたマネジメントの Will を形成・創造するプロセスは，伝統的な行政管理や市場原理による個人の便益を重視した NPM よりも，現代的な公共のあり方を示す「NPS（ニュー・パブリック・サービス）」の考え方に沿うものである。NPS では，民主主義がより強調され，多様なステークホルダーを巻き込んで協働し，多元的な価値観のなかでの対話によって相互に合意された目標を達成するために，公共・非営利・民間機関の一体化の構築がめざされている[23]。

NPS が志向されるなかで，戦略的な視点をもって行政をマネジメントし，社会教育行政の原則を確保した計画を推進するためには，社会教育行政職員自らの，さらには多様なステークホルダーとの学びが重要であり，そのことを通して職員自身の職能発達も促されると考えていくべきなのだろう。

【熊谷　慎之輔】

【注】
1) 吉田武男監修／藤井穂高編『教育の法と制度』ミネルヴァ書房，2018，p.139.
2) 坂野慎二・湯藤定宗・福本みちよ編『学校教育制度概論【第二版】』玉川大学出版，2017，p.85.
3) 鈴木眞理「社会教育行政・生涯学習推進体制」稲生勁吾編『生涯学習・社会教育概論』樹村房，1995，p.164.
4) 同上，p.172-173.
5) 同上，p.172.

6) 木田宏著・教育行政研究会編『逐次解説 地方教育行政の組織及び運営に関する法律【第4次新訂版】』第一法規，2015，p.37-50.

7) 大畠菜穂子「地方教育行政」汐見稔幸・奈須正裕監修／青木栄一編『教育制度を支える教育行政』ミネルヴァ書房，2019，p.166.

8) このあたりの経営戦略を家の設計図にたとえた記述部分も，大瀧精一・金井一頼・山田英夫・岩田智『経営戦略【第3版】』有斐閣，2016，p.5-6. を参考にした。

9) 鈴木眞理「社会教育計画とは」倉内史郎編『社会教育計画』学文社，1991，p.19.

10) これまで総合計画については，地方自治法第2条において，市町村に対し，総合計画の基本部分である「基本構想」について議会の議決を経て定めることが義務づけられていたが，2011年5月に「地方自治法の一部を改正する法律」が公布され，その義務づけは廃止された。しかし，個々の市町村がその自主的な判断により，引き続き現行の基本構想について議会の議決を経て策定することは可能である。

11) 原義彦「計画の意義」国立教育政策研究所社会教育実践研究センター（浅井経子執筆・編集代表）『社会教育経営論』ぎょうせい，2020，p.25.

12) 大橋弘編『EBPMの経済学 エビデンスを重視した政策立案』東京大学出版，2020，p.43-44.

13) 同上，p.i.

14) 藤原文雄「社会教育における制度の意味」鈴木眞理・稲葉隆・藤原文雄編『社会教育の公共性論』〈講座 転形期の社会教育Ⅴ〉学文社，2016，p.43.

15) 山本和郎「臨床心理学的地域援助」上里一郎・鑪幹八郎・前田重治編『心理療法2』〈臨床心理学大系第8巻〉金子書房，1990，p.233-264.

16) 組織学習によると，「探索（exploration）」はそもそもの前提を疑い，新しい解決策を模索する「高次学習（ダブル・ループ学習も該当）」に位置づけられる。それに対して，適応的な「活用（exploitation）」は「低次学習」に分類される。ちなみに最近，「活用」と「探索」の両方を同時に追求し，成果をあげる「両利きの経営（organizational ambidexterity）」が注目されている。

17) 大住荘四郎『行政マネジメント』〈BASIC公共政策学 第7巻〉ミネルヴァ書房，2010，p.95.

18) 同上，p.101.

19) 地域学校協働に関するRVの例示部分については，熊谷愼之輔「地域学校協働という漢方薬による学校力回復の処方箋」時岡晴美・大久保智生・岡田涼・平田俊治編『支援される学校から，地域と協働する学校へ（仮）』福村出版，2021（刊行予定）を，そのほか，社会教育委員（の会議）としての学びやRV・PDCAサイクルについては，熊谷愼之輔「中国・四国地区社会教育研究大会を目前に控えて」『社教情報』No.81，全国社会教育委員連合，2019，p.4-8. を参照されたい。

20) 大住，前掲，p.100.

21) 同上，p.100.

22) 大木真徳「社会教育計画の意味」鈴木・稲葉・藤原編，前掲，p.60.

23) 小林麻理編『公共経営と公会計改革』三和書籍，2013，p.19.

キーワード

市町村主義　環境醸成　指導・助言　教育大綱・教育振興基本計画
ネットワーク型行政　マネジメント　社会教育計画　総合計画　PDCA サイクル
アウトプットとアウトカム　EBPM　NPS

この章を深めるために

(1)　社会教育行政の原則の意味について，もう一度整理して考えてみよう。
(2)　身近な地域などの社会教育計画の実例にあたり，その種類と内容を調べて，どのような社会教育計画が策定されているかを検討してみよう。

【参考文献】

鈴木眞理・大島まな・清國祐二編『社会教育の核心』全日本社会教育連合会，2010
鈴木眞理・山本珠美・熊谷愼之輔編『社会教育計画の基礎［新版］』学文社，2012
松岡廣路・松橋義樹・鈴木眞理編『社会教育の基礎』〈講座 転形期の社会教育Ⅰ〉学文社，
　　2015

第 *3* 章　社会教育行政の新機軸

1　教育行政をめぐる新しい動向—内閣および首長の影響増大

(1)　国の教育行政に対する内閣の影響の強まり

　第二次世界大戦後の教育改革によってつくられた教育行政の仕組み，とりわけ独立性は，21世紀に入り大きく変貌した。国においては内閣，自治体においては首長の教育行政への関与が強まる傾向がみられるのである。

　実のところ，社会教育行政においては，以前より一般行政との連携がうたわれてきた。他部局においても人々への学習機会の提供は行われており，同様の施策との連絡調整が必要であったためである。また，後述するように，社会教育には地域活性化への貢献が期待されているが，地域活性化は当然のことながら社会教育行政のみで担いうる課題ではない。多くの行政分野にまたがる総合的な対策が必要であり，国においては内閣（および他省庁），自治体においては首長（部局）との連携・協力が必要である。社会教育経営を学ぶ者は，旧来の教育行政の仕組みだけでなく，視野を広げて，内閣（他省庁）や首長部局の動向，およびそれらとの関係についても理解しておく必要がある。

　まずは，国における内閣と文部科学省（以下，文科省）の関係を確認しよう。

　1999年に内閣法が改正され，第4条第2項「内閣総理大臣は，内閣の重要政策に関する基本的な方針その他の案件を発議することができる」が新設された。これにより内閣主導の政策決定が推進されることになり，内閣の各省庁への影響力が強まることになった。教育行政も例外ではなく，文科省に対する内閣の関与が強まっている。

　内閣の教育行政への関与としては，①教育振興基本計画の策定，②内閣総理

大臣の諮問機関を起点とする内閣の意思決定をあげることができる。

　①の教育振興基本計画は，2006年の教育基本法全部改正によって新設された第17条に基づき，政府が定めて国会に報告するとともに公表することとなっている（第1項）。社会の現状や将来予測をふまえながら，策定年度を含めた向こう5カ年度における国の教育振興施策をまとめたものとなっており，2008年に初の計画（2012年度末までの計画）が策定され，2013年に第2期計画（2017年度末まで），2018年に第3期計画（2022年度末まで）が策定されている（本書初版刊行時点）。計画策定プロセスの大部分は文科省（中央教育審議会教育振興基本計画部会）において行われるが，最終的に閣議決定をもって策定されるため，内閣の関与や他省庁との調整の必要が生じる。計画に盛り込まれた施策群のうち法律による補助規定のないものについては，予算補助（予算編成権をもつ内閣の判断）の形で事業化される。その意味において，同計画の影響は大きい。社会教育については，現行の第3期計画で，社会の持続的発展のための教育機会の提供や社会的包摂（地域の連帯感の醸成，人間関係の形成）などが期待されている。

　②の内閣総理大臣の諮問機関[1]については，たとえば，第2次安倍内閣で発足した教育再生実行会議（2013年1月〜）がある。2020年末時点までに11次にわたる提言を内閣総理大臣に行ってきた。社会教育に関連する提言としては，2015年3月の第6次提言「『学び続ける社会』，全員参加型社会，地方創生を実現する教育の在り方について」があり，学校との協働による地域を担う人材育成，すべての学校のコミュニティ・スクール化，スポーツ・文化をいかした地域活性化などが提言された。同年4月には文部科学大臣から「新しい時代の教育や地方創生の実現に向けた学校と地域の連携・協働の在り方について」が中央教育審議会に諮問され，同年12月に答申が出され，2017年度からのコミュニティ・スクール（学校運営協議会）の設置努力義務化に関する法改正につながっている。

(2) 自治体教育行政に対する首長の影響の強まり

　つぎに，自治体における首長部局と教育委員会の関係もみてみよう。

　教育再生実行会議は，前述の提言に先立ち，第2次提言「教育委員会制度等

の在り方について」を出している。これを受けて，2014年に「地方教育行政の組織及び運営に関する法律」(以下，地教行法)が改正され，2015年度から新しい教育委員会制度が発足した[2]。主な改正点は，①首長が教育長を任命できるようになったこと，②首長と教育委員会との協議・調整の場としての総合教育会議を設置すること，③総合教育会議を経て教育行政の「総合的な施策の大綱」を首長が策定することの3点である。戦後「教育行政の独立性」の原則に基づき，一般行政から相対的に独立した合議制執行機関である教育委員会制度が誕生したが，これによって教育行政に首長が関与し，一般行政と教育行政の連携・交流の促進が図られることになった。教育委員会の中立性の保障についての懸念は残るものの，予算編成権をもつ首長が教育行政へ関心・理解を深める好機となることが期待される[3]。

　実際，文科省初等中等教育局の「新教育委員会制度への移行に関する調査(平成30年9月1日現在)」[4]には，総合教育会議を通じた首長と教育委員会の連携による成果が報告されている。たとえば，地域とともにある学校運営，学校を核とした地域づくりについて「地域学校協働活動の予算が増加」「学校運営協議会にかかる費用が予算化」，高校生のキャリア教育について「地域産業を担う人材育成に係る学校現場での取組や，県内就職の促進策，産官学が連携した取組などが充実」などである[5]。

　自治体教育行政に関連して，地方分権改革についてもふれておかねばならない。1999年のいわゆる「地方分権一括法」の成立，翌年4月の同法施行にて完結する(第一次)地方分権改革は，改正法律数や地方に移管された事務の多さ，機関委任事務に基づく国から委任先への包括的な指揮監督権が廃止されたことなどの理由から，認知度の高い改革であった。しかしながら，現在も(第二次)改革が続いており[6]，2011年度からはほぼすべての年度において「地方分権一括法」を成立させ，2020年末時点において10次にわたる一括法が存在している。社会教育行政に関しては，2019年の第9次地方分権一括法による地教行法および社会教育法の一部改正で，社会教育施設の首長部局による管理が可能となった(地教行法第23条，社会教育法第8条の2)。

社会教育経営を学ぶにあたっては，狭く社会教育行政あるいは教育行政の枠組み，原理原則だけでなく，以上のような国および自治体の政策動向そのものを理解し，全体のなかでの社会教育行政の位置づけを読み解いていくことも必要である。

2　社会教育行政と地方創生・地域活性化

（1）地方創生

　内閣および首長の影響力が強まるなか，社会教育行政には「地方創生」に資する取組が期待されている。

　地方創生は内閣の経済政策の1つである。経済は社会生活の基盤となる機能であるため，内閣における政策的重要性は高い。経済財政諮問会議[7]での検討を通じて「経済財政運営と改革の基本方針」（骨太の方針）が（2010〜2012年度の民主党政権時代を除いて）毎年度閣議決定されている。2020年度は，この基本方針と同時に「成長戦略実行計画」「規制改革実施計画」「まち・ひと・しごと創生基本方針」も閣議決定されているが，骨太の方針を達成するために重要な政策領域ごとの計画として理解することができる。

　このうち，「まち・ひと・しごと創生基本方針」は，まち・ひと・しごと創生法（2014年法律136号）に基づき内閣に設置された「まち・ひと・しごと創生本部」によって策定されるものである（2015年度から毎年度策定）。「地方創生」という名称のもと，人口減少・高齢化が進行するなか，東京圏への人口の過度の集中を是正し，各地域に持続的・自律的な社会を創生するため，地方への定住・移住，生活機能維持などの施策を実施している[8]。社会教育行政関連では，女性や高齢者等の新規就業者を増やすためのリカレント教育の充実，スポーツ施設を活用した地域経済の活性化，多文化共生の地域づくりなどが，「まち・ひと・しごと創生基本方針」の内容として盛り込まれている。

（2）社会教育の古くて新しい課題─地域活性化

　地域を基盤に展開する社会教育にとって，地域課題の解決，ひいては地域活

性化（地域振興，地域再生，地域づくり，まちづくり，まちおこしなど）は，本来的に有している使命である。それゆえ，「地方創生」という言葉が誕生するはるか以前から，地域活性化は社会教育のテーマであった。ここで，その関係を時系列に沿って整理してみよう。

第二次世界大戦後，社会教育の基幹的施設として各地に設置された公民館では，主に婦人や青年を対象とした学級・講座が展開された。当時，地域住民の生活様式や課題意識は似通っている場合が多く，婦人，青年といった属性ごと，あるいは住民全体の自主的な学習活動によって地域共通の問題解決を図る共同学習の実践が多くみられた。

日本は短期間に経済的復興を達成したが[9]，1960年代には国土総合開発法（1950年法律205号，現国土形成計画法）に基づく「全国総合開発計画」（1962年，閣議決定）[10]により国土開発が進んだ。急激な経済成長は公害や生活環境悪化など地域にさまざまな問題を引き起こした。噴出した住民運動は行政に対抗的であり政治運動の側面が強くみられたが，問題解決に向けた学習を伴う活動でもあった。

高度経済成長末期の1970年前後には「コミュニティ政策」が始まった。内閣総理大臣の諮問を受けて国民生活審議会調査部会コミュニティ問題小委員会は1969年「コミュニティ─生活の場における人間性の回復」という報告書を出した。報告を受けて自治省は1971年「コミュニティに関する対策要綱」をまとめ，3カ年にわたって全国にモデルコミュニティ地区を指定し，コミュニティセンターの設置やモデルコミュニティ事業を進めた[11]。自治省によるコミュニティ施策は，地域社会の崩壊，連帯感の喪失への懸念への対処策であるが，コミュニティセンターの設置推進は，似たような施設（公民館）を所管する社会教育行政関係者にとって，社会教育行政や公民館の固有の存在意義を考えさせる契機になった。加えて，全国総合開発計画による工業化・都市化の進展と都市部への人口流出の増加により，地域住民の同質性は弱まり，学習ニーズの多様化，個別化状況がみられるようになり，そうした変化への対応にも迫られることとなった。

高度経済成長期以降においても地域活性化を支える存在として社会教育（および生涯学習）は期待されてきた。例として，1987 年の臨時教育審議会第三次答申で指摘された「生涯学習を進めるまちづくり」というアイデアに基づいて 1988 年度より実施された「生涯学習モデル市町村事業」があげられる[12]。これは生涯学習をテーマとする社会基盤の整備を通して，地域活性化をめざす事業であった。当時は生涯学習によってまちづくりを進めることよりも，生涯学習のための体制整備としてまちづくりを行うことに関心が向かっていたのだが[13]，1998 年の生涯学習審議会答申「学習の成果を幅広く生かす—生涯学習の成果を生かすための方策について—」では「生涯学習によるまちづくり」への意識の転換が図られることの必要性が述べられた。

　1970 年ごろのコミュニティ政策の時代は人口増加を前提としていたが[14]，半世紀を経た今日では対照的に人口減少を前提とした制度設計を考える局面になっている。2018 年の中央教育審議会答申「人口減少時代の新しい地域づくりに向けた社会教育の推進方策について」では，地域における社会教育の意義として，「人づくり・つながりづくり・地域づくり」があげられ，社会教育を基盤とする人づくりやつながりづくりが，住民の主体的で持続的な地域づくり（への参画）につながっていることが説明されている。

　現在では，既述のとおり，「地方創生」という政策理念に基づく「まち・ひと・しごと創生基本方針」が「全国総合開発計画」に類似した計画として位置づけられているが，これまで東京一極集中の是正に成功していないという現実をふまえて，今後の地域活性化のあり方を考える必要がある。そうしたなかで地域との関連が強い社会教育への期待は増大している。持続可能な社会をつくるための社会教育のあり方が問われている。

(3) 地域活性化の二側面：「経済性の側面」と「関係性の側面」

　ところで，私たちが地域活性化を議論するとき，一般的には 2 つの側面が意識される。1 つは「経済性の側面」であり，都市計画法による土地の規制あるいは開発，建築基準法による建ぺい率や建物の容積率の緩和，都市再開発法による市街地の計画的な高度利用，あるいは各種産業振興施策などによって活性

化が図られる。もう１つは「関係性の側面」で，人間関係の広がりを通じてもたらされる自治体への帰属意識，愛郷心の高揚，近隣との連帯感といったものである。

　都市機能を維持させるためには人口維持（あるいは増加）が必須であるが[15]，そのため，雇用の確保や各種サービスの充実を可能とする「経済性の側面」は軽視できるものではない。いっぽう，「関係性の側面」は住民としての居住地への誇り，近隣との交流による安心感・充実感などから QOL（Quality Of Life：生活の質）の向上に貢献するものである。

　この２つの側面は独立したものではなく，「経済性の側面」は生活の安心・安定や生活環境への満足感をもたらすことが期待され，その結果として近隣との交流が円滑なものとなる可能性がある。逆に「関係性の側面」からは，QOL の高さが誘因となって人口増（関係人口を含む）をもたらすことで「経済性の側面」に貢献する可能性がある。両者はある程度の相関が認められるものであるから，地域活性化を考えるにあたっては双方の側面を考慮することが望ましい。

　これまで社会教育行政が地域活性化との関連において果たしてきた主な役割は，知的発見や自己実現などの機会を支援し，学習者同士の学び合いを通したつながりをつくる「関係性の側面」であった。行政経営の視点からすると，そもそも教育行政は不採算部門であり，少なくとも短期的には「投資を回収する，つまりは財政支出が財政収入として返ってくる」ことを見込んで行われる行政サービスではない。とはいえ，社会教育分野における学習者の学習目的は，資格取得やスキルアップ，仲間づくり，学習活動それ自体など多様であり，たとえば地場産品の開発のための学習のような「経済性の側面」も存在する。博物館は社会教育施設であると同時に，観光資源としても位置づけられている。

　社会教育を通じた地域活性化の望ましいあり方は，当該地域の社会教育施設を含む公共施設体系や社会教育活動の沿革，経済指標からみた地域の性格などによって変わるはずである。地域による多様性を前提としたうえで，あえて一般項を抽出するならば，現在，社会教育行政に求められていることは，主に「関

係性の側面」からの地域活性化をめざして学習者を支援しつつも，法制度や政策の動向に意識を払って制度を活用することで「経済性の側面」でも貢献する方策を検討することであろう。

3 資金調達と効率化

(1) 財政難における行政経営の諸方策

ところで，社会教育行政の予算が年々削減されるという状況下，差し迫った課題は学習活動の拠点をどのように維持するかである。第2節で述べた社会教育を通じた地域活性化のためにも，まずは拠点としての社会教育施設の維持という死活問題が生じているのである。行政職員である社会教育主事その他社会教育職員には，経営資源をうまく活用して組織体を維持するという意識・感覚，換言すれば，予算の確保や新たな資金調達のための諸制度の理解が不可欠である。

経営資源確保の根本は，予算編成機関との折衝において十分な予算を確保することである。それには教育施策だけでなく予算編成のプロセスやメカニズムなどに対する理解・経験が必要である[16]。予算折衝にあたっては，編成権者である首長の理解・意向が鍵となる。総合教育会議の設置という首長との交渉手段が整備されたことを積極的に捉え，首長の理解を促す教育委員会事務局職員の粘り強い努力が期待される。

予算編成にかかわって，事業の計画・実施にあたり国・都道府県のさまざまな補助金の活用を検討することは重要である。文科省が所管する補助金に限らず，他省庁の補助金も活用することで複合施設の設置を検討したり，自治体の裁量余地が大きい地方創生関連の補助金の費途を社会教育行政施策に向けられるようにするような「強かさ」も必要であろう。補助金のなかには，財源不足である多くの自治体が依存する地方交付税交付金によって，自治体の負担（債務の元利償還金）の一部が補填されるものも存在する。補助事業実施の必要性が先に検討されるべきことは確かであるが，自治体にとって有利な選択を模索す

ることは重要であろう。

(2) 資金調達

予算編成機関との折衝において十分な予算を確保できなかった場合，別の手段を用いて資金を調達しなければならない。

自治体の不足する財源を調達する手段の1つに起債（地方債の発行）がある。起債にあたっては地方財政法第5条の3の規定により，都道府県は総務大臣との協議，市町村は都道府県県知事との協議が必要であり，同意が得られれば起債が行われるとともに，元利償還費の国による一部負担の対象ともなる（国が作成する地方財政計画への算入対象となる）。ただし，実質公債費比率によっては起債が許可制となる場合，起債が行えない場合もある[17]。将来的な財政破綻，行政サービスの切り下げにつながるため安易な起債依存は好ましくないが，起債が住民意識の高揚につながる可能性・期待も存在する。

近年，インターネット上で資金を募るクラウドファンディングが資金調達の手法として広く認知され，行政，民間を問わず，さまざまな団体がさまざまな目的で用いている。クラウドファンディングの設定を支援する業者・団体も存在し，その事業スキームや出資者へのインセンティヴの有無やあり方も一様ではない。技術革新がもたらした新しい基金制度である[18]。

対象が大規模施設に限定されるが，公共施設等運営権（コンセッション）という制度もある。コンセッションとは，所有権は行政が保持したままで，施設の運営権のみ民間事業者に売却する方法である。空港や上下水道の事例が目立つが，MICE施設（会議，研修・報償旅行，国際会議，展示会などを行うための施設の総称で通常は大規模施設である）や文教施設でも導入事例が出てきている[19]。

施設の命名権と引き換えに権利料を受け取るネーミングライツもプロスポーツチームの競技場で導入する事例が増加したことから一般的なものとなってきた。競技場のような大規模施設でなくとも，公衆トイレの命名権の対価として命名権者に清掃を実施してもらうなど，さまざまな施設が導入し，金銭以外の対価を求める例も存在している[20]。ネーミングライツは広告収入の新たな形態であるが，あわせて自治体広報や公共施設の広報紙誌，ウェブサイトにおい

て広告を募集して財源とする例も目立ってきている。

　自治体や一部地域のみで通用する地域通貨を活用する事例も見られる[21]。地域通貨には，地域商品券や金品と交換するポイントのような金銭的価値だけでなく，各種サービスの提供を受ける時間の長さを通貨的価値とみなして域内で権利を獲得・使用するような形態も海外ではみられ，新たな形での経営資源としての活用可能性がある。

　行政経営にあたっての財源確保の手法について網羅的に紹介したが，社会教育行政職員には財源獲得の実現可能性や財源を必要とする目的・事業内容などを考慮して，最適な方法を検討することが求められている。

(3) 効率化

　予算獲得，資金調達とあわせて，財政支出そのものを削減する可能性を検討することも必要である。アウトソーシング（外部委託，民間活力の導入；業務の一部を一括して企業等に請け負わせる経営手法）による行政の効率化である。

　行政学者の今井照は，自治体におけるアウトソーシングの構図として，①事業の廃止，②民営化（民間営利法人などの活用），③法人化（地方独立行政法人や公益法人などの設立，PFIによるSPC設立（後述）など），④包括的委託（指定管理者制度，市場化テスト[22]など），⑤業務委託（一部業務の民間委託），⑥行政直営（職員制度の多様化や施設利用の共同化などによる財政効率化）という6つの選択肢を提示している[23]。事業の廃止や行政直営維持を含め，行政事務・事業の委託先や委託範囲・委託方法に着目した実用的分類である。総じて，アウトソーシングでは，行政とは別の法人格であることで得られる経営の自由度を生かした効率化が可能である。しかしながら，公務員でないことによる秘密保持やトラブル処理のあり方[24]，アウトソーシング先（たとえば指定管理者）の職員の専門性の担保など，課題も指摘されている。

　ここでPFIについて説明しておこう（指定管理者については第5章，第12章を参照）。PFI（Private Finance Initiative）とは，1999年に成立した「民間資金等の活用による公共施設等の整備等の促進に関する法律」を根拠とし，公共施設の経営にあたって，設計段階から建築，管理，運営にいたるまで民間事業者の資

金，ノウハウを活かせるようにした点に特徴がある。公共施設事業の主体である行政は建築・運営コストを削減させることができ，さらには民間事業者がビジネスチャンスを得ることによる経済活性化効果も期待できる制度となっている。ただし，公共施設の設計段階から運営まで一貫した事業を担える民間事業者は少ないため，事業分野ごとの企業が共同出資を行ってある公共施設の PFI 事業を行うための特別目的会社（SPC：Special Purpose Company）を設置する事例が多い。

　公共施設の長寿命化および複合化も，効率化を図るうえで必要である。

　国土交通省は 2013 年に「インフラ長寿命化基本計画」[25]を策定し，自治体に対して 2020 年度までに公共施設の個別施設計画を策定するよう要請した。これは安易な建て替えや予防修繕措置を怠ることによる財政負担の増加を抑止しながら，安全かつ長期のインフラ維持をねらいとするものである[26]。あわせて，総務大臣通知（2014 年 4 月 22 日）に基づき，自治体に「公共施設等総合管理計画」の策定が要請され，各地で施設の統廃合を推し進めることとなった[27]。これは長期的な視点で公共施設の更新・統廃合・長寿命化などを計画的に行うことにより，財政負担を軽減・平準化することをねらいとするものである。これらの計画の相乗効果によって住民負担の少ない最適な公共施設の維持・提供が期待されている。

【井上　伸良】

【注】
1)　法律に基づいて設置する「公的諮問機関」（例：臨時教育審議会）と閣議決定に基づいて設置する「私的諮問機関」（例：教育改革国民会議，教育再生会議）が存在する。教育再生実行会議は後者である。どちらにおいても構成員に有識者が含まれ，内閣の政策決定に影響を及ぼすものとして機能している。
2)　教育再生実行会議第 2 次提言「教育委員会制度等の在り方について」が 2013 年 4 月 15 日に出され，直後の同年 4 月 25 日に文部科学大臣が中央教育審議会に「今後の地方教育行政の在り方について」を諮問。同年 12 月に答申を受け，2014 年 1 月に地教行法改正案が内閣より国会に提出，同年 6 月に法案が可決成立した。第 6 次提言と同様，内閣主導の教育政策過程を例証している。
3)　首長の理解によって社会教育実践が進展した例については，井上伸良「社会教育計

画と首長・議員の役割」鈴木眞理・山本珠美・熊谷愼之輔編『社会教育計画の基礎［新版］』学文社，2012. の第 3 節を参照。

4) https://www.mext.go.jp/a_menu/chihou/1411792.htm（2020 年 10 月 30 日最終閲覧）。

5) ただし，総合教育会議は大綱を策定，見直す際の開催が義務づけられているだけであることから，会議がほとんど開催されていない市町村も見受けられる。また，首長による策定が義務づけられた大綱については，①抽象度の高い目標あるいは施策の柱が端的に示されただけのもの，②具体的体系的で頁数の多いものが少なからず見受けられる。大綱の体裁・様式・分量に関する法令上の規定は存在しないものの，①については大綱の記載を簡潔かつ規範的レベルに止めることで教育委員会の自律的判断を尊重する首長の姿勢の表れである可能性がある。②については，大綱策定以前から多く存在した教育諸計画との整合性を保つ目的などから，既存の計画を大綱として位置づけたケースが多い。

6) 第二次地方分権改革は，2006 年 6 月の地方六団体による「地方分権の推進に関する意見書」に端を発した，地方公共団体に対する国の義務づけ・枠付けの見直しを中心とした地方への規制緩和・権限委譲，都道府県から基礎自治体への権限委譲を進める改革である。

7) 経済財政諮問会議は，経済財政政策に関し，内閣総理大臣のリーダーシップを十全に発揮させるとともに，関係国務大臣や有識者議員などの意見を十分に政策形成に反映させることを目的として，2001 年内閣府に設置された合議制機関。

8) 地方創生総合ウェブサイト（内閣官房まち・ひと・しごと創生本部事務局，内閣府地方創生推進事務局）https://www.kantei.go.jp/jp/singi/sousei/index.html（2020 年 10 月 30 日最終閲覧）。地方創生の施策は，①構造改革特区（2002 年〜），総合特区（2011 年〜），国家戦略特区（2013 年〜）のように規制に関する特例的な緩和によって活性化を図る「規制緩和事業群」，②中心市街地活性化，地域再生，都市再生のようにリノベーションによる再活性化を支援する「再生事業群」，③環境モデル都市，環境未来都市，SDGs 未来都市などのように先進的な取組を認定して支援する「モデル事業群」と 3 つの施策群に分けることができる。

9) 1956 年の経済企画庁『経済白書』は，1955 年に戦前の GNP 水準を超えたことを「もはや戦後ではない」と表現し，1973 年第 1 次オイルショックまで高度経済成長が実現した。なお，日本は 1968 年には GNP が自由主義経済国内で世界第 2 位の経済大国となった。

10) 全国総合開発計画は「21 世紀の国土のグランドデザイン」（1998 年，閣議決定）まで 5 次にわたる国主導の地域活性化施策であった。東京一極集中を是正して各地方の発展がめざされたが，目標は十分には達成できなかった。

11) コミュニティセンターは 6000 館以上設置された。内山淳子「まちづくりに対応した生涯学習」香川正弘ほか編著『よくわかる生涯学習』（改訂版），ミネルヴァ書房，2016，p.48.

12) 生涯学習モデル市町村事業については，池田秀男「生涯学習のまちづくり」日本生涯教育学会編『生涯学習事典』（改訂版）東京書籍，1990，p.294-299. を参照。なお，すでに 1983 年度から都道府県への国庫補助事業としては行われており，臨時教育審

議会の答申はそれを追認するものであるとの整理がほかの研究者により行われている。鈴木眞理「地域振興と生涯学習」鈴木眞理・小川誠子編著『生涯学習をとりまく社会環境』学文社，2003，p.206.

13）　たとえば，池田秀男「生涯学習まちづくりの意義」岡本包治・池田秀男編著『生涯学習まちづくり』〈生涯学習講座第 2 巻〉第一法規，1989. は，教育サービスの再編成によるシステムの整備に力点を置いていた。なお，このころから学習活動によるまちづくり・地域活性化を意識した専門書が増加している。たとえば，福留強・生涯学遊研究会編著『生涯学習ナウ』日本教育新聞社，1991.／松澤利行『出前講座がまちを変える』全日本社会教育連合会，2001.／福留強『市民が主役のまちづくり』全日本社会教育連合会，2002. などを参照。

14）　1970 年頃の自治省のまちづくり施策，とりわけ広域市町村圏施策や 1969 年地方自治法改正による総合計画の策定義務づけなどの施策については，瀬田史彦「人口減少局面のまちづくりと広域連携の展望：定住自立圏施策の実態の考察より」『地方自治』（2020 年 7 月号）p.2-14. に詳しい。

15）　地方移住支援策が数多くみられることを考えれば，人口が都市機能の維持に重要であることは理解できる。政府（総務省）は 2008 年より定住自立圏施策を開始し，2014 年には人口 20 万人以上を要件とする地方中枢拠点都市の指定を開始するなど，都市機能の維持，人口流出の防止を目的とした施策を展開している。

16）　それが地方教育行政のトップである教育長に行政実務経験者が起用される割合が（とくに都道府県において）高い理由でもある。

17）　地方債の協議制度については，総務省ウェブサイト https://www.soumu.go.jp/main_sosiki/c-zaisei/chihosai/pdf/chihosai_c2.pdf を参照（2020 年 10 月 30 日最終閲覧）。

18）　2018 年 12 月の中央教育審議会答申では，社会教育経営のための多様な資金調達手法として，クラウドファンディングのほかに，施設の複合化，CSR（Corporate Social Responsibility）社債，SIB（Social Impact Bond）が紹介されている。地方銀行が中心となって推進されている CSR 社債は，利払い金の半額を社会貢献に充当する手法であり，企業における CSR 事業の拡大が行政経営の負担軽減につながることが期待される。SIB は，民間の資金提供者から調達する資金によって企業などが公的サービスを提供し，その成果に応じて行政が資金提供者に資金を償還するもので，成果報酬型の業務委託と位置づけられる。

19）　文部科学省編『平成 29 年度文部科学白書』2018，p.431. 文教施設におけるコンセッションの事例としては，旧奈良監獄，有明アリーナ（2021 年 6 月より実施予定）などが紹介されている。なお，コンセッションは内閣府の民間資金等活用事業推進会議における「PPP/PFI 推進アクションプラン」によって行政分野ごとに目標が設定され推進が図られている。

20）　東洋大学 PPP 研究センター編『公民連携白書 2019 〜 2020』時事通信社，2019，p.91. 東洋大学 PPP 研究センターが 2006 年より毎年刊行している『公民連携白書』は，PPP（Public Private Partnership）に関する特集テーマや国の政策動向解説に加え，財源確保の全国の事例が掲載されており，行政経営上のヒント集となっている。

21）　福島県伊達市では，地方スポーツ振興費補助金による「運動・スポーツ習慣化促進

事業」として，住民登録のある 40 歳以上の市民を対象に，指定のスポーツ・運動プログラムへの参加やその成果（歩数の増加や BMI・筋肉率の改善など）に対して，地域商品券などとの交換が可能なポイントを付与することで，運動・スポーツの習慣化へのインセンティヴにしている（スポーツ庁健康スポーツ課『平成 30 年度地方スポーツ振興費補助金 スポーツによる地域活性化推進事業 運動・スポーツ習慣化促進事業取組事例集』2019，p.22-27）。

22）　市場化テストは，2006 年公布の「競争の導入による公共サービスの改革に関する法律」に基づき，行政サービスについて官民競争入札あるいは民間競争入札を行って効率化を図るものである。

23）　今井照『自治体のアウトソーシング』学陽書房，2006，p.27-48.

24）　注 23 前掲，p.42. 今井照は，公務のアウトソーシングにあたって，公務員への信頼の背後にある情報管理や賠償能力，公権力の行使への信頼という側面が非公務員にもあてはまるようにすることの必要性を問題提起している。

25）　国土交通省ウェブサイト https://www.mlit.go.jp/common/001040309.pdf 参照（2020 年 10 月 30 日最終閲覧）。

26）　なお，この基本計画に基づいて，各インフラの管理者は 2016 年度までに「インフラ長寿命化計画（行動計画）」を策定することが求められた。

27）　具体的には公共施設の延べ床面積の削減を目標の 1 つとした計画であるといえる。延べ床面積に応じて修繕費が嵩むからである。なお，自治体の公共施設等総合管理計画の策定状況については，総務省ウェブサイト https://www.soumu.go.jp/iken/kan-rikeikaku.html に公開されている（2020 年 10 月 30 日最終閲覧）。

キーワード

教育振興基本計画　教育再生実行会議　総合教育会議　大綱　地方分権　地方創生
地域活性化　資金調達　効率化

この章を深めるために

(1) 任意の自治体における，首長部局と連携した地域活性化にかかる社会教育の取組について，調べてみよう。

(2) 任意の社会教育施設の資金調達および効率化の状況について調べてみよう。

【参考文献】

社会教育行政研究会編『社会教育行政読本』第一法規，2013
馬場祐次朗執筆・編集代表『二訂 生涯学習概論』ぎょうせい，2018
東洋大学 PPP 研究センター編『公民連携白書 2019 ～ 2020』時事通信社，2019

第*4*章　社会教育職員の職務

1　社会教育の指導者・支援者と社会教育職員

（1）社会教育における人的側面

　社会教育職員は，社会教育における人的側面の一部として捉えられる。当たり前のことに思われるかもしれないが，このことは社会教育における人的側面のあり様が社会教育職員のあり様を決定することを意味しているのであり，その人的側面についての総体的な検討なくして社会教育職員についての検討も成立しないということである。

　たとえば，学校教育における人的側面は，学校教員を核として描かれる場合が非常に多い。実際には，学校事務を担う職員の存在や，指導主事をはじめとする教育委員会職員の存在を抜きにすることはできないのだが，学校教育において学習者（児童生徒・学生）への直接的な指導・支援が圧倒的に重視されていることの反映であろう。いっぽう，近年のコミュニティ・スクールや地域学校協働活動，あるいは「チーム学校」などをめぐる動向は，主として学校教育における人的側面の多様化を推し進めるものと考えられるが，あくまでも学校教員を中心として学校教員以外をその周辺に位置づけるのかそうではないのか，ということが問われている。

　社会教育の機能を地域づくりなどと一体的に捉えようとする立場からは，いわゆる「地域人材」の枠組みで社会教育における人的側面を整理しようとする発想もみられる。もっとも，地域人材の定義は必ずしも明確にされているとはいえず，地域づくりなどに主体的に関与する多様な人々をゆるやかに包括する概念と理解することが妥当であろう。

社会教育における人的側面は，学習者への直接的な指導・支援のみならず間接的な支援を含めた幅広い働きかけを担う存在として意義づけることが可能である。加えて，そのような幅広い働きかけがそれぞれ独立して行われるのではなく，必要に応じてどのように結びつき連動していくのかという点が重視されており，社会教育職員の役割や専門性についてもそのなかで明確にされる必要がある。

(2)　社会教育の指導者・支援者としての「社会教育職員」

　まずは社会教育における「人的側面」という抽象的な表現を用いてきたが，その人的側面を包括しつつもう少し具体的な表現として，社会教育関係者の間では伝統的に「指導者」という用語が用いられてきた。ただし，社会教育における「指導者」という用語には，その用語から一般的に思い浮かべられるであろう「知識や技能の直接的な伝達者」（英語でいうところの "instructor"）だけでなく，団体活動のリーダーや学習者への相談援助を行う人々も含められてきたことには留意すべきである。

　現在では，社会教育における学習者への幅広い働きかけが求められているという社会教育関係者の認識から，人的側面に対して「指導者・支援者」という用語が充てられる場合が多い。それゆえに，指導者・支援者が具体的にさすものについて共通理解を図ることは困難であるが，厳密な定義にこだわることが必ずしも生産的であるとはいえないことを考慮するならば，社会教育における人的側面の多様性かつそれぞれに固有の重要性さえ尊重されていれば用語法の多少のばらつきが生じたとしても基本的に問題はないと理解して差し支えないであろう。

　さて，指導者という語を用いるにせよ指導者・支援者という語を用いるにせよ，そのなかに社会教育職員を含めることについて，社会教育関係者の間ではおおむね違和感なく受け入れられてきたと考えられる。しかし，さらに一歩踏み込んで，指導者なり指導者・支援者の全体において社会教育職員がどのような位置を占めるのかという点については，少なからず見方が分かれてきたことは事実である。

社会教育の指導者・支援者全体において社会教育職員がどのような位置を占めるのかという点についての社会教育関係者の従来の見方は，①社会教育職員が社会教育の指導者・支援者の核となる存在である，②社会教育職員が社会教育の指導者・支援者のなかで固有かつ重要な役割を果たす存在である，③社会教育職員は社会教育の指導者・支援者に含まれるが必要不可欠（代替不可能）な存在ではない，という３つに大別することができるであろう。厳密には①も②を満たすのであるが，①と②では社会教育職員の「固有かつ重要な役割」の内容が本質的に異なるということになる。

(3) 社会教育職員の全体像

　ここまで，「社会教育職員」という用語を明確に定義していないが，「職員」という用語が一般的に行政および民間の非営利の事業体の人的側面をさす場合が多いという点は，社会教育においても同様であると考えられる。加えて，社会教育関係者とりわけ社会教育の領域における研究者が「公務員・専任・専門職」を前提（あるいは理想形）として社会教育職員のあり方を検討してきたというような点が指摘されている[1]こともふまえておく必要がある。

　このことを念頭においたうえで，社会教育職員の分類で頻出するパターンに目を向けると，以下の３つのパターンをあげることができる。

---

①行政の所属なのか／民間（前述のとおり主に非営利の事業体）の所属なのか
②フルタイムの勤務なのか／パートタイムの勤務なのか
③直接的な指導・支援の担い手なのか／間接的な指導・支援の担い手なのか

　これらは一見すると形式的な分類のように思われるが，そこには何らかの意図なりバイアスが含まれている場合が大半であることに留意しなければならない。

　まず，①については２つのことを意識しておく必要がある。１つは，民間の営利事業体の構成員の位置づけである。多くの場合，民間の営利事業体の構成員は社会教育職員の分類から除外されるか，行政（行政が所管する施設を含む）が企画・運営する事業の「講師」としてのみ分類されてきた。社会教育職員の分

類上，民間の営利事業体の構成員はあくまでも社会教育行政職員との関連での
みそのあり方が議論されてきたことは否定できない。

　もう1つは，行政から民間へ出向した職員や指定管理者制度を導入している
施設の職員の位置づけである。これらの職員の身分上の位置づけのみならず実
質的な役割を明らかにするうえで，行政の所属なのか民間の所属なのかという
二分法で捉えることはむずかしくかつ有効とはいえないであろうし，養成・研
修の機会の十分な確保という点からも問題をかかえているのが現状である。

　つぎに，②については，社会教育職員のあり方として公務員・専任・専門職
を前提とするか否かの立場の違いによって，その分類の意味は異なってくる。
公務員・専任・専門職を前提とするのであれば，パートタイムの職員はフルタ
イムの職員の補完あるいはフルタイムの職員へのキャリア上の通過点という見
方になるであろう。このような見方には，近年のさまざまな領域における職業
労働形態の多様化の傾向とどのように接合されるのかという課題に加え，社会
教育の特性に対応した人的側面のあり方に適合しているのかという課題も見い
だされる。

　他方，公務員・専任・専門職を前提としない場合であっても，（そもそも社会
教育職員を明確に不要とする立場でないかぎり）前段の2つの課題に対応する社会
教育職員像を構築しなければならないことはいうまでもない。その際，③とも
深く関連する視点であるが，これまで以上に社会教育職員と学習者との関係へ
注目した検討が必要となる。いわば，制度論的検討から学習（支援）論的検討
への移行が求められていると考えられる。

　最後に，③については，直接的な指導・支援と間接的な指導・支援のいずれ
か一方がそれぞれの社会教育職員の役割に一対一で対応するとは限らないし，
また対応させるべきであるとは限らないという点を押さえておく必要がある。
特定の社会教育職員が1つの業務において直接的な指導・支援と間接的な指
導・支援の両方を担う場面や，直接的な指導・支援と間接的な指導・支援のど
ちらかを担うのか業務によって変わってくるという場面は容易に想像されるわ
けであるが，そのような場面をよしとするのか否かという評価については，社

会教育職員に含まれない多様な指導者・支援者との関係のなかで試みられて初めて意味をもつものであろう[2]。

2　社会教育主事の職務と専門性

（1）社会教育主事の制度とその運用状況

　現行の社会教育主事制度は，1951年の社会教育法改正に伴い社会教育主事に関する規定が追加されたことを起点とし，その後いくつかの改正を経て運用されている。第二次世界大戦以前あるいは社会教育法制定以前の「社会教育主事」の存在も指摘されるが，それらは現行の社会教育主事制度と趣旨が異なるものと理解して差し支えないであろう。

　まず，設置に係る規定（第9条の2）として，社会教育主事に関する規定が追加された当初は都道府県教育委員会に必置，市町村教育委員会に任意設置とされていたが，1959年の改正に伴い経過措置つきで市町村にも必置とされ，現在に至っている。また，社会教育主事補の設置については社会教育主事と同様の規定であったが，1982年の改正に伴い都道府県・市町村ともに任意設置とされた。

　つぎに，職務に係る規定（第9条の3）として，社会教育主事に関する規定が追加された当初の「社会教育を行う者に専門的な技術的な助言と指導を与える。ただし，命令及び監督をしてはならない」という規定が一字一句変わらず現在に至っている。他方，2008年の改正に伴い「学校が社会教育関係団体，地域住民その他の関係者の協力を得て教育活動を行う場合には，その求めに応じて，必要な助言を行うことができる」という規定が追加され，学校教育に対する社会教育主事の関与が法的根拠をもつこととなった。

　なお，「社会教育を行う者」の解釈について，改正当時の予想質問答弁資料においては「社会教育を行う者は，国民全部のわけであるが，国民全部といっても自ら指導的立場に立つ人とそうでない人との区別が生じてくる。したがって社会教育主事の行う助言指導も，とくに都道府県の場合は，社会教育関係団

体や社会教育施設において指導的立場にある人が重点になるのは当然である」
と述べられていた[3]。現在に至るまで，都道府県・市町村問わず社会教育主事
の助言・指導の対象は限定的に捉えられるべきという解釈が妥当である。

　最後に，養成・研修に係る規定（第9条の4・第9条の5）として，当初は大
学における養成課程と大学が実施する講習の2つのルートが規定されたが，
1959年の改正に伴い講習の委嘱先機関として大学以外の教育機関も含まれる
ことになり，1972年度より国立社会教育研修所（現国立教育政策研究所社会教
育実践研修センター）が講習を開始した[4]。また，後述するように養成課程お
よび講習の科目等も数度の変更（社会教育主事講習等規程の改正）が加えられて
いる。

　以上が社会教育主事制度の概要であるが，都道府県・市町村における社会教
育主事の配置状況については表4-1と表4-2のとおりである。都道府県におい
ては，1990～2018年度にかけて社会教育主事数が約45％減少しており，社会
教育主事を配置していない教育委員会もある。いっぽう，市町村においては，
同じ期間で社会教育主事数が約80％減少しており，社会教育主事を配置して
いる教育委員会の割合も約50ポイント減少している。また，1974～1997年
度まで実施されていた国の助成制度に基づくいわゆる「派遣社会教育主事」も
大きく減少している[5]。

(2) 社会教育行政をめぐる動向と社会教育主事の役割

　社会教育主事の役割については，これまでにもじつにさまざまな議論が行わ
れてきており，社会教育職員をめぐる議論の大半を占めてきたといっても過言
ではない。ただし，社会教育主事が「社会教育行政の専門的職員」であるとい
う位置づけが法令上変更されてきていない以上，社会教育主事の役割について
はあくまでも社会教育行政をめぐる動向に即して検討されるべきであるという
点に留意しなければならない。

　そのような意味では，現在の社会教育主事の役割を明確にするうえで，「（生
涯学習振興における）ネットワーク型行政の中核としての社会教育行政」という
社会教育行政像の提起を外すことはできない。1998（平成10）年の生涯学習審

表 4-1　都道府県・市町村における社会教育主事数

年度	都道府県 社会教育主事数	市町村 社会教育主事数	うち派遣社会教育主事数	計
1990（平成 2）	914	6,074	1,645	6,988
1993（平成 5）	840	5,926	1,623	6,766
1996（平成 8）	819	5,977	1,643	6,796
1999（平成 11）	770	5,265	1,326	6,035
2002（平成 14）	786	4,597	1,056	5,383
2005（平成 17）	680	3,439	693	4,119
2008（平成 20）	598	2,406	294	3,004
2011（平成 23）	587	1,931	153	2,518
2015（平成 27）	550	1,498	122	2,048
2018（平成 30）	510	1,171	136	1,681

注：市町村には，特別区および一部事務組合等を含む。
出典：各年度「社会教育調査」より作成

表 4-2　都道府県・市町村における社会教育主事配置教育委員会数

年度	配置教育委員会数 〈市町村〉	①全教育委員会数 〈市町村〉	②配置教育委員会数 〈市町村〉	①に占める ②の割合
1990（平成 2）	47	3,288	2,803	85.2%
1993（平成 5）	47	3,286	2,810	85.5%
1996（平成 8）	47	3,293	2,872	87.2%
1999（平成 11）	46	3,279	2,506	76.4%
2002（平成 14）	46	3,270	2,278	69.7%
2005（平成 17）	45	2,267	1,507	66.5%
2008（平成 20）	45	1,835	1,156	63.0%
2011（平成 23）	44	1,758	1,021	58.1%
2015（平成 27）	46	1,745	865	49.6%
2018（平成 30）	44	1,745	661	37.9%

注・出典：表 4-1 と同じ

議会答申「社会の変化に対応した今後の社会教育行政の在り方について」にお
いてはネットワーク型行政の必要性が重点的に提起されるとともに，「社会教
育主事の新たな役割」として「社会教育活動に対する指導・助言に加え，様々

な場所で行われている社会教育関連事業に協力していくことや，学習活動全般に関する企画・コーディネート機能といった役割をも担うことが期待されている」と指摘されていた。また，そのような指摘の背景には，同答申において「住民の学習活動は多様化・高度化し，住民にとっては，社会教育行政以外の，首長部局や民間から提供される学習機会も魅力的なものとなってきている」という状況認識があった。

　少なくとも国（文部科学省）レベルにおいて，社会教育主事の職務をめぐるこのような基本的な枠組みはその後も基本的に踏襲されているといえる。2017年に出された，社会教育主事養成等の改善・充実に関する検討会「社会教育主事養成の見直しに関する基本的な考え方について」においては，「社会教育主事が，多様な主体と連携・協働し，学習者の多様な特性に応じて学習支援を行い，学習者の地域社会への参画意欲を喚起して，学習者の学習成果を地域課題解決やまちづくり，地域学校協働活動等につなげていくこと」という役割を想定して後述するような社会教育主事養成の方向性が示されている。そのような意味でも，冒頭で述べたように学校教員や地域人材との比較において社会教育主事の役割を特定していくことが，これまで以上にかつ教育分野全般および社会全体の動向と対応させながら求められるであろう。

(3) 社会教育主事に求められる資質・能力とその養成・研修

　社会教育主事に求められる資質・能力もまた，社会教育主事の役割とセットでさまざまな議論が行われてきた。そのなかでは，資質・能力をどのように「分節化」して捉えるのかということが重視される場合と，いくつかの資質・能力をどのように「総合化」して捉えるのかということが重視される場合とがあり，多くの分野における専門職像の流動化とも相まってか分節化の方向が強まっていると考えられる。

　前出の「社会教育主事養成等の改善・充実に関する検討会」の報告書を受けた社会教育主事講習等規程の改正に伴い，2020年度より大学における養成課程および大学等における講習の科目が大きく変更されたが，このような大規模な変更は1987年以来のことであった[6]。そのもととなった1986年の社

会教育審議会成人教育分科会報告「社会教育主事の養成について」においては，社会教育主事に求められる資質・能力として「学習課題の把握と企画立案能力」「コミュニケーション能力」「組織化援助の能力」「調整者としての能力」「幅広い視野と探求心」があげられており，現在に至るまで社会教育主事養成（および研修についても）の具体的な目標がこれらに設定されてきたといえる。

さらに前出の報告書では，社会教育主事に求められる資質・能力として「生涯学習・社会教育の意義など教育上の基礎的知識」「地域課題や学習課題などの把握・分析能力」「社会教育行政の戦略的展開の視点に立った施策立案能力」「多様な主体との連携・協働に向けたネットワーク構築能力」「学習者の特性に応じてプログラムを構築する学習環境設計能力」「地域住民の自主的・自発的な学習を促す学習支援能力」もあげられていた。資質・能力の分節化という方向性が顕著に示されている一方，その総合化への道筋が求められるところである。

また，前出の報告書も含め，国レベルでも社会教育主事の現職研修の充実がしばしば議論されてきた。しかし，自治体主に都道府県レベルでの積極的な取組や国立教育政策研究所社会教育実践研究センターにおける研修事業などはあるものの，全国の社会教育主事に対する十分な現職研修の機会が保障されているとはいえないのが現状であり，むしろ全国的に現職研修の機会は減少していることも当事者を含む社会教育関係者から頻繁に声が上がっている。現職研修の理想像（モデル）とその現実性（実施可能性）をより近づけることが，国・都道府県・市町村の連携の下で必要とされている。

(4) 社会教育経営の担い手としての社会教育主事—社会教育主事と社会教育士の関係に注目して—

2020年度より施行された改正社会教育主事講習等規程において，養成課程または講習の修了者は「社会教育士」と称することができることが新たに規定された。また，経過措置として，改正前の社会教育主事講習等規程に基づく社会教育主事養成課程または社会教育主事講習の修了者については，改正により

新設された「生涯学習支援論」および「社会教育経営論」の単位を修得することにより社会教育士と称することができることとされた。

　社会教育主事任用資格を要件とした人的資源の国レベルでの制度化は，これまでにみられなかったことである。従来，社会教育関係者の間で「社会教育主事有資格者」と呼ばれてきた人々についてその資格を前提とした活動の機会をどのように見いだすのかという課題はしばしば指摘されており，その自治体レベルでの制度化の取組はみられたものの，社会教育士の称号化がその全国レベルでの制度的解決策として位置づけられたところにこの新制度の最大の特徴があるといえる。

　そして，この社会教育士と社会教育主事の関係を量的・質的ともに明確に整理したうえでその連携のあり方について検討することが，社会教育経営の担い手としての社会教育主事の役割を明確にすることへ結びつくと考えられる。強調するまでもなく，新制度の趣旨として社会教育主事と社会教育士はともに社会教育経営の担い手となることが前提とされているが，その分担についてすでに紹介したような社会教育職員の形式的な分類に落とし込んで整理することは有効ではないであろう。今後，社会教育士が量的にどのように増加し，質的にどのように充実していくのか見通すことはむずかしいが，その養成・研修はあくまでも社会教育主事と一体的に構想されるべきである。

3　社会教育施設における職員の役割

(1)　社会教育施設における職員の位置

　現行の文部科学省「社会教育調査」において，施設については「公民館（および類似施設）」「図書館（および同種施設）」「博物館（および類似施設）」「青少年教育施設」「女性教育施設」「体育施設」「劇場・音楽堂等」「生涯学習センター」が調査対象とされており，ここではこれらの施設の職員を社会教育施設における職員として想定する。その職員数の推移については表 4-3 のとおりであるが，ともすれば施設別での職員の役割と専門性についての議論が主流となり，社会

表 4-3　社会教育施設職員数

年度	公民館（類似施設を含む）	図書館（同種施設を含む）	博物館（類似施設を含む）	青少年教育施設	女性教育施設	体育施設	劇場,音楽堂等	生涯学習センター
1990（平成2）	50,431 (18,427)	16,331 (6,784)	23,961 (2,549)	6,716 (2,828)	788 (169)	—	9,496 (1,043)	
1993（平成5）	52,960 (19,374)	19,339 (7,958)	29,341 (4,313)	7,382 (3,021)	1,145 (273)	369,374 (60,719)	13,064 (1,524)	
1996（平成8）	54,767 (19,470)	22,057 (9,045)	35,201 (5,269)	7,979 (3,066)	1,123 (253)	371,929 (60,850)	15,865 (1,672)	
1999（平成11）	57,110 (18,927)	24,922 (10,249)	40,462 (5,983)	8,018 (2,860)	1,003 (295)	356,405 (61,841)	18,170 (1,688)	
2002（平成14）	57,907 (18,591)	27,276 (11,364)	43,054 (6,351)	8,118 (2,921)	1,088 (290)	329,048 (58,862)	18,198 (1,592)	
2005（平成17）	56,311 (17,805)	30,660 (13,223)	44,619 (6,916)	8,251 (2,961)	1,209 (263)	320,665 (63,008)	18,388 (1,697)	
2008（平成20）	53,150 (15,420)	32,557 (14,981)	45,979 (7,761)	8,620 (2,974)	3,211 (478)	333,466 (66,881)	20,027 (1,928)	3,456 (881)
2011（平成23）	49,306 (14,454)	36,269 (17,382)	48,199 (8,254)	8,315 (2,746)	3,084 (417)	327,714 (68,923)	19,892 (1,879)	3,825 (891)
2015（平成27）	47,770 (13,275)	39,828 (19,465)	48,763 (8,831)	7,981 (2,852)	3,540 (445)	331,807 (67,904)	20,624 (2,045)	4,049 (859)
2018（平成30）	45,614 (12,334)	41,336 (20,568)	50,920 (9,395)	8,128 (2,798)	4,115 (455)	326,234 (65,535)	20,171 (2,163)	4,343 (880)

注：施設種の名称は，2018（平成30）年度調査時点。「—」は当該調査が実施されていない。また，（　）内は指導系職員の内数であり，公民館においては公民館主事，図書館においては司書および司書補，博物館においては学芸員および学芸員補の人数。

出典：各年度「社会教育調査」より作成

　教育施設職員に共通の役割と専門性については十分に議論されず，そのこともあってこれらの施設の職員自身（あるいはその周辺）が自らを社会教育職員として認識していないというケースも少なくない。

　社会教育施設における職員は，施設を単なる物的側面のみからその存在を意義づけるだけでなく，人的側面としてその機能の発揮を中心的に担う役割が期待されてきた。その点から，社会教育施設における「専門的職員」として指導系職員の役割が強調される場合が大半であるが，当然ながら事務系職員の存在

なくして施設の管理・運営は成り立たない。ここでいう「専門」とは，利用者への学習支援の具体的内容・方法についての概念として理解すべきである。

　また，とくに図書館や博物館のように固有の「資料」を前提とする施設においては，「モノ」に対する専門性が強調されるあまり，「ヒト」に対する専門性が軽視されることが懸念される。対面か否かにかかわらず，社会教育施設による学習支援はあくまでも「対人支援」の一環としてその工夫が必要とされるものであり，養成・研修においてもその点の充実が求められる。

(2) 社会教育施設経営の担い手としての職員

　社会教育施設の「経営」という概念についてはいくつかの捉え方が可能であろうが，事業らの効率性あるいは費用対効果といった視点がこれまで以上に強く求められているということが共通認識であると考えられる。そのような視点を各施設へ具体的に落とし込む際に，社会教育施設の特性とどのように接合するのかという問題に対する施設職員の取り組み方が問われることになる。

　ただし，表4-3の数値と各施設種の施設数（第5章を参照）を比較すると明らかであるが，現状として施設種によっては施設経営のための取組を十分に進めるだけの人的資源が整っていないと判断せざるを得ず，加えて同一施設種内においても各施設間で差があることは否定できない。外部との連携による施設経営を構想・実現するにしても，それが必ずしも施設職員の量的・質的な不十分さを無視できる解決策とはならないであろう。加えて，非来館サービスの拡大に伴う学習支援における物的側面のあり方の変化が，施設職員の役割と専門性そのものの問い直しを迫っているという捉え方も可能であり，まずは設置・管理者において当該施設職員の量的・質的両面からの計画的充実のプロセスを明確にすることが求められている。

　また，施設種により割合は異なるが，社会教育施設への指定管理者制度の導入が進んできた（第5章を参照）ことも，施設経営の観点からさらなる検討が必要である。施設種や自治体による違いはあれども，社会教育施設経営以前に社会教育についての基礎知識や具体的な事業の企画・実施・評価についてのノウハウをもたないケースも少なくないうえに，そのようなケースほど研修の機会

が十分に保障されていないことについても，自治体と指定管理者との連携のもとで改善が求められる[7]。

4　社会教育職員の今日的意義

　これまでも社会教育職員をめぐっては，その必要性を所与のものとした役割論のみならず，社会教育職員像の根本的な見直しを求める議論や社会教育職員の存在を（中長期的にみた場合を含めて）否定ないし不要とする議論も展開されてきた。それぞれの依拠する立場はさまざまであるが，社会教育の特性をどのように捉え，さらにそのなかに人的側面をどのように位置づけるのかという観点からの議論である点はおおむね共通している。いっぽう，社会教育職員に求められる資質・能力の分節化と総合化のバランスを保つことができなければ，専門的職員としての要件を見いだすことはむずかしいと考えられる。

　社会教育職員が（社会教育における）専門的職員としての要件を満たすために必要なこととして，これまで述べてきたことに加え，次の2点をあげることができる[8]。1つは，専門職「集団」の確立である。さまざまな分野における専門職が「集団」として機能することが前提とされているのは，集団における相互作用による資質・能力の向上が専門職にとって不可欠であるからである。ただし，集団の構成原理は分野間で統一されているわけでなく，各分野の特性に応じて見いだされる必要がある。そのうえで，集団外との積極的な交流も保障されることが求められ，とくに都道府県レベルでの学校教員との交流人事のメリット・デメリットも改めて整理されなければならない。

　もう1つは，職務を通した力量形成，とくにOJTのノウハウの確立である。社会教育職員にとって，職務を経験することとその職務に必要な知識・技能などを身につけることとの関係がいまだ明確にされているとは言い難く，ケーススタディを通した力量形成のプロセスもやはり明確ではない。専任の社会教育職員であってもその勤務が比較的短期間（3～5年間）である場合が多いことは問題点として頻繁に指摘されるが，そのなかで何を・どこまで・どのように力

量形成を進めるのかという計画的な発想が現実性をもつ形でこれまで以上に構築されなければならないであろう。

【松橋　義樹】

【注】
1) 鈴木眞理「社会教育における非常勤職員とボランティアの位置」『生涯学習・社会教育研究ジャーナル』第2号，2008，p.201-220.
2) 伊藤真木子「社会教育における指導者・支援者の意味」鈴木眞理・稲葉隆・藤原文雄編『社会教育の公共性論—社会教育の制度設計と評価を考える』〈講座 転形期の社会教育Ⅴ〉学文社，2016，p.91-107.
3) 横山宏・小林文人編『社会教育法成立過程資料集成』昭和出版，1981，p.256.より重引。
4) このほか大学以外の機関として，2020年度には北海道立生涯学習推進センターが講習を実施することとなった。
5) 国の助成制度廃止後の（各自治体における）派遣社会教育主事制度の運用状況については，生涯学習支援システム開発研究会編『派遣社会教育主事制度の展開に関する検証—その成果・現状・課題』2009.を参照のこと。
6) ただし，1997年の社会教育主事講習等規程の改正に伴い，科目「社会教育の基礎（社会教育概論）」が「生涯学習概論」へ変更されるなどの変更はあった。
7) 指定管理者制度を導入している施設に注目した社会教育施設職員の養成・研修のあり方については，国立教育政策研究所社会教育実践研究センター編『社会教育施設における職員養成の在り方～指定管理者制度を通して見た社会教育施設における職員養成に関する調査研究報告書～』2015.を参照のこと。
8) 松橋義樹「専門性・専門家概念の変容と社会教育」松岡廣路・松橋義樹・鈴木眞理編『社会教育の基礎—転形期の社会教育を考える』〈講座 転形期の社会教育Ⅰ〉学文社，2015，p.58-70.

キーワード

社会教育職員　社会教育主事　社会教育士　社会教育施設職員　公民館主事　司書
学芸員　指導系職員

この章を深めるために

(1) 自分の身近（居住自治体など）において人々の学習を支援する存在として具体的にどのような所属・肩書の人がいるのかできるだけあげ，その人たちを自分なりの視点で分類してみよう。
(2) 自分の居住自治体の社会教育主事および社会教育施設職員の配置状況を調べ，それらの職員が具体的にどのような職務を担っているのか整理してみよう。

【参考文献】

松橋義樹「社会教育職員評価指標の枠組みに関する検討―派遣社会教育主事制度の効果に関する調査研究をもとに」『生涯学習・社会教育研究ジャーナル』第3号，2009，p.41-62

日本社会教育学会編『地域を支える人々の学習支援―社会教育関連職員の役割と力量形成』東洋館出版社，2015

国立教育政策研究所社会教育実践研究センター編『社会教育主事の専門性を高める現代的課題を扱った研修プログラムの開発に関する調査研究報告書』2020

第5章　社会教育の施設

1　社会教育・生涯学習のさまざまな場

(1)　社会教育施設の範疇

　人々の自発的な学習活動は，多様な場面で展開されている。したがって社会教育にかかわる施設と一口にいっても，社会教育活動の振興を主目的としている施設なのか，ほかの主目的があるが実質的に社会教育活動にかかわる施設なのか，またはそのような目的をまったく意図していないが結果として人々の学習の場を提供している施設なのかなどさまざまなケースが考えられる。

　通常「社会教育施設」という場合，社会教育活動の支援・振興を主目的として設立される，一般の利用に開放された施設のことをさす。具体的には，文部科学省の行っている社会教育調査の類型を用いれば，「公民館，図書館，博物館，青少年教育施設，女性教育施設，体育施設，劇場・音楽堂等，生涯学習センター」などの施設が一般に社会教育施設とされる範疇に該当する。

　なお，「社会教育行政所管の施設」として厳密に社会教育施設を捉えようとすると，民間が設立する博物館で博物館法における登録等を行っていない施設や，実際には首長部局が所管する施設など，社会教育施設とはいえなくなるものもでてきてしまう。とくに近年，社会教育施設の所管の柔軟化が進むなかで（3節 (4) 参照），「社会教育施設」とされる範囲の輪郭は，単純に捉えることがむずかしくなりつつある。そもそも文部科学省の社会教育調査では，「社会教育施設」という用語が使われず，「社会教育関係施設」あるいは単に「施設」という語が使われている。この点にも「社会教育施設」の範疇を厳密かつ明確に定めることのむずかしさが表れているといえる。

(2) 社会教育施設とその類似概念

　上述の社会教育施設に対し，社会教育活動の支援・振興が主目的ではないが実質として社会教育事業にかかわっている施設を，社会教育関連施設（上記の社会教育関係施設とはまた意味合いが異なる）と呼ぶことがある。総務省所管のコミュニティセンター，厚生労働省所管の勤労青少年ホーム，働く婦人の家，児童館などがこれに当てはまる。これらを社会教育関連施設と呼称するのはあくまで，社会教育施設を中心として考えた場合の捉え方である。

　社会教育関連施設という語は「生涯学習」という語が一般的になる以前から使われていたが[1]，これ以外にも「生涯学習施設」「生涯学習関連施設」などの語が使用されることがある。これらの概念はたとえば，カルチャーセンターなどの民間教育施設，（生涯学習支援を担う諸施設の一環としての）学校，稽古事などの個人教授所，書店といったように，人々の学習活動にかかわる施設・場をより広く捉えようとするときに用いられる。ただしこれらの用語の意味は論者によって異なることが多く，一般的に用法の定まった概念とはいえない。

　これらの用語について，その厳密な定義づけを細かく議論することにはあまり意味はない。これらの語はむしろ，人々の自発的学習の場の広がりやその多様性を理解するときに便宜的に使用されるものといえる。以下では，基本的に社会教育施設に限定して述べていくが，人々が参加する学習機会には大きな広がりや多様性があり，あくまでその一部の役割を果たすものとして，社会教育施設が位置づけられるという大前提をふまえておくことは重要である。

2　社会教育施設の多様性

(1) 各種の社会教育施設とその法的根拠

　ここでは各種の社会教育施設の基本的な性格を確認しておきたい。

　公民館は，「市町村その他一定区域内の住民のために，実際生活に即する教育，学術及び文化に関する各種の事業を行い，もって住民の教養の向上，健康の増進，情操の純化を図り，生活文化の振興，社会福祉の増進に寄与すること」

（社会教育法第20条）を目的とした施設であり，比較的狭い地理的範囲を対象としている。具体的な事業内容としては，各種の学級・講座・討論会・講習会の開催，体育・レクリエーション，各種団体・機関との連絡などがあげられ（社会教育法第22条），総合的，多面的に地域の社会教育活動の支援を担うことが想定されている。公民館は戦後初期に，当時の民主化政策と強い関連をもちながら農村部を中心に設置されはじめた経緯を有し，戦後の自治体社会教育事業の中核を担ってきた。基本的に市町村が設置するものとされ（社会教育法第21条第1項），設置に際して条例の制定が必要である（社会教育法第24条）。また，この規定に基づく施設ではないが，「公民館に類似する施設」は社会教育法第42条に基づき何人でも設置できる[2]。なお，住民自治や地域づくりの拠点として1970年代以降設置されてきたコミュニティセンターは，社会教育振興を前提とした施設ではないが，実質的機能としては公民館と類似する側面がある。近年では財政上の理由等から，公民館をより総合的機能をもつコミュニティセンターに改組する自治体も少なからずみられる[3]。

　図書館は，「図書，記録その他必要な資料を収集し，整理し，保存して，一般公衆の利用に供し，その教養，調査研究，レクリエーション等に資する」（図書館法第2条）ことを目的とした施設である。近代以降の日本では欧米に倣い図書館の設置が進められてきたが，社会教育関連法規が整備された戦後初期において「社会教育のための機関」として位置づけられた（社会教育法第9条第1項）。なお図書館は，公共図書館，学校図書館，大学図書館，専門図書館，国立図書館などに分類されるが，社会教育施設とされるのはこれらのうち一般の利用に開かれた施設としての公共図書館であり，そのほとんどは公立図書館である。

　博物館は，「歴史，芸術，民俗，産業，自然科学等に関する資料を収集し，保管（中略）し，展示して教育的配慮の下に一般公衆の利用に供し，その教養，調査研究，レクリエーション等に資する」ことや，資料に関する調査研究を行うこと（博物館法第2条）を目的とした施設である。博物館は所蔵する資料によって名称や様態も多様であり，一般に「美術館」「動物園」「水族館」と呼ばれる施設も制度上は博物館に位置づけられる[4]。博物館は図書館と同様，近代以降

に欧米に倣い設置が進められ，戦後になり「社会教育のための機関」として制度的に位置づけられた。制度上，博物館とされるのは，自治体（都道府県，政令指定都市）の審査を通して登録を受けた博物館（登録博物館）であり，自治体または一般財団法人，一般社団法人などが設置したものに限られる（博物館法第1条第1項，第2項）。ただし，国，独立行政法人，株式会社などが設置し，登録博物館に相当する実態を有する施設については，自治体から博物館相当施設としての指定を受けられる（博物館法第29条）。これら以外にも，登録，指定を受けないが博物館としての活動を行う施設が存在する（博物館類似施設）。この種の施設は非常に多く，博物館類似施設のほうが施設数としては大多数である。

青少年教育施設は，青少年を主対象に，集団生活体験，自然体験などによる学習機会を提供する機能を有するものとして高度成長期以降設置が進められてきた施設であり，青年の家（宿泊型，非宿泊型），少年自然の家，児童文化センター，野外教育施設などの総称である。青少年教育施設について明確な法的根拠となる規定はないが，社会教育法第5条で自治体教育委員会の事務の1つとして青少年教育施設の設置・管理が例示されている。

女性教育施設は，女性の地位向上や男女共同参画の推進を目的とする施設であり，1970年代後半以降設置が進められてきた。実際には女性教育会館，女性センター，男女共同参画センターなどさまざまな名称で設置されている。女性教育施設の設置に関する固有の法的根拠はないが，強いていえば男女共同参画社会形成のための施策実施に関する国，自治体の責務に関する規定（男女共同参画社会基本法（1999年）第8条，第9条）などがあげられよう。

体育施設は，体育館，野球場・ソフトボール場，テニスコート，水泳プールなど，スポーツのために使用される施設の総称である。社会教育調査によれば，そのおよそ4分の3は公立の施設（＝社会体育施設），残りが民間立の施設（＝民間体育施設）となっている。これらの施設の法的根拠としては，スポーツ基本法（2011年）における，「スポーツ施設」の整備等を国・自治体の努力義務とする規定（第12条）をあげることができる。

劇場・音楽堂等は，音楽，演劇など実演芸術の公演に使用される一定以上の

規模のホールを有する施設の総称であり，文化センター，文化会館，市民会館などの名称の施設である。社会教育調査で把握されている施設の大多数は公立である。社会教育調査では2011年度までは「文化会館」として分類されていたが，劇場，音楽堂等の活性化に関する法律（劇場法，2012年6月）の制定後，統計上はこの法律に基づき「劇場，音楽堂等」と呼称されている。これらの施設の法的根拠としては，劇場，音楽堂等の整備，活用に関する国・自治体の努力義務（劇場法第6条，第7条）や，国による劇場，音楽堂等の設置などの施策実施（文化芸術基本法（2017年）第25条），自治体による文化芸術関連施策推進への努力義務（同法第35条）といった規定があげられる。

　生涯学習センターは，都道府県レベルの広域をカバーする総合的な社会教育施設として，早いものでは1970年代後半から設置が始まっており，学級・講座の提供のほかに，指導者養成・研修や調査研究などの機能も担う施設として位置づけられる。ただし実際には，市町村レベル，またはそれよりも狭い範囲を対象とし，実質的に公民館と同様の機能をもった施設でも，生涯学習センターという名称を掲げ，統計上も生涯学習センターとして把握されている施設も少なくない。このように，生涯学習センターとされる施設の範疇は，実際にはややわかりにくいものとなっている。生涯学習センターについては，答申などでその役割についての言及があるが，明確な法的根拠はない[5]。

　以上について施設の法的基盤という点から概括すると，公民館，図書館，博物館については社会教育関連法規が整備された戦後初期に明確な法的基盤が規定されたが，そのほかの施設の多くについては，社会教育施設としての明確な法的基盤がないまま実態が先行する形で設置が進められてきたといえよう。

(2) 社会教育施設の全体像

　このように社会教育施設の範疇に限っても，そのなかにはすでにみたように多様な施設が含まれる（近年における各種社会教育施設数の推移については表5-1参照）。「社会教育施設」に関する明確な原理・原則を前提として各種の施設が生まれてきたのではなく，人々の多様な学習活動を支援するために，それぞれの歴史的経緯をもって多様な施設が設立されるようになり，それらが結果として

表 5-1　社会教育施設数の推移

	公民館	公民館類似施設 1)	図書館 2)	博物館 3)	博物館類似施設	青少年教育施設 2)
1996	17,819	726	2,396	985	3522	1,319
1999	18,797	806	2,593	1,045	4064	1,263
2002	17,947	872	2,742	1,120	4243	1,305
2005	17,143	1,039	2,979	1,196	4418	1,320
2008	15,933	623	3,165	1,248	4527	1,129
2011	14,681	718	3,274	1,262	4485	1,048
2015	14,171	670	3,331	1,256	4434	941
2018	13,632	649	3,360	1,286	4452	891

	女性教育施設 2) 4)	社会体育施設 5)	民間体育施設 5)	劇場,音楽堂等 3) 4)	生涯学習センター
1996	225	41,997	18,146	1,549	—
1999	207	46,554	17,738	1,751	—
2002	196	47,321	16,814	1,832	—
2005	183	48,055	16,780	1,885	—
2008	380	47,925	17,323	1,893	384
2011	375	47,571	15,532	1,866	409
2015	367	47,536	14,987	1,851	449
2018	358	46,981	16,397	1,827	478

注：1) 公民館類似施設については，社会教育調査では市町村が設置かつ市町村教委が所管するもののみを計上している。2) 2008 年度の社会教育調査からは，都道府県・市町村首長部局所管の図書館同種施設，独立行政法人及び都道府県・市町村首長部局所管の青少年教育施設および女性教育施設が，施設数に含まれている。3) 博物館相当施設については，博物館の数に含まれている。4)「女性教育施設」については 1999 年度調査までの「婦人教育施設」,「劇場，音楽堂等」については 2011 年度調査までの「文化会館」に相当する数値を示している。5) 1996 年度調査の体育施設数には，ゲートボール・クロッケー場が含まれていない。

出所：文部科学省社会教育調査（e-Stat　政府統計の総合窓口）https://www.e-stat.go.jp/（2020 年 8 月 30 日最終閲覧）

「社会教育施設」という範疇でくくられていると理解すべきだろう。

　これらの各種の社会教育施設を，学習支援の内容，対象者，対象圏域などの観点から整理してみよう。

　まず，施設の設置目的からみた場合，支援対象となる学習活動の内容が比較的特定される施設と，あまり特定されない施設とに分けられる。たとえば図書館や博物館は基本的に，書籍や特定領域の資料などを利用した学習支援が中心

となる。体育施設や劇場，音楽堂等も，対象となる活動内容が比較的特定され
ている。これらに対し，公民館や生涯学習センターは基本的に，特定の学習活
動に焦点を絞らないことにむしろその特性がある。

　つぎに施設の対象者という観点でみると，特定の属性の利用者を想定してい
ない公民館，図書館，博物館，体育施設，劇場・音楽堂等に対し，主な対象者
の属性が特定された施設として青少年教育施設や女性教育施設などがある。

　社会教育施設とその対象圏域との関係も，施設によって異なってくる。これ
は施設の種別による違いもあるが，それ以上に施設の設置主体に対応した違い
も大きい。たとえば図書館の場合は，市町村立の図書館は地域住民の身近な施
設である「第一線図書館」として，他方都道府県立図書館は，市町村立図書館
の活動をバックアップし，連絡・調整・協力の媒介機能を果たす「第二線図書
館」として位置づけがなされることが多い。

　このように，各種の施設のあいだの違いだけでなく，同種の施設のなかにも
詳細にみると無視できない性格の違いが存在することにも留意すべきである。

3　社会教育施設の管理・運営と近年における動向

(1)　社会教育施設職員とその専門性

　社会教育施設のあり方を捉える視点としては，これまでにもふれてきた機能
的側面（諸種の教育事業）だけでなく，人的側面（職員）や物的側面（建造物・設備・
敷地）の重要性がしばしば指摘されてきた。もちろん，これらの諸要素は複雑
に結びついているが，とくにその人的側面は，社会教育施設の有する存在意
義・利点としてたびたび主張されてきた。

　地域住民，利用者の学習活動を適切に支援できる専門的職員の配置という点
は，社会教育施設がまさに社会教育施設たる存在意義として重視され，社会教
育施設とそのほかの施設とを区分する指標として言及されることも多かった。
典型的には，公民館とコミュニティセンターとの差異がそれにあたる。

　具体的に社会教育施設の職員についてみてみると，公民館，図書館，博物館

にはそれぞれ，公民館主事，司書，学芸員が専門的職員としておかれている。またそのほかの社会教育施設にも，指導系職員がしばしばおかれている（社会教育施設職員の詳細については第4章参照）。

(2) 社会教育施設の設置基準の推移

いっぽう，社会教育施設の物的側面についてみると，「公民館の設置及び運営に関する基準」（最近改定2003年），「図書館の設置及び運営上の望ましい基準」（2012年），「博物館の設置及び運営上の望ましい基準」（2011年）といった文部科学省告示などでその標準が定められている。かつてこれらの基準は，建造物や設備の最低基準，つまり物的側面での整備と平準化を進める役割を有し，社会教育施設が整備されていなかった時期においては，大きな意義を有してきた。しかし1990年代以降，物的側面から施設の運営のあり方へとこれらの基準における重点は移されてきた。たとえば現行の「公民館の設置及び運営に関する基準」では，かつての基準が建物の面積や各種の部屋・教具・器材の整備など，純粋に物的側面の規定を中心としていたのに対し，公民館の各種事業の推進を求めるものへと基準自体の性格が変化している。

(3) 社会教育施設の評価をめぐる動向

1990年代半ばから一部の県で先駆的に始められた行政評価は，2000年前後からほかの自治体にも急速に広がった[6]。その動向に伴い社会教育事業や施設経営に対する評価も，この行政評価の一環として行われるようになってきた。その評価の結果，公的財源を投入するだけの理由がないとして社会教育施設の廃止に至るケースもみられるようになった[7]。社会教育の事業は，長期的な観点からみて人々の意識や行動に影響を与えていくことを目的としていることが多く，明確な成果をデータで示しにくい傾向があるため，このような行政評価への対応には概して困難がつきまとうものとなっている。

ともあれ，このような行政評価の台頭に対応して，社会教育施設の運営に対する評価の取組が2000年代初めに法的にも規定されるようになった。2003年に改定された「公民館の設置及び運営に関する基準」では，公民館が各年度の事業について公民館運営審議会の協力を得つつ，自己点検・評価，結果公表を

行うよう努めることが示されている。「公立図書館の設置及び運営上の望ましい基準」(2001 年),「公立博物館の設置及び運営上の望ましい基準」(2003 年) でも,事業の自己点検・評価に関する努力規定が盛り込まれた。図書館,博物館についての現行の基準は先述のとおり,「図書館の設置及び運営上の望ましい基準」(2012 年),「博物館の設置及び運営上の望ましい基準」(2011 年) であるが,それぞれ自己点検・評価だけでなく,評価に基づく運営改善のために必要な措置,インターネットなどを用いた評価結果公表なども努力義務として新たに記されている。また,社会教育法,図書館法,博物館法の 2008 年改正では,公民館・図書館・博物館の努力義務として運営状況の評価とその結果に基づく運営改善のための措置を行うこと,また地域住民や関係者の理解のために運営状況に関する情報を積極的に提供するべきことが盛り込まれた (社会教育法第 32 条・第 32 条の 2,図書館法第 7 条の 3・4,博物館法第 9 条・第 9 条の 2)。

(4) 社会教育施設の管理・運営主体,所管をめぐる動向

社会教育施設の管理運営主体に関する柔軟化の例として従来から多くみられたのは,自治体が出資する財団法人などに公立の社会教育施設の管理が委託される例である。1990 年代末以降,社会教育施設の管理・運営主体に関する柔軟化の動向が顕著となっていく。1998 年の生涯学習審議会答申「社会の変化に対応した今後の社会教育行政の在り方について」では,それまで文部省 (当時) が消極的であった民間委託に関し,施設機能の高度化や住民サービスの向上のためにはむしろ効率的な場合もあると述べられ,社会教育施設の管理運営方式を自治体が自主的に判断し選択することが提言された。

その後,2003 年の地方自治法改正によって生まれた指定管理者制度では,株式会社などの民間営利事業体が公立社会教育施設の管理・運営を行うことも可能となった。各自治体は社会教育施設の管理・運営について,従来の直営方式か管理委託方式かという選択に代えて,2006 年 9 月までに直営方式か指定管理者制度かを選択するよう求められることとなった。各種社会教育施設における指定管理者制度の導入状況の推移は,表 5-2 のとおりである。

指定管理者制度は,それまでの管理委託制度では自治体の権限とされてきた

表 5-2　各種社会教育施設における指定管理者制度導入の割合

(%)

	公民館	公民館類似施設	図書館	博物館	博物館類似施設
2005[2)]	3.4	9.4	1.8	13.9	16.7
2008	7.7	21.0	6.5	19.0	27.8
2011	7.9	22.0	10.7	21.0	29.9
2015	8.1	22.5	15.6	23.9	31.1
2018	9.2	24.5	18.9	25.9	31.2

	青少年教育施設	女性教育施設	社会体育施設[3)]	劇場,音楽堂等	生涯学習センター
2005[2)]	16.7	15.4	20.7	35.8	—
2008	33.5	27.8	32.0	50.2	17.7
2011	38.5	31.8	35.4	53.7	22.2
2015	41.0	34.1	39.0	57.7	26.9
2018	42.5	35.8	40.7	58.8	32.4

注：1）本表に示した導入率は，各種社会教育施設の総数から，国，独立行政法人，一般財団法人，一般社団法人，公益財団法人，公益社団法人の設置した施設，またその他私立の施設数を差し引いた数を分母として算出した。
2）2005 年のデータは，指定管理者制度に関する規定が追加された地方自治法改正（2003 年）以前の，管理委託制度によるケースを含んだ数値である。3）社会体育施設については，「社会体育団体数」の数字を元にパーセンテージを算出している。「社会体育団体数」とは，社会体育施設を単数又は複数保有している単位の数として社会教育調査において定義されているものである。なお民間社会教育施設については，施設の性質上指定管理者制度を導入できないため，導入率のデータそのものが存在しない。
出所：表 5-1 に同じ

　企画立案業務や施設使用許可，取消使用料の徴収などを，委託を受けた団体（指定管理者）の権限として行え，より自律的かつ柔軟に施設が活動できるという点，また，民間活力を導入することにより効率的な施設運営，サービス向上が望めるといった点も期待され，各地で導入されるようになった。他方で，効率化が社会教育施設本来の機能低下や職員の勤務条件の悪化につながりかねないとの批判や，3 ～ 5 年の指定期間が設けられるために長期的な見通しでの事業計画策定・職員の専門性育成につながりにくいという批判など，指定管理者制度導入に伴う問題点も指摘される[8)]。
　また，社会教育施設の所管（ひいては社会教育行政自体の所管）についても，柔

軟化の流れがみられるようになっている。社会教育施設は，機能的にほかの行政領域と重複するケースが少なくないため，教育委員会で所管するか，それ以外の首長部局で所管するかという点は，長らく問題であり続けてきた。

　時期的に早くからみられた例としては，劇場・音楽堂等（かつての文化会館）のように，もともと社会教育行政の所管として扱われていたが，1970年代末から（とくに都道府県や大規模自治体において）首長部局の所管施設として建設する自治体が目立つようになったというケースがあげられる。また女性教育施設については，教育委員会系統で設置する自治体と首長部局で（いわゆる女性センターとして）設置する自治体とが，当初から併存してきた例もある。

　社会教育施設の所管をめぐる法制度上の動向としては，2007年6月の地方教育行政の組織及び運営に関する法律（以下，地教行法）の改正により，スポーツ，文化に関する事務について教育委員会から首長部局への移管が可能となった。また2019年6月の第9次地方分権一括法における一連の法改正では，移管可能な範囲が社会教育施設全体に拡大された。すなわちこのときの地教行法改正では，「図書館，博物館，公民館その他の社会教育に関する教育機関のうち当該条例で定めるもの（中略）の設置，管理及び廃止に関すること」について首長部局が所管することが可能となった（地教行法第23条第1項）。ただし，首長部局が社会教育施設を所管するための条例を制定する場合，議会が教育委員会の意見を聴かねばならないとされている（同法第23条第2項）。またこれと同時期の社会教育法改正においては，社会教育施設の教育活動と密接な関連をもつ事務の首長による管理・執行，またその管理・執行の規則の制定・改廃に関して，教育委員会の意見を聴かなければならないことが定められた（社会教育法第8条の2）。さらに移管された事務の管理・執行について，教育委員会が必要に応じ首長に意見を述べることができると定められた（同法第8条の3）。

　ただしこれらの法改正以前から，教育委員会と首長の協議を経たうえで，教育委員会所管となっている事務を首長部局が実質的に担う，いわゆる「補助執行」が，地方自治法の規定（地方自治法第180条の7）に基づき少なからぬ自治体において行われてきた。この補助執行の場合，所管が教育委員会のままになっ

ているという点で上に述べた移管とは制度上は異なるが，事務の執行を首長部局が担うという点では同様であり，実質的には社会教育施設の首長部局化は，上にあげた法改正以前から進行してきたといえる。

補助執行にせよ移管にせよ，首長部局が社会教育施設の運営を担うという選択を行う場合は，社会教育施設の活動が他行政と一体化，連携させて展開されることでより大きな成果が得られるかという点が重要となる[9]。ただし，観光や地域振興と社会教育との一体的振興という考え方がある反面で，実際にはこれらの目的と社会教育の目的とが両立しないケースもさまざまに想定される。首長部局による管理・運営の場合でも，社会教育施設としての意義が損なわれるべきでないのは当然であり，前述したような首長に対する教育委員会のチェック機能がいかに実質的なものとなるかが重要になると考えられる。

(5) 審議会，協議会の制度とその意義

地域住民の意思を施設運営に反映させるための制度化されたルートとしては，公民館に設置される公民館運営審議会（社会教育法第29〜31条），公立図書館，博物館に設置される図書館協議会（図書館法第14〜16条），博物館協議会（博物館法第20〜22条）があげられる。これらの審議会，協議会の委員の要件については，かつては法によって具体的に規定されていたが，現在は省令による基準を参酌して各自治体の条例で定めるものとされている（社会教育法第30条第2項，図書館法第16条，博物館法第12条）。その参酌すべき基準は具体的には「学校教育及び社会教育の関係者，家庭教育の向上に資する活動を行う者並びに学識経験のある者」という内容となっている[10]。

これらの審議会，協議会は，現在いずれも任意設置となっている。このような審議会，協議会については，制度的に一定の住民参加を保障するという点での意義が認められるが，現実としては，住民意思の反映という目的が十分に果たせておらず形骸化していると指摘されることも少なくない。かつては公民館において必置とされてきた公民館運営審議会も，地方分権推進委員会の勧告を受ける形で1999年以降任意設置となり，住民意思を施設運営に反映させる手法は自治体の自主的判断に委ねられる形となっている。

4　地域住民・利用者の学習ニーズと参加

(1)　社会教育施設の事業と学習ニーズ

　社会教育施設の事業展開のあり方を捉える際には，単に地域住民あるいは利用者に対してどのような支援ができるかという一方向の関係性をみるだけでは不十分である。社会教育施設が地域住民・利用者の意思をどのように反映させ，あるいはその積極的な参加をどのような形で取り入れているのかという双方向の関係性についても，確認しておく必要があろう。

　まず，事業の計画・実施に際して，地域住民・利用者の学習ニーズの反映が重要であるのはいうまでもない。しかし施設の本来の設置目的に照らした場合，ニーズの多い学習機会を重点的に提供するだけで十分とはかぎらない。たとえば，公民館の事業内容が教養・趣味講座中心となりがちで，民間のカルチャーセンターの事業と大して変わるところがないという批判（いわゆる「カルチャー・センター化」批判）[11] は，地域住民の学習ニーズにのみ対応することによってかえって「実際生活に即する教育，学術及び文化に関する各種の事業を行」う（社会教育法第 20 条）という公民館本来の目的との乖離が生じているのではないかという点を指摘したものである。女性教育施設でも，重点的に扱われるべきとされる女性学，男女共同参画などに関する講座の集客力が少なく，パソコン関連や趣味の講座に多くの利用者が集まるという傾向が指摘され，施設の本来のあり方との乖離が問題として指摘されてきた[12]。

　利用者のニーズへの対応なくしては，施設の事業展開は成り立たない。他方，ニーズの少ない学習内容ではあっても（あるいはニーズが少ないがゆえにこそ），施設側からみて重要であると考えられれば積極的に提供するべきケースも多く存在する。社会教育施設本来の目的と利用者のニーズの双方をどのように折り合いをつけ，あるいは積極的に結びつけていくかは，事業を計画・実施していくうえで施設職員が常に念頭におかねばならない問題である。

(2)　社会教育施設とボランティア

　社会教育施設の運営への住民参加のあり方に関しては，施設とボランティア

との関連も取り上げる必要がある。社会教育施設とボランティアのかかわりは多様であるが，これまで多く行われてきたのが，地域住民などがボランティアとして社会教育施設の管理・運営に参画するというケースである。

　社会教育施設におけるボランティアの活動内容は美化活動，会場整理などの補助的業務から，広報活動や教育活動への協力，さらには事業の企画立案・運営への参加などまで多岐にわたる。また，職員が主導で行う活動，職員とボランティアの共同的活動，ボランティア主導の活動など，施設の管理運営方針の決定にボランティアがかかわる度合いにもさまざまなケースがある。

　このような社会教育施設におけるボランティアの実態をみるとき，行政が本来担うべき役割を，地域住民などをボランティアとして「動員」することで代替的に果たそうとする側面が，ボランティア受け入れの意図に入り込みがちであることにも留意すべきであろう。そもそもボランティアとして参加する側は，抽象的な社会貢献・生きがいとしての意義よりも，具体的な事業の企画・運営や，それに伴うさまざまな人々との交流に意義を見いだす傾向が強い[13]。ボランティアを補完的人員としてのみ捉えることは，ボランティア側の意識実態からみても問題をはらんでいるのである。

　社会教育施設へのボランティア導入に関する本格的提言を早い時期に示した1986年の社会教育審議会社会教育施設分科会報告（「社会教育施設におけるボランティア活動の促進について」）では「ボランティア活動を通して自己の成長を図る」という考え方が提示され，「施設の人的，物的体制の不備を補完する役割をボランティアに期待してはならない」という理念がすでに示されていた。企画・運営・評価へのボランティアの参画や，ボランティアと利用者・講師・施設職員との交流といった観点を軽視し，補完的な労働力として見なしてしまうと，施設事業の活性化，実質的な住民参加のルートの確保，といったボランティア受け入れ事業の意義を発揮できない単なる住民動員に陥るであろう。

(3) 住民参加の可能性

　以上のような住民参加の問題は，社会教育施設の事業のあり方，職員の専門性のあり方とも密接にかかわっている。施設の運営や事業内容への住民参加が

各地でさまざまに試みられていることは，社会教育施設の運営を職員にのみ委ねることの限界を示している。しかしこのことは必ずしも施設職員の役割の縮小・消失を意味しない。たとえば，職員の有する経験・知識と住民の要望とをつき合わせ，対話・議論を経ることで，より望ましい施設運営，事業展開につながるケースも考えられる。また当初は職員主導による事業が，時間を経ることによって住民の積極的反応・参加を得るということもありうる。社会教育施設においては，住民参加へのいく通りものかかわり方が考えられるのである。

　ただし，住民の意思や参加を社会教育施設の活動の基盤に据えることは，地域社会におけるさまざまな対立・葛藤が施設の活動のなかにもち込まれるということでもある。たとえば，上に述べた職員と住民との対話・議論が，常にスムーズに進むとは限らない。また，住民参加という発想はしばしば一枚岩の住民意思を前提視しがちであるが，現実には施設の運営をめぐって住民同士が対立し，施設の事業継続自体が危うくなる例もある[14]。さらには，公民館などでの事業において住民参加を積極的に進めることが住民運動の高揚につながり，さらにはその運動が自治体の行政や施策方針との軋轢につながる可能性もある[15]。その際，施設職員は，地域住民の要望への対応と政治的中立という２つの要請の狭間で困難な立場を強いられることにもなりうる。

　このように，社会教育施設運営への住民参加は，職員・行政と住民の，あるいは住民同士の対立を引き起こす可能性も有している。むしろ，社会教育施設を取り囲む地域社会においては，多くの場合このような対立につながる状況を潜在的にかかえているといってもいいだろう。住民参加の取組は，予定調和的状況のみをもたらすものとして捉えるべきではなく，場合によっては社会教育施設の活動に対する障害を結果するものともなりうるのである。

　住民参加の取組は，社会教育施設の活動に緊張感をもたらすものであるが，それは同時に社会教育施設の活動のあり方を常に見直していく契機として，また住民自身が地域社会における意見の多様性を確認しつつ活動していく契機としての意義を，住民参加というプロセスが有しているということでもあろう。

【久井　英輔】

【注】

1)　鈴木眞理『新時代の社会教育』放送大学教育振興会，2015，p.149.

2)　なお，社会教育調査の数値には反映されていないが，自治会，町内会などが所有する集会施設である「自治公民館」(実際の名称は集落公民館，字公民館などさまざま)も，公民館類似施設に含まれるものであり，地域によっては多くみられる施設である。

3)　公民館からコミュニティセンターへの改組の動向を詳しく論じたものとしては，小池源吾・天野かおり・佐竹智子「自治体改革と公民館の変貌」日本社会教育学会編『自治体改革と社会教育ガバナンス』〈日本の社会教育 53〉東洋館出版社，2009．を参照。

4)　社会教育調査では，総合博物館，科学博物館，歴史博物館，美術博物館，動物園，植物園，動植物園，水族館という分類が用いられている。

5)　1978 年度には，県域をカバーする施設として構想された県立総合社会教育施設に対する文部省の補助金支出が開始されている。また，中央教育審議会答申「生涯学習の基盤整備について」(1990 年 1 月)では都道府県に設置される施設としての「生涯学習推進センター」について言及されており，この答申がその後の各地における県立生涯学習センターの設置に大きい影響を及ぼしている。詳しくは鈴木，前掲，p.168-170．を参照。

6)　古川俊一「自治体評価」三好皓一編『評価論を学ぶ人のために』世界思想社，2008，p.134-135.

7)　例としては，東京都の生涯学習センター，近代文学博物館の廃止 (2002 年)，高尾自然博物館の廃止 (2004 年) など。

8)　社会教育施設への指定管理者制度導入に関する議論の概観として，「特集　指定管理者制度の是非を問う―社会教育施設はどう変わるのか」『社会教育』65 巻 10 号，2010．がある。

9)　2018 年 12 月の中央教育審議会答申「人口減少時代の新しい地域づくりに向けた社会教育の振興方策」では，社会教育施設の首長部局による所管が認められるべきケースとして，ほかの行政分野との一体的運営によってより大きな成果が期待できる場合などがあげられている。

10)　社会教育委員および公民館運営審議会委員の委嘱の基準を条例で定めるにあたって参酌すべき基準を定める省令第 1 条。なお，図書館協議会，博物館協議会については，図書館法施行規則第 12 条，博物館法施行規則第 18 条でそれぞれ，同様の内容が基準として示されている。

11)　松下圭一『社会教育の終焉』筑摩書房，1986，p.46-53.

12)　全国婦人会館協議会『女性関連施設に関する総合調査―〈学習・研修〉事業に関する調査報告書』1999，p.12-17.

13)　このようなボランティアの意識をめぐる問題の例として，地域創造『公共ホール・劇場とボランティアに関する調査』1997，p.22．がある。

14)　その実例を紹介したものとして，衞紀生「公設民営劇場へのステップ―変化の時代の公共文化施設」『都市問題』第 90 巻第 7 号，1999，p.78-80.

15)　住民運動と公民館事業との距離の取り方の問題は，高度成長期のころからすでに議論されてきた。久井英輔「新生活運動と社会教育行政・公民館」大門正克編『新生活

運動と日本の戦後——敗戦から 1970 年代』日本経済評論社，2012，p.293-295.

キーワード

社会教育施設　社会教育関連施設　補助執行　自己点検・評価　指定管理者制度
公民館運営審議会　図書館協議会　博物館協議会　住民参加　ボランティア

この章を深めるために

(1)　本文であげた施設のほかにどのような生涯学習の場があるか，できるだけ多くあげ
　　てみよう。また，自分の住んでいる自治体に設置されている社会教育施設とどのよう
　　に関連しているか考えてみよう。
(2)　身近にある社会教育施設を 1 つ選び，事業内容やボランティア活動の受け入れなど
　　の学習支援がどのような方法や仕組みで行われているか調べよう。

【参考文献】
鈴木眞理・井上伸良・大木真徳編『社会教育の施設論——社会教育の空間的展開を考える』〈講
　　座 転形期の社会教育Ⅲ〉学文社，2015
国立教育政策研究所社会教育実践研究センター（浅井経子執筆・編集代表）『社会教育経営論』
　　ぎょうせい，2020

第6章　社会教育の学習課題

1　社会教育と学習課題

　社会教育も教育の一領域であるから，究極的には人格の完成，さらに国家および社会の形成者の育成を目的に行われるものである。そのために"社会教育で何を学ぶのか，その学習の内容の選択は誰が行うのか，また，その学習はどのような形態や方法で進めることが学習効果を高めるのか"ということについて，これまでさまざまな研究が取り組まれてきたし，社会教育行政や公民館等社会教育施設の実践でも模索されてきた。社会が急速に変化し，人々の価値観や生活スタイルが多様化するなか，社会教育の特質・特徴をふまえて，何のために，何を，どのように学ぶかという学習者が学習する課題（＝学習課題）の設定にかかわる検討は，今後も重要である。

2　学習課題

（1）要求課題と必要課題

　学習課題の設定について考えるとき，「要求課題」と「必要課題」という概念が用いられることが多い。

　「要求課題」とは，家庭生活や職業，趣味，興味・関心，これまでの学習活動など，学習者個人のさまざまな状況などに基づき，人々が学びたいと欲している学習課題のことであり，人々が意識している顕在的なものと，何かの刺激や誘因によって顕在化・自覚化する潜在的なものがある。たとえば，子育てについて学びたいと思い育児教室に通う母親が，じつは意識下に同じような年齢

の子どもをもつ母親の友だちを欲していたということや，歴史講座に通ううちに地域の歴史への関心が湧き，歴史博物館や図書館に通い，地域資料を漁るように調べるなど，学習要求は変化したり，何かのきっかけで掘り起こされたりすることはよくある話である。

　いっぽう，「必要課題」とは，人々はその学習の必要性を必ずしも自覚していないかもしれないが，現代社会の存続や変化する社会に対応するために学ぶ必要があると考えられる学習課題のことである。人間の成長・発達や公共的な観点などから，個人にとっても社会にとっても課題解決が必要であり，解決に向けて人々に学習を求める課題のことをさす。

　ところで，地方公共団体などによる地域住民の学習ニーズ調査などが行われることがあるが，潜在的な要求は結果に表れにくいし，学習要求の変化を捉えるのはむずかしい。また，たとえばパソコンに関する学習要求が高かったとしても，インターネットをしたい，自営業の会計帳簿をつけたい，デジタルカメラで撮影した孫の写真アルバムを作りたいなど，人々の学習目的は個別的であり，個々人の生活上の課題や欲求が学習要求の源になっていることが多い。加えて，たとえば「どうしても」や「時間があれば」という個々人のその要求の強弱の程度を測ることはむずかしい。

　したがって，学習ニーズ調査は設問や分析の工夫，ヒアリングの実施などを行い，地域住民の生活状況などをふまえて多角的に学習要求を把握する努力が求められる一方で，完全に把握することはむずかしいという理解も重要である。

(2) さまざまな学習課題

① 発達課題

　人間が生まれてから死ぬまでの生涯は，発達を段階化できることから，それを発達段階と呼んでいる。また，人間は生涯を通じて，達成が期待されるさまざまな課題に出会いつづける。この発達上の課題群のことを「発達課題 (developmental task)」と呼ぶ。この概念はハヴィガースト (Havighurst, R.J.) によって提唱され，発達課題は，乳児期から高齢期までの人間の発達の順次性やライフサイクルの変化に応じた学習課題だと考えられた。発達課題の考え方は，

社会教育行政等における社会教育計画や生涯学習推進計画などの計画体系に取り入れられることが多い。

　しかし発達課題の捉え方に対して，いくつかの指摘がある。1つは，多様である人間の一生の「標準的なモデルを行政が提示し，学習課題を設定することが学習者の自発性を損ねるのではないか」[1]という点である。もう1つは，ハヴィガーストの発達課題論は，1940年代ごろのアメリカ中産階級の理想像とかなり重なり合っていることから，生活水準が向上しライフスタイル多様化している今日の日本においてそのまま学習課題にすることはできないとする点[2]である。さらに，たとえば社会の高齢化，環境問題など，「1つの世代を通じて解決の見通しが立たないような問題については，一人の学習者の生涯を通じての発達課題」となるという点である[3]。

　このような指摘はあるものの，人間が生涯にわたって段階的に発達することは事実である。人間は成人期を迎えても，生活で生じる出来事や学習を通して生き方を修正・再構築しながら，自らの人生を歩んでいくものであるということの理解は重要であろう。

② 生活課題

　生活課題とは，日常の生活のなかで生じるさまざまな解決すべき問題を学習課題として設定するという考え方である。第二次世界大戦後の社会教育や公民館の活動を展開する際の基調となった。当時の日本は，地域振興，生産技術の向上，生活改善など戦後復興がめざされており，個人の生活課題は多くの地域住民にも共通する生活課題であった。その解決に向けて，公民館を中心に地域住民の共同による取組がめざされた。

　生活課題は，生活する人々の意識や行動の変化に伴って変化し，時代や社会の変化とともに変化する。今日では，産業構造の複雑化，生活水準の向上，ライフスタイルや価値観の多様化，コミュニティ意識の希薄化などを背景に，人々の生活課題は限られた地域でみても一様ではなくなっている。

　しかし，直面する生活課題は個人によって異なるとはいえ，現代社会においても地域住民に共通の生活課題として捉えることが可能である。たとえば，各

家庭でも増えるプラスチックごみは，海洋や土壌，大気を汚染する可能性があり，ひいては地球温暖化をもたらし，その結果，異常気象といわれるような気候の変化が生じ，豪雨による土砂災害や河川氾濫の発生と深いかかわりがあると考えられている。個人的な生活上の課題や生活する地域の課題を，グローバルな課題とのつながりや関係性も含めて理解し，人々の今日的な生活課題がどのようなものであるかを考えていく必要がある。

③ 地域課題

地域課題とは，「地域住民の共同的生活課題，すなわち多くの地域住民が共通して直面していると同時に，その解決が個人的には不可能であって，地域住民の共同の取組みによってはじめて可能となるような生活課題」[4]であり，それを学習課題として設定するという考え方である。

前項で「生活課題」という言葉が，かつては個人の生活課題は多くの地域住民に共通していたことを述べたが，社会が変化した現在では一人ひとりの住民が個別にもつ生活上の課題を意味するとイメージされやすい。いっぽう，「地域課題」は一定程度のエリア（地理的範囲）が前提となるから，その地域にかかわる住民に共通する課題で，その解決は共同で取り組むべきものという意味を込めて用いられやすい言葉であろう。

今日，全国の地域では，社会の発展に伴う産業構造の変化，都市化の進行，都市部への人口集中などが問題として生じている。そして，これらを背景に過疎化，地域の高齢化，健康・医療問題，老々介護などの二次的，三次的な問題が生じており，その解決が新たな地域の課題として現出している。

では，地域課題とは具体的にどのようなものか。たとえば，① 狭い意味での地域の生活環境にかかわる課題，② 地域産業の振興にかかわる課題，③ 地域の教育にかかわる課題，④ 地域の文化にかかわる課題，⑤ 地域の社会関係にかかわる問題，⑥ 地域の政治・行政にかかわる課題の6分類に整理[5]したものがある。このように分類はできるものの，それぞれの地域には固有の歴史や文化があり，住民の暮らしがある。一口に高齢化対策が課題だとしても，高齢化率，人口および人口分布，健康状況，自治会らの活動状況，地域の産業，

社会教育施設や保健所などの社会的資源の有無，周辺の地域とのアクセス状況など，地域によって実状は異なる。さらに個々の緊急性や重要度も地域によって異なり，地域課題の内容は全国一律ではない。実情が異なれば課題解決の方法も異なり，課題解決に向けて必要な学習の内容も異なってくる。地域の課題を学習課題として設定する場合にはさまざまな方法を用いて実情を分析・把握し，地域の特徴や問題点を明らかにして設定する必要がある。

④ 公共的課題

学習課題には多くの人々に共通する公共的な課題を据えるべきとする議論がある。それは「公的な社会教育にとって，最優先されなくてはならないテーマは，public affairs（公共的課題）である」[6]というものである。また，「（環境の悪化，青少年非行など）公共的なテーマの学習こそ，公的な社会教育が本来的に取り組むべきもの」[7]とするものもある。さらに「社会的課題」という用語で「現在ないし将来の社会がその成員に要求する課題，また個人が社会に適応し，貢献するために学ばなくてはならない課題」の必要性を説く議論もある[8]。このような公共的課題に関する学習機会は，民間でほとんど取り上げられないこともあり，行政の役割や性質に基づき社会教育の行政や施設には積極的に取り組む使命があると提起されることが多い。

21世紀に入った現代社会は，グローバル化が進展し，また国際的な平和の問題や地球規模の環境問題，食糧問題などが具体的に露見するとともに，その危機の深刻さを実感するようになっている社会である。また，「公共」を担うのは行政だけでなく，地域社会を構成する一員として地域住民も一部を担うという「新しい公共」の考え方が浸透してきたこともあり，改めて「公共的課題」という言葉が注目されている。

⑤ 現代的課題

現代的課題は，1992年7月の国の生涯学習審議会答申「今後の社会の動向に対応した生涯学習の振興方策について」で示された。答申では，「社会の急激な変化に対応し，人間性豊かな生活を営むために，人々が学習する必要のある課題」だと提起し，具体的には，生命，人権，家庭・家族，地域の連帯，高

齢化社会，情報の活用，国際貢献・開発援助，環境，資源・エネルギーなどが示された。加えて，「現代的課題は，社会や人々の生活の変化に応じて流動的なものであるため，学習機会の提供に当たっては，地域の実情に照らして，何が現代的課題であるか，常に研究していくことが必要」と例示の学習内容を固定的に捉えないよう注意を促した。

また，現代的課題に関しては，身近に学習機会がなかったり，学習者がニーズとして自覚しているとは限らず，自分とは無関係と捉えられることも少なくないことから，その学習機会を充実する際には行政施策の特段の努力が必要だと提言した。

さらに答申では，現代的課題に関する学習について「人々がこのような現代的課題の重要性を認識し，これに関心を持って適切に対応していくことにより，自己の確立を図るとともに，活力ある社会を築いていく必要がある」とも述べ，その学習は，個々の学習者の自己の成長であるとともに，未来に向けての社会発展の基盤を形成する礎になるという2つの面から現代的課題に関する学習の意義と必要性が捉えられている。

要求課題と必要課題の内容構成について，「必要課題はさらに社会的課題（略）と発達課題（略）に二分され」，「要求課題はさらに地域課題と生活課題とに二分される」とする捉え方[9]や，地域課題も必要課題の1つに位置づけ，発達課題，地域課題，社会的課題を必要課題に位置づける捉え方[10]もある。しかし，上述のとおり，生活課題や公共的課題なども学習者の要求課題として現れることもある。要求課題と必要課題がまったく別のものや対立するものと捉えるのは早急な捉え方で，学習課題とは学習者が学ぶべきことをある立場や観点から分類して示したものといえよう。また，学習課題の内容は普遍的なものではなく，設定にあたっては，学習者の側の学習ニーズと，社会の側が求めることを把握して，地域および地域住民・学習者に応じて，そして時代や社会に応じて設定していくものである。

3 最近の学習課題をめぐる論点

(1) 教育基本法第 12 条（社会教育）「個人の要望や社会の要請にこたえ」

2006 年に教育基本法が改正され，社会教育は第 12 条に規定された。旧法条文からの最大の変更点は，社会教育の定義に「個人の要望や社会の要請にこたえ」と新たに規定されたことである。「社会の要請」という一文が入ることで，それまで学習者の自主性・自発性の尊重を基本としてきた社会教育[11]の性格が変更されたように見受けられた。法改正を担当した当時の文部科学省生涯学習政策局長は「『社会の要請』ということで，時の政府や行政の担当者が，自分に都合のよい学習を押しつけようとするようなことがあってはならない」[12]と，「社会の要請」の判断が恣意的になってはならないという見解を示し，性格の変更ではないことが確認されている。

2008 年 2 月の中央教育審議会答申「新しい時代を切り拓く生涯学習の振興方策について」は，「社会の要請」に応える社会教育行政について，「社会の変化に対応するために必要な学習や公共の観点から求められる学習等については（中略）行政が積極的に学習機会を自らが提供したり，学習者の興味・関心を呼び起こすための啓発活動を行ったり，また，様々な主体により提供される学習機会の把握に努め，国民の学習需要に応えられているか検証し，改善を図ることが必要である」と幅広い施策展開の必要性を提言した。

趣味娯楽的な学習ニーズが多いなかで社会的な課題をテーマや内容とする学習機会に多くの人々の参加はさほど期待できないという現実，いっぽうで，社会的な課題が山積するなか，その解決のために，行政の役割・責務として社会教育行政やその施設は社会的な課題の学習機会を積極的に展開すべきという議論があり，両方を同時に満たすことはむずかしい。

しかし，「個人の要望」と「社会の要請」の捉え方には注意が必要である。たとえば，ボランティアや NPO の活動にかかわる人々は，個人の要望と社会の要請が一致していることが多い。また，趣味・娯楽的な学習に参加し，社会的な課題への関心が薄いと思われた人が学習や行政の啓発活動を通じて課題に

気づいて新たに社会的な課題の学習活動に参加した例は各地にある。学習者である地域住民の自主性・自発性を尊重しつつ，社会的な課題にも視野を広げ，課題解決に向けての関心や意欲が湧いてくるよう，「個人の要望」と「社会の要請」のバランスの視点をもちつつ，学習機会の提供，学習プログラムの工夫，広報等啓発活動，情報提供など，さまざまな施策や事業による働きかけを展開することが重要である。時代や社会の変化に応じて「個人の要望」や「社会の要請」は変化するものであるから，社会教育行政は地域の実情に照らして，それぞれが何であるか，常に探っていくことが欠かせない。

(2) まちづくりと社会教育

「まちづくり」という言葉が用いられるようになって久しく，類似の概念として「まち（むら）おこし」「地域振興」「地域づくり」「地域活性化」「地域再生」などもある。ここでは道路や建物，景観などのハード面の整備にとどまらず，環境保護，産業振興，健康増進などソフト面の活動を含め，地域の課題を解決しつつ，広く地域に活気と活力をもたらす取組全般の意味で「まちづくり」を用いて，社会教育あるいは生涯学習からまちづくりへのかかわりをみてみたい。

社会教育は，第二次世界大戦後，地域を基盤にして，多くの地方公共団体で公民館を拠点として展開されてきた。公民館は社会教育機関・社交娯楽機関・自治振興機関・産業振興機関・青年育成機関などの多機能を備えた総合的な社会教育施設と考えられ，地域や住民に存在する「生活課題」や「地域課題」について，学習を通じて地域住民の間で共有し，共同の取組による解決がめざされたからである。とくに，1950 年代は農村に残る封建的な風土からの脱却をめざして，地域社会におけるさまざまな課題を解決するための実践的な学習運動として青年団による「共同学習運動」が展開された。

1960 年代後半には変化する地域社会に注目した自治行政がコミュニティ政策を展開するようになり，地域の拠点として「コミュニティ・センター」の建設や地域社会のリーダーである「コミュニティ・リーダー」の養成など，社会教育の行政施策と類似の施策が展開された。

1987 年，臨時教育審議会は「教育改革に関する第 3 次答申」で，生涯学習

を進めるまちづくりの推進の必要性を提言し，「地域の特色を発揮しながら斬新な発想で生涯学習環境を整備することが大切であり，その際，とくに社会教育の新たな展開を期待したい」と社会教育の可能性への期待を述べた。この提言を受け，文部省（当時）による生涯学習まちづくりの施策が推進された。

　教育基本法の改正と教育振興基本計画の策定を提言した 2003 年 3 月の中央教育審議会答申「新しい時代にふさわしい教育基本法と教育振興基本計画の在り方について」では，「公共心」の重視を提起し，21 世紀の教育がめざす目標の 1 つとして掲げた。これをふまえ，2006 年の教育基本法改正では，前文に「公共の精神を尊び」と掲げられるとともに，第 2 条第 3 号に教育の目標の 1 つとして「公共の精神に基づき，主体的に社会の形成に参画」する態度を養うことが規定された。

　また，2010 年ごろから，地域では自然災害，限界集落，空き家や無縁墓地など，原因が複雑に入り組み，多様で，深刻な問題が次々と生じている。その解決に向けては，市民，NPO，企業などが積極的に公共的な財・サービスの提供主体となり，身近な分野において，共助の精神で活動する「新しい公共」が必要だとする考え方が広がってきている。さらに，2014 年に人口減や雇用減に苦しむ地方の活性化をめざして，当時の安倍晋三政権が「地方創生」をキーワードにした一連の政策を展開し，各地域がそれぞれの特徴を活かした自律的で持続的な社会の創生が国をあげての課題となっている。中央教育審議会や文部科学省設置の協力者会議などでも社会教育とまちづくり，地域づくりの関係の密接性と重要性が繰り返し言及されている。

　以上のように，社会教育は地域を基盤に取り組まれ，まちづくりと常に密接なかかわりをもってきたが，社会や地域のあり様，そして人々の生活環境や地域の人間関係が変化するなかで，改めて社会教育の今日的意義と，まちづくりに果たす役割が確かめられ，社会教育の固有の領域としての取組が模索されている状況にあるといえるだろう。

　活力あるまちづくりに取り組み，成果をあげているこれまでの事例をみると，首長らのリーダーシップだけでなく，伝統芸能団体や商工業団体らのリーダー，

旅館などの観光事業者，住民のなかに仕掛け人的な「人」が存在し，その地域独自の視点でアイデアを生み出し，地域のさまざまな機関や団体，住民とネットワークを形成し，多くの地域住民がまちづくりに向けた意識や取組を共有している例が多い。そしてその地域に住む多くの人が何らかの役割をもってまちづくりに参画し，相互に学びあい，試行錯誤しながら協働して活動を続けている。その結果，連帯意識の高揚，歴史的遺産や伝統行事の保存，地場産業の振興，雇用機会の増加などの成果があがっている。

　さらにこれらの好事例からは，まちづくりを進めるために必要なものは，自らがまちづくりの主体であるという自覚と行動力をもった市民の育成が重要であることがわかる。第二次世界大戦後に社会教育が構想された際に描かれた「公民」[13] の姿は，当時とは社会のあり様が大きく変わりはしたが，今なお意義があり，現代社会にも通ずる課題でもある。社会教育には地域における人材の育成に積極的な役割を果たすことが期待される。

(3) 持続可能な開発目標（SDGs）と社会教育

　2015 年 9 月に開かれた「国連持続可能な開発サミット」において，持続可能な開発目標（SDGs : Sustainable Development Goals）が採択され，2030 年に向けた 17 の目標が設定された。その内容は，1992 年のリオ・サミット以来の持続可能な開発を引き継ぐ環境に関する目標と，2000 年の国連ミレニアム・サミットでの宣言をもとにまとめられた「ミレニアム開発目標（MDGs : Millennium Development Goals)」を引き継ぐ開発に関する目標の 2 つで構成されている。そのため，MDGs が主に開発途上国を対象とした開発目標であったのに対して，SDGs は先進国・途上国に共通する目標であることが大きな特徴の 1 つである。

　SDGs のなかで教育に関する目標は 4 番目（SDG4）に「すべての人々に包摂的かつ公平で質の高い教育を提供し，生涯学習の機会を促進する」と掲げられ，その下に 7 つのターゲット（到達目標）が設けられている。4.1 〜 4.3 は主に学校教育の目標，4.4 〜 4.6 は職業教育を含めた成人教育における目標である。そして 4.7 には「全ての学習者が持続可能な開発を促進するために必要な知識及び技能を習得できるようにする」ことが目標として示され，持続可能な開発の

ための教育（ESD：Education for Sustainable Development）の役割が強調されている。

　この役割は「教育が全てのSDGsの基礎」であり，「全てのSDGsが教育に期待」[14]しているということでもある。SDGsが掲げる目標は，国連が採択した国家的あるいは全人類的なもので自分には遠い目標だと捉えがちである。しかし，これらの目標の背景にある問題は複雑に絡み合っているからこそ，地域住民に身近なことや地域に現れている問題についてESDを取り入れて学習を進め，地域の課題と世界の課題とを結びつけて「自分と地域と世界はつながっている」という理解を促していくことが欠かせない。

　今後の社会教育は，地域の住民，団体，企業などのステークホルダーが連携・協働して，地域の課題に関する情報や知識，ノウハウなどを共有し，その解決に向けた活動のあり方について学習を通して考えて実践していくことと，持続可能な社会に向けた担い手づくりを推進することの2つが期待される。それらを通じてSDG4の目標が達成され，さらにSDGsの17の目標すべての達成への貢献となる。

4　地域住民の学習ニーズと学習プログラムの立案

　地域住民の学習要望と社会の学習要請のバランスを保った学習プログラムはどのように立案すればよいのだろうか。

　学習者である地域住民の側からみれば，自ら興味・関心があることや，学習の必要性を感じていることが学習行動の源となるから，学習プログラムを立案する際には，学習者である地域住民や対象者の学習ニーズを調査などの方法を用いて把握することがまず必要である。いっぽう，公民館等社会教育行政や，社会教育関係団体等の講座など学習機会を提供する側は，学習プログラム立案の際の学習課題の選択では，豊かな人間性の形成を基本としつつ，社会性・公共性，現代性，緊急性，さらに地域性などの観点から検討したうえで，教育事業として地域住民に「これを学んでほしい」「こうなってほしい」と学習課題

と内容を設定する。したがって，学習ニーズの調査結果がそのまま単純にすべて学習課題となって事業化されるわけではなく，社会教育行政や公民館等社会教育施設は，教育行政の立場から施策化や事業化が検討される。また，社会教育関係団体など社会的な活動を行う団体は，団体の設立主旨や活動目的などと重ね合わせて事業化が検討されることになる。

アメリカの成人教育学者のノールズ（Knowles, M.S.）は学習者側と機会提供側両方を視野に入れた成人対象の学習プログラム立案の方法論を唱えた。個人，組織，地域社会それぞれのニーズを診断し，それらを学習プログラムの実施機関の目的，実行可能性，対象者の関心という順番でフィルターにかけて，そこを通過したものから教育的目標と運営上の目標を生み出すというものである[15]。

この方法論は示唆に富むと考えられるが，地域性を特徴の1つにしてきた日本の社会教育の学級・講座等学習機会のプログラム立案に適しているか，また，成人対象以外の社会教育事業への汎用性があるかという点については，今後のさらなる実践と研究による検討が必要であろう。

必要課題，とくに現代的課題や公共的課題のような社会の要請による課題は，地域住民のニーズが少なくとも積極的に取り組むべきだという考えが求められるとしても，行政の予算や社会教育関係団体の活動費の有効な執行や費用対効果の観点からは員数主義も完全には否定できず，両方の追求が求められる。

社会の要請による課題を学習課題とする学習プログラムであっても，学習機会の入口は住民の学習要望（要求課題）を反映した内容の企画があってよいだろう。けれども，その場合でも，学習を進めるうちに，たとえば社会的な課題に関する学習への発展や，終了後に学習した内容を活かした活動に取り組むなど，社会的な課題にかかわるように発展する内容が盛り込まれるといった，「個人の要望」と「社会の要請」を結びつけていくことが求められる。

また，学習の進展状況や学習者の関心や希望などにより進度を遅くしたり，ほかの内容を加えたりして，当初立案された学習プログラムを柔軟に変容させつつ進めていくことができるのも社会教育事業の特徴である。しかし，学習者の関心や希望などにのみ合わせて，初期のプログラムを変容させていると，社

86

会的な課題に関する学習や活動にたどり着くことなく，終了してしまう可能性もある。その学習機会の企画意図をいろいろな機会をとらえて学習者に示して理解を得つつ進めていくことが地域住民や学習者との関係で肝要であり，公正であろう。

さらに，学習ニーズ調査の結果がすべてを表してはいないことを理解したうえで，学習プログラム立案に加えて，広報や啓発活動などにより，地域住民に対して「学習ニーズを育む」働きかけを行うことがより重要であろう[16]。

5 学習課題を考えることは地域の社会教育のあり様を考えること

1947 年に教育基本法が制定されて以降，社会教育法（1949 年），図書館法（1950 年），博物館法（1951 年）の制定などによって，現在の社会教育行政等の基盤が形づくられ，社会教育委員，公民館運営審議会，公立図書館の図書館協議会，公立博物館の博物館協議会の設置について規定された。さらに，勤労青年の自主的な学習活動の振興を意図し申請主義を基本とした青年学級振興法（1953 年制定―1999 年廃止）も制定されるなど，地域住民の意向を反映する仕組みが複層的に制度化されてきた。

また，法に規定された制度だけでなく，学級・講座等の学習機会提供事業に地域住民の学習要求を反映するため，全国各地では，地域住民が企画立案に参画する企画委員会や実行委員会という地域住民と行政らが共同で実施する事業形態や，市民が企画した講座等学習機会提供に，行政側が一定の条件のもと予算負担や会場確保を行う市民企画型の事業を実施するところもある。さらに近年では，自治会や消防団などの地域防災組織と連携した防災講座など，地域団体らと共同企画の学習機会を実施する地域もあり，「個人の要望」と「社会の要請」のバランスをとった学習課題の設定に向けて，さまざまな方法や形態がとられるようになっている。

学習課題について考えるとき，公民館等の個別の学級・講座等の企画立案や学習機会提供にのみ着目しがちである。しかし，社会教育施設である公立図書

館や博物館も，地域住民の興味・関心等を把握しつつ，それぞれの使命や役割を果たすよう運営されており，それぞれ年間事業計画に基づいて実施される。そして，その年間事業計画は，設置者である地方公共団体の年間あるいは複数年にわたる施設運営方針や社会教育計画といった計画の下に位置づく。したがって，社会教育計画や社会教育施設の運営方針や事業計画の段階で，学習課題に関して検討され，位置づけられることが期待される。

さらに，地域学校協働活動や家庭教育支援活動のような，地域における社会教育の仕組みづくりにかかわる事業は，地域住民には，① その活動への参画に必要な知識・技術を習得する学習，② 個々人が学習成果をその活動に生かすことを通じた学習，③ さらに活動継続に必要な学習などが期待される。そのため，その事業を円滑に進めるという観点だけでなく，地方公共団体の事業計画や施設運営方針では，地域に必要と考えられる全体的かつ総合的な学習課題が検討され，それをふまえて個々の事業や学習機会提供では具体的な学習課題の検討や設定がなされていく必要がある。このように，学級・講座等学習機会提供事業の学習課題を考えることは，地域の社会教育のあり様を考えることにつながっていくのである。

【稲葉　隆】

【注】
1)　鈴木眞理「戦後成人学習論の特徴」倉内史郎・土井利樹編集『成人学習論と生涯学習計画』亜紀書房，1994，p.37.
2)　堀薫夫「生涯発達と発達課題」麻生誠・堀薫夫著『生涯発達と生涯学習』財団法人放送大学教育振興会，1997，p.46.
3)　山本慶裕「この報告書の活用法」東京都教育庁生涯学習部「課題別学習プログラムの展開―平成9年度生涯学習の基礎研究報告書」1998，p.54.
4)　鐘ヶ江晴彦「地域課題と社会教育」松原治郎・鐘ヶ江晴彦『地域と教育』〈教育大全集9〉第一法規，1981，p.120.
5)　同上，p.121-122.
6)　宮坂広作『現代日本の社会教育―課題と展望』明石書店，1987，p.222.
7)　倉内史郎『社会教育の理論』第一法規，1983，p.202.
8)　新堀通也『社会教育学』有信堂高文社，1981，p.18.
9)　同上，p.18.

10) 土井利樹「学習プログラム編成の理論」倉内・土井編集，前掲，p.58.

11) 1971年5月15日付文部省社会教育局長通知「社会教育審議会答申『急激な社会構造の変化に対処する社会教育のあり方について』の写しの送付について」（通称：5・15通知）で，「本来社会教育は，住民・学習者の自主性・自発性をその基礎とし，出来るだけ個々人の自由意思，主体的な取組に委ねることが望ましい」としている。

12) 田中壮一郎「教育基本法の改正と教育改革・11 12条「社会教育」／13条「学校・家庭・地域」『教職研修』Vol.37-3，2008年11月号，p61.

13) 寺中作雄は，「自己と社会との関係についての正しい自覚を持ち，自己の人間としての価値を重んずるとともに，一身の利害を超越して，相互の助け合いによって公共社会の完成の為に尽す様な人格を持った人又は其の様な人格足らんことを求めて努める人」だという。寺中作雄『社会教育法解説／公民館の建設』〈現代教育101選55〉国土社，1995，p.188.（原著『公民館の建設』公民館協会，1946.）

14) 「ESD（持続可能な開発のための教育）推進の手引」文部科学省国際統括官付日本ユネスコ国内委員会，平成30年5月改訂・平成28年3月初版，p.5.

15) マルカム・ノールズ／堀薫夫・三輪建二監訳『成人教育の現代的実践—ペタゴジーからアンドラゴジーへ』鳳書房，2002，p.160-171.

16) 社会教育行政等の広報は，"社会教育行政等に関する情報提供，学習への意欲喚起（動機づけ），地域課題等への学習"への進展の機能を備えている。また，元文部官僚の岡本薫は，学習機会がマーケット（市場）として十分に機能していないため，公共の福祉のためにディマンド（需要）の喚起，顕在化，誘導の3つの働きかけが必要だと述べる（岡本薫『行政関係者のための 新版 入門生涯学習政策』1996，p.68-72.）。

キーワード

学習課題　要求課題　必要課題　発達課題　生活課題　地域課題　公共的課題
現代的課題　新しい公共　まちづくり　持続可能な開発目標（SDGs）
持続可能な開発のための教育（ESD）　個人の要望と社会の要請のバランス

この章を深めるために

(1) あなたの住んでいる地域の「地域課題」がどのようなものか，調べてみよう。さらに，その地域課題と世界的な課題とのつながりを図示してみよう。
(2) 地域住民の「学習ニーズを育む」方法にはどのようなものがあるか考えてみよう。

【参考文献】

鈴木眞理・青山鉄兵・内山淳子編『社会教育の学習論—社会教育がめざす人間像を考える』〈講座 転形期の社会教育IV〉学文社，2016

第7章　社会教育の広報戦略

1　広報戦略とは

(1)　広報とは

広報戦略という用語は,「広報」と「戦略」という2つに分けて理解したほうがわかりやすい。広報とはその字が示すとおり「広く知らせること」だが,世界各国で標準的な広報の教科書といわれている *Effective Public Relations* (1985) をまとめたカトリップ (Cutlip, S.M.) らの定義によれば,「組織体とその存在を左右するパブリックとの間に, 相互に利益をもたらす関係性を構築し, 維持するマネジメント機能である」[1] と著されている。

もう少しわかりやすく説明すれば, 営利, 非営利にかかわらず, その組織の理念や目的を達成するうえでの利害関係者 (ステークホルダー) に理解や信頼を取りつけたり, 行動を促したりする活動のことをさす。公衆 (パブリック) との良好な関係 (リレーション) を構築する取組であることから, パブリック・リレーションズ (PR) と呼ばれていたりもする。地域住民にわかりやすく説明するといった毎日の業務のさまざまな場面に関連する取組であることから, 広報を担当する職員のみならず, すべての職員が広報担当であるという意識=広報マインド[2] をもつことが重要となる。

広報の機能は, その歴史的発展の経緯をふまえると大きく4つにまとめることができるだろう[3]。1つ目は,「マーケティング・コミュニケーション」と呼ばれる機能である[4]。企業が自社の製品やサービスの質の高さ, 特徴を伝えて, 消費者の購買意欲や認知度を高めようとする活動や, あるいは自治体が地域の魅力や特色を発信することで産業や観光を振興したり, 地域を活性化したりす

る活動のことで，生活に身近な広報の形といえるだろう。広告と呼ばれること
もある。近年では，「このように評価されたい」という自らのブランドを明確
にした情報発信を行う取組で，組織の認知度や信用度，競争力などを高めるこ
とにも影響を及ぼすものとして組織マネジメントでは重要視される。

　この「マーケティング・コミュニケーション」と対をなす言葉としてよく用
いられる「コーポレート・コミュニケ─ション」[5]が，2つ目の広報の機能と
なる。その組織が適切に，効率的に管理・運営され，評価・改善されているか
というガバナンス（統治）の良好さを証明するために，さらには，利害関係者
がガバナンスを常に監視できる方法を確保しておくために，組織自らが積極的
に情報公開を行ったり，詳細な報告を行ったりして説明責任（アカウンタビリ
ティ）を果たそうとする取組ともいえる。こうした機能は，企業では株主や取
引相手の信頼を得る手段として，行政では行政活動の透明性を担保する手段と
して重視される。また，「どう評価されるのか」という組織の評判を良好に保
つ機能でもあるが，組織をめぐるさまざまな情報，たとえば，組織の代表者の
人柄や信念，あるいは職員の日頃の接遇や服務態度といったことまでが複雑に
影響を及ぼす。そのため，組織自らがコントロールすることがむずかしく，危
機的な状況下で評判や信頼を損ねない情報公開の体制を周到に整えるリスク対
策の側面で注目されることも多い。

　これら2つの機能よりあと，1970年代あたりから注目されるようになって
きたのが，「社会とのコミュニケーション」[6]と呼ばれる広報の機能である。社
会の成熟に伴い，自分たちの組織だけがうまくいけばよいというのではなく，
直面する社会的な課題の克服に貢献したり，社会の人々の望む価値基準に自ら
の活動を合致させたりすることが次第に求められるようになっていった。その
ため，多くの利害関係者の間でビジョンを共有し，社会と一体となって具体的
な行動をおこすための啓発や動機づけのためのコミュニケーションが，重視さ
れることとなった。たとえば，国際連合が「人間，地球及び繁栄のための行動
計画」として掲げた「持続可能な開発目標（SDGs：Sustainable Development
Goals）」などは，営利，非営利にかかわらずあらゆる組織とその利害関係者と

が各自の役割を自覚しつつ，協働しなければ達成できない目標として，あらゆるセクターで啓発活動が行われている。こうした社会的な課題を積極的に知らせ，具体的な行動へと人々を促す「土壌づくり」のような活動が，広報の3つ目の機能といえる。とくに2000年代以降，CSR（Corporate Social Responsibility）[7]といった民間企業の社会的責任が強く意識されるようになっており，こうした機能はますます注目される傾向にある。

　ここまでの3種の機能が主に「伝える」活動であったのに対し，最後の1つは，広（公）聴会や各種相談事業，投書の受け付けなどによって，広く意見を集めたり，客観的なデータに基づいて現状把握をしたり，潜在的なニーズの掘り起こしを行ったりする，「読み取る」活動である。広聴という言葉を用いて，広報とは区別して捉える場合もあるが，利害関係者との良好な関係を構築するためには，発信するだけでなく周囲の声に耳を傾け，双方向のコミュニケーションを活発化させることが不可欠なことから，広報に含めて紹介することとした。

　企業などが行う市場調査や商品およびサービスに関する相談窓口の業務，また行政が行う基礎調査や世論調査，命令の類を制定しようとする際に行う意見募集の手続き（パブリック・コメント）なども，これに当てはまる。さらに，近年では，検索エンジンやSNSに入力される文字データ，携帯端末から届く個人の位置情報といった膨大なデジタル情報をビックデータと呼び，その解析によってさまざまなニーズの掘り起こしなどに活用しようとする取組が注目されており[8]，広聴活動での積極的な利用が予想される。

(2) 広報戦略マネジメント

　戦略とは，目的を達成するための道のりをさす言葉である。組織を経営するうえでは，長期的な視点に立って，あらゆる手段のなかから優先的に何を進めるのか，手持ちの資源をどこに集中させるのかといった選択をしたり，短期，中期，長期の各目標を体系的に整理したりすることで，総合的な目的達成までのストーリーを明確に描き示すことが求められ，経営戦略と呼ばれる[9]。この経営戦略を構成する重要な要素の1つに，広報も含まれる。組織全体の経営戦

略に沿って，さまざまな広報の機能を総合的に活用することが，広報戦略である[10]。広報戦略のマネジメントについては，経営戦略のRV-PDCAサイクルのなかでも，R（実態調査・診断：Research）のプロセスでの役割が強く求められるようになってきている[11]。変化が激しい現代の社会においては，計画の前に現状分析をし，そこから導かれる問題点を明確にしておく必要があるからだ。

　組織と利害関係者との間のコミュニケーションが不調となっている原因を探る情報収集の方法は，定量的調査や定性的調査の両方が考えられるが，「C：成果・結果評価」と連動させて取り組む必要がある 。評価については第2章で詳しく取り上げられているのでそちらを参照いただくとして，広報戦略に特化した評価指標の具体的な事例としては，カトリップらによる「広報評価のレベル」が有名である（図7-1）。カトリップらは，準備（企画），実施，効果の計13段階に分け，組織の理念や目的を達成するうえで必要な広報評価の指標を示している。こうした段階的な指標は社会教育の広報の評価にもおおいに参考になるものである。

　また，広報においては，情報技術や情報環境の進化にも注意を払う必要があ

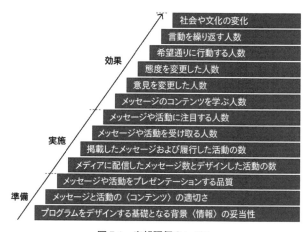

図7-1　広報評価のレベル

出典：スコット．M．カトリップら（2008）より転載。

る。かつては組織自身が，紙（チラシ，冊子，新聞，雑誌など），電波（ラジオやテレビなど），インターネット（ウェブサイトなど）を使って，直接情報を発信する方法，あるいは，多様な報道機関から取材を受ける，「パブリシティ」と呼ばれる方法だけが想定されていた。しかし，今日のように個人がソーシャル・ネットワーキング・サービス（SNS）やウェブサイトへの投稿機能などを用いてインターネット上に，いわゆる「口コミ」の情報を自由に発信できるようになり，またその情報についても高い価値が広く見いだされる社会になっていることから，広報戦略では，組織自らが行う情報発信だけでなく，その情報を受けた利害関係者が行う情報拡散までを広報戦略の射程に入れ，捉えるように変化しはじめている。情報技術や情報環境の多様化に伴って，広報戦略の多様化も強く求められることになる。

2　社会教育行政に求められる広報

（1）社会教育行政等における広報の重要性

2018年7月に公表された内閣府の「生涯学習に関する世論調査」[12]では，「この1年間くらいの間に，どのような場所や形態で学習をしたことがありますか」と尋ねている。その結果，「学習したことがない」と答えた国民は全体の41.3％（707名／1710名）に達している。この人々に，「学習したことがない理由は何ですか」と複数回答で尋ねると，「仕事が忙しくて時間がない」（33.4％），「特に必要がない」（31.1％），「きっかけがつかめない」（15.8％），「家事・育児・介護などが忙しくて時間がない」（15.0％），「身近なところに学習する場がない」（7.9％）といった回答が続き，「学習するのに必要な情報（内容・時間・場所・費用など）が入手できない」と直接的に情報不足を指摘した回答者は2.3％と，他項目と比べると低い結果となった。

しかし，「特に必要がない」との回答者には，地域住民の必要課題に関する情報提供や潜在的ニーズを意識化するような働きかけが，また，「きっかけがつかめない」や「身近なところに学習する場がない」との回答者には，地域の

学習機会に関する情報提供や参加への働きかけが十分に届けられていないといった，広報上の課題が存在する可能性もある。社会教育を所管する行政や施設（以下，社会教育行政等）にとって，広報は学習機会と学習者との接点をつくり出す重要なツールであり，戦略的に取り組む必要がある。具体的にどのような取組を総合的に展開させていく必要があるのかについて，ここでは前項で述べた広報の4つの機能に沿って，解説していくこととしよう。

(2) 社会教育に対する認知度，信用度を高める取組

社会教育行政等にとって，主催する学習機会やイベントなどの情報，学習相談や講師派遣，学習資料や教材についての紹介や提供といった学習支援サービスの情報，地域で学習を提供している学校や団体，サークル，講師らの情報などの周知は重要な任務である。その際，日時や場所，活動概要といった基礎情報だけでは不十分であり，学習成果の効果や満足度の高さ，活動の楽しさや意義，地域での広がりについても，インタビュー形式やエッセイ形式の文章，漫画や動画など，親近感を抱きやすい形式や媒体で紹介する工夫が必要となる。

社会教育での情報提供として最も一般的な媒体は，地方公共団体が発行している行政広報誌や各施設の機関紙，ポスターやチラシだろう。しかし，先に取り上げた内閣府の世論調査の別の項目において，「これから学習するとすれば，どこから情報収集を行いますか」と尋ねた回答（複数回答）をみると，「新聞，雑誌」（39.7%），「テレビやラジオ」（32.0%），「学校などのウェブサイトや講座情報の検索サイト」（28.1%），「友人・知人や過去の受講者の評判・口コミ」（25.4%）が上位にあがっており，「公民館や図書館などでのポスター，チラシ」（18.2%）や「自治会，町内会の回覧や掲示板」（15.4%）といった社会教育行政等が比較的容易に発信できるメディアへの期待，それほど高くない。

「新聞，雑誌」や「テレビやラジオ」といったインパクトの強い商業メディアを利用する予算は限られるため，広報担当者は報道機関に取材してもらえるよう積極的に働きかけ，良好な関係を築いていくことが重要となる。とくに，タウン情報誌，ケーブルテレビやコミュニティFMといったよりローカルな情報を取り上げている報道機関とは，イベント時や成果発表のタイミングだけ

でなく，活動プロセスに密着した特集や，定例的な情報コーナーなど，広報企画を投げかけるなどして，連携を深めていくことも重要である[13]。

　情報収集の方法として比較的多くの回答が集まった「友人・知人や過去の受講者の評判・口コミ」による情報拡散は，今後ますます注目されていく媒体として指摘できるだろう。これまでも多くの社会教育行政等が自前のウェブサイトなどを利用して情報発信を行ってきてはいるが，近年ではパソコンよりも身近なスマートフォンからのアクセスが増えており，小さな画面からでも使いやすいデザインへと切り替えたり，情報拡散しやすいSNSなどを活用したりする例も多くみられる。

　いっぽう，過去の参加者や，常に施設を利用している地域住民に職員がこまめに声掛けをしたり，家族や学習仲間，地域の知り合いらも誘って参加してくれるように呼びかけを行ったりすることは，従来から社会教育において効果の高い広報活動である。同じ地域で社会教育などの取組に高い関心をもつ住民や諸団体同士のゆるやかなつながりを通じ，広報を行っていくことは，その媒体がデジタルか非デジタルかにかかわらず，これからも高い効果が期待される広報活動だといえる。地域づくり，仲間づくりそのものが，広報の効果を高めることにつながっている点は見逃せない。

(3) 社会教育行政のアカウンタビリティを果たす取組

　社会教育行政等の運営においては，運営状況に関する情報の公開[14]や，社会教育委員の任命や公民館運営審議会の設置のような地域住民の運営への参画[15]が，法律よって定められている。こうした仕組みそのものを周知することや，そこでの審議や調査，活動の内容を公開することはもちろんのこと，さらにそこでの意見や助言がどのように政策に反映できているのかについても，具体的に発信がされなければならない。

　また，限られた予算や職員の事務の効率化を図るため，事業の目的や手段をはっきりとさせ，その成果の達成度や，費用の適切さなどを点検・評価する行政評価は，そのほかの行政活動と同様に，社会教育行政等にも求められる。ただし，評価結果を単に詳細に公表しさえすればよいというわけではない。誰に

でも理解しやすいように解説をつけたり，課題の改善への取組方針を示したりするなど，地域住民からのフィードバックを受けやすいよう，情報を加工してから提供するといった一手間を惜しまないことは大切である。

というのも，社会教育に限らず教育という分野では，客観的な数値でその効果や成果を説明できない情報が多い。たとえば，利用者数の多さや施設の稼働率の高さが，地域に必要かつ良質な学習機会を提供できている証明には必ずしもならないからだ。アカウンタビリティとは，評価結果を説明する責任と捉えがちだが，組織のかかえる課題を利害関係者と共有し，協働して充実・改善に取り組みつづける責任として理解し，そのプロセスを「視える化」できていることこそが重要なのである。そのためにも，このあとで述べる啓発活動や広聴活動と連動させながら，戦略的に広報活動を進めていく必要性があるだろう。

（4）社会教育に関する啓発活動

先の「生涯学習に関する世論調査」をみても，いまだに生涯にわたる学習の必要性や地域の学習機会に関する広報のあり方が問われなければならない状況にあることは間違いない。時間や費用，周囲の理解や協力を調整してでも，学習機会に参加しようとする行動へと誘導することが，広報活動の大きな目的の1つである。しかし，急激に人の行動を変化させられるような手法が存在するわけではなく，学習者のレディネス（準備性）にあった段階的な広報活動を準備していくことが有効となる。

こうしたプロセスを捉えるうえで，消費者の購買決定のプロセスを表した「AIDMA の法則」は，古典的な法則ではあるが参考となる[16]。消費者はまず，その製品の存在を知り（Attention），興味をもち（Interest），欲しいと思うようになり（Desire），記憶して（Memory），最終的に購買行動に至る（Action）というのが，購買決定プロセスである。このうち，Attention を認知段階，Interestと Desire，Memory を感情段階，Action を行動段階と区別する。社会教育の広報活動においても，こうした段階をふまえて戦略を立てていく必要があるだろう。

とはいえ，個人の幸福と社会の発展を図るために，社会教育行政等が必要課

題と捉えている学習活動だとしても，その必要性に気づいていない地域住民への動機づけを，強制的だと感じさせない形で届けていくことはなかなかむずかしい。その糸口としては，いかなる学習機会がいかに重要かを説得するのではなく，地域住民と社会教育行政などとの間で必要課題についての情報を共有するコミュニケーションのツールとして，広報を捉えるアプローチが考えられるだろう。テーマによっては，当事者意識をもって考えてほしい対象者を明確に絞り込むことで共感性の高い情報が提供できたり，身近な人々の実例を紹介することによって自分が学習活動に参加する具体的なイメージが思い描けるようになったりする。また，社会状況や時節などを勘案し，その時期に重点化すべき課題を絞り込んで提供することで，必要課題として実感できる可能性が高まったりする。このような認知段階，感情段階の情報提供がなされていなければ，いくら行動段階の学習機会に関する具体的な情報だけを提供しても，効果は低い。内容のわかりやすさ，正確さ，情報提供を行うタイミングや，対象者に見合った媒体やデザインなどにも配慮しながら，提供の仕方を工夫する必要がある。

(5) 社会教育に関するニーズを把握するための広聴活動

　先ほどから何度も取り上げている「生涯学習に関する世論調査」などは，社会教育行政の重要な広聴活動の１つである。興味，関心を尋ねる学習者アンケートのように顕在的な要求課題を直接尋ねるだけでなく，人々の学習に対する意識や学習環境などについて広く情報を集め，分析することで，社会教育を含む生涯学習活動の推進にかかわる潜在的な課題を明らかにすることが可能となる。とくに近年では，政策の有用性を評価した根拠資料を用いて新たに政策を立案していくという EBPM（Evidence-Based Policy Making）[17] が推進されていることから，各自治体で行われている生涯学習に関する調査などは，広聴の取組としてより重視される傾向にある。

　そのほかにも，社会教育行政等が刊行する印刷物やメールマガジンなどに掲載する投稿記事を広く地域住民から募集したり，利用者やボランティアと職員，職員同士らの懇談会や意見交流会を開催したり，投書箱を設置したりするなど，

多様な広聴の方法がある。デジタル化が進むなか，情報の種類も受信方法はますます多岐に広がってはいくが，いずれにしても大切なのは，集まってきた情報を分析し，実際の学習活動の充実・改善にフィードバックしていく機能を高めていくことである。そのプロセスには社会教育行政等の関係者だけでなく，多様な地域住民らも加わることが望ましいが，まずは社会教育委員や公民館運営審議会のメンバーらとの間で，対話的に双方向のコミュニケーションを進めていくことが求められる。

3　社会教育における広報戦略の課題

（1）情報の権利，プライバシーへの配慮

　情報通信機器の進歩，インターネットの普及に伴って，文字，音声，静止画，動画といった多様な情報がデジタル化され，複製することや，大量の情報をやりとりすることが容易になった。それに伴い，特別な専門知識や技術，経験をもたない者でも，従来と比べて安価に，効果的な広報活動が行えるようになってきた。しかしその一方で，著作権，肖像権，個人情報の保護などをめぐるトラブルが生じやすく，社会もかつてよりこの問題に敏感になっている。これらを擁護・保護できる倫理観や技能が，広報を担う者に強く求められている。デジタル情報は，一度流出すると回収することが恒久的に不可能な性質をもっているため，慎重に取り扱わなければならない。発信する，組織内で保存するすべての情報やその管理について，複数人でチェックする体制づくりは，広報業務の基本といえよう。

　また，著作権については，新しい時代に対応した著作権制度のあり方や教育の情報化に対応した権利制限の規定などについて検討されている状況であり，頻繁に法律改訂も行われている[18]。著作権処理を行ったうえで利用すべきだという認識はあっても，現状では著作権処理を円滑に行えないケースや，権利処理の要否そのものが判断できないケースも多いために，利用すること自体を敬遠する傾向がみられるという。文化庁ウェブサイト[19]などを利用しながら

最新動向や権利処理の方法について情報収集し，委縮することなく新たな機器をフレキシブルに活用をして，身近で効果的な広報ツールの確保を期待したい。

(2) システム的なアプローチによる広報改善

最後に，自治体の広報では，情報を余すことなく掲載しておくこと，知らせたという証拠づくりに目が向き，理解のしやすさ，伝わりやすさといった情報の受け手の視点が欠落しているケースを多く見かけることに注意を促したい。

いくら意味のある情報を数多く発信していたとしても，読まれないのであれば，手に入れやすいものでなければ，誰もが容易に理解できるものでなければ，広報の効果を期待することはむずかしい。

最も目につくケースは，小さな文字がぎっしりと詰め込まれた紙媒体である。また，太字や色文字，イラストや写真が多用され，情報の優先性が判別しにくいデジタルデータも多く見かける。伝える情報の「ねらい」を明確にして，情報量や文字量をなるべく削減することは基本であり，掲載しきれない情報を手に入れる方法を提示したり（問い合わせ先や，詳細情報を手に入れられる場所やウェブサイトの案内），情報をコンパクトにまとめた図解などを用いたりといった，理解してもらうための試行錯誤が求められる。

近年，教育界では「インストラクショナル・デザイン（Instructional Design）」という考え方が広まりつつある[20]。学習コンテンツや方法の課題を分析（Analysis）し，課題を克服するような教育活動を設計（Design）し，教材を開発（Development）し，実施（Implementation）し，評価（Evaluation）を行う ADDIE サイクルによって，学習提供者が教育改善を試みるシステム的なアプローチの有効性が明らかになっている。情報の受け手の学びを支援するという発想をもって，広報活動の改善に取り組んでいくことが重要であろう。

【志々田　まなみ】

【注】
1) 伊吹勇亮他『広報・PR論—パブリック・リレーションズの理論と実際』有斐閣，2014，p.4.
2) 稲葉隆「社会教育行政における地域広報戦略」国立教育政策研究所社会教育実践研

究センター（浅井経子執筆・編集代表）『社会教育経営論』ぎょうせい，2020，p.79.

3) 伊吹，前掲，p.4-23.に記されているパブリック・リレーションズの日本での歴史的展開をふまえ，筆者が抜粋した。

4) 同上，p.15.

5) 同上，p.9.

6) 同上，p.19.

7) 所信之「CSR と社会的責任」佐久間信夫編著『よくわかる企業論』〈やわらかアカデミズム・〈わかる〉シリーズ〉ミネルヴァ書房，p.46-47.

8) 井之上喬『パブリックリレーションズ』日本評論社，2006，p.235.

9) 井上善海「経営戦略とは」井上善海・佐久間信夫編著『よくわかる経営戦略論』〈やわらかアカデミズム・〈わかる〉シリーズ〉ミネルヴァ書房，p.2-3.

10) 井之上，前掲，p.184-194.

11) 熊谷愼之輔「中国・四国地区社会教育研究大会を目前に控えて」『社教情報』No.81，全国社会教育委員連合，2019，p.4-8.

12) 内閣府「生涯学習に関する世論調査」の概要（https://survey.gov-online.go.jp/h30/h30-gakushu/gairyaku.pdf）2018 ／内閣府「生涯学習に関する世論調査」の概要（https://survey.gov-online.go.jp/h30/h30-gakushu/gairyaku.pdf）2018．この調査は，全国 18 歳以上の日本国籍を有する者の内から層化 2 段無作為抽出法を用いて 3000 人抽出し，調査員による個別面接聴取法により調査を実施。有効回収率は 57.0%。

13) 稲葉，前掲，p.77.

14) 社会教育施設の運営状況に関する情報公開については，たとえば公民館は社会教育法第 32 条の 2 で，図書館は図書館法第 7 条の 4 で定められている。

15) 社会教育委員は社会教育法第 15 条で，公民館運営審議会は社会教育法第 29 条で定められている。

16) 博報堂行動デザイン研究所・國田圭作『人を動かすマーケティングの新戦略「行動デザイン」の教科書』すばる舎，2016，p.6.

17) 第三期教育振興基本計画（2018 年 6 月 15 日閣議決定）文部科学省（https://www.mext.go.jp/content/1406127_002.pdf）．「Ⅴ．今後の教育政策の遂行にあたって特に留意すべき視点」として，「客観的な根拠に基づく政策立案の推進する体制を文部科学省内に構築，多様な分野の研究者との連携強化，データの一元化，提供体制等の改革を推進」することが明示されている。

18) 坂井知志「社会教育行政・施設の情報化：学習情報提供の現状，課題と今後求められる視点」注 2）前掲，p.85-86.

19) 文化庁「著作権なるほど質問箱」（https://pf.bunka.go.jp/chosaku/chosakuken/naruhodo/）.

20) 鈴木克明『教材設計マニュアル―独学を支援するために』北大路書房，2002.

キーワード

PR　経営戦略　広聴　説明責任（アカウンタビリティ）　メディア　広報誌
パブリシティ　情報のデジタル化　SNS　双方向のコミュニケーション

（1）効果的な自治体広報の好事例をさまざまなメディアで調べ，情報を伝わりやすくする工夫について分析してみよう。

【参考文献】

社会情報大学院大学編『デジタルで変わる広報コミュニケーション基礎』宣伝会議，2017

伊吹勇亮他『広報・PR 論―パブリック・リレーションズの理論と実際』有斐閣，2014

スコット . M. カトリップ・アレン . H. センター・グレン . M. ブルーム／日本広報学会監修『体系パブリック・リレーションズ』ピアソンエデュケーション，2008

第 *8* 章　社会教育と社会的包摂

1　社会的包摂と共生社会の構築

(1) 社会的包摂が含む曖昧さ

「ある社会がその構成員のいくらかの人々を閉め出すような場合，それは弱くもろい社会である」。これは 1979 年の国連総会で採択された「国際障害者年行動計画」の一節である。それから半世紀あまり経った現在においてもなお，障害者に限らず，あらゆる人々を包摂する社会の構築は取り組むべき社会的課題の 1 つとされている。

　では，あらゆる人々の包摂とは，どのような状態を意味するのだろうか。具体的な課題として考えようとすればするほど，この問いに答えることはむずかしく思える。あらゆる人々のなかには，あなたにとってよくわからなかったり，ときには疎ましく感じたりする人たちも含まれるからだ。あらゆる人々の包摂は，抽象度が高く，さすところが曖昧な言葉だ。そして，このような掴みどころのなさこそ，社会的包摂が長年議論されつづけてきた理由であるように思われる。

　本章では，この掴みどころのない社会的包摂という概念が，教育やその隣接領域にどのような影響を与えたのかを整理し，社会教育が果たすべき役割について考えていきたい。

(2) 権利保障としての社会的包摂の国際動向

　社会的包摂（Social Inclusion：ソーシャル・インクルージョン）という概念は，不平等や貧困といった社会問題にアプローチするための論理として，1980 年代のヨーロッパで用いられはじめた。社会的包摂という言葉が登場する前の貧困

は，個人の怠惰によって起こる経済的な問題だと考えられていた。しかし，貧困問題は，貧困者に金銭的な援助を行えば解決するものではなかった。貧困者が怠惰とみなされることで，日常生活におけるさまざまな選択の主導権を奪われるなど，政治的，文化的な困難ともつながっていたからだ。そこで，貧困問題への取り組み方を変えるため，社会的に保障されるべき権利を享受できなくなる「排除された状態」を問題視する言葉が必要となり，排除／包摂という対概念を含む「社会的包摂」という言葉が生まれた。つまり，社会的包摂は，社会的に弱い立場にあり，排除された状態の人々を孤立させず，社会の一員として取り込もうとする考え方のことである。この考え方は，社会問題を複数の視点から分析し，個人だけではなく，個人が日常生活で接する具体的な人間関係も含めて対応を行う必要性を示した点に意義があるとされる[1]。

　そもそも社会的包摂という概念は，その曖昧さゆえにさまざまな政策と結びついて発展してきたが，教育の領域においても大きな影響を及ぼしてきた。教育が社会的に保障されるべき権利であるという考え方は，1948年に国連によって採択された世界人権宣言の第26条に明記されている。その後，この権利を具体化させるためにさまざまな国際会議がもたれ，行動指針が示されてきたが，明確に社会的包摂という観点を提示したものとして，1994年にユネスコによって採択された「サラマンカ声明」がある。この声明では，すべての子どもの多様性を考慮した包摂的（インクルーシブ）な通常学校こそが「差別的態度と闘い，友好的な地域社会（コミュニティ）を作り，インクルーシブな社会を築き，万人のための教育を達成する最も効果的な手段」であるとされている。日本においては障害児教育の文脈に限定して理解されがちなこの声明であるが，実際には，言語的・民族的・文化的マイノリティや貧困なども含めたすべての子どもを対象とするものとして構想されている[2]。

　サラマンカ声明に示されたインクルーシブ教育の理念は，2015年の国連サミットで採択され，2030年度までに達成されるべきとされた「持続可能な開発目標（SDGs）」にも引き継がれており，すべての人に質の高い教育を保障することが国際的な共通課題となった。後述する近年の日本における国内政策も

また，SDGs の影響を受け，「あらゆる人々の活躍の推進」という言葉のもと，その実現をめざしている。

（3）日本における共生社会政策の変遷

日本においては，1980 年代以降，共生社会の推進というスローガンのもと，インクルーシブな社会の実現に向けた議論がなされてきた。先程述べたように，社会的包摂が貧困問題に対する取組から発展してきたのに対し，共生社会は少子高齢化対策，青少年育成，障害者政策などへ取り組むなかで構想されてきた。どちらも社会のあり方を考える枠組みについての概念であり，社会におけるあらゆる構成員（ステークホルダー）と，かれらが生活する場である地域社会の関係性を問うという点で共通しているため，ほぼ同義として用いられてきた[3]。ここでは日本の社会政策において，社会的排除に先んじて用いられてきた共生社会に着目したうえで，概念整理を行いたい。

まず，1998 〜 2004 年にかけて，国会では参議院において「共生社会に関する調査会」が設置され，女性や子ども，障害者など，社会的参加に課題をかかえる人々への対応が検討された。この調査会は，社会的環境が変化するなかで，社会を構成しているさまざまな人々が，互いにその存在を認め合い，共生していく社会が求められているという認識のもと設置された。

2001 年の省庁再編により新設された内閣府には，共生社会政策が所掌事務として位置づけられ，その実現に向けて「共生社会形成促進のための政策研究会」が設置された。この研究会は，欧米圏の社会的包摂の議論も取り入れながら，①他者と共生できる自分・自己があるか，②異質な他者と関係をもつ力を備えているか，③社会へのアクセスが不当に阻害されていないか，④積極的に自分から社会にアクセスしているか，⑤社会のなかに自発的かつ多様な関係が張りめぐらされているかという 5 つの視点から共生社会の軸を提示している。これらの軸に基づき，内閣府は，国民一人ひとりが豊かな人間性を育み生きる力を身につけていくとともに，国民皆で子どもや若者を育成・支援し，年齢や障害の有無などにかかわりなく安全に安心して暮らせる社会を共生社会と定義し，実現に向けた施策の方向性を示した[4]。この内閣府による基本方針を受け，

文部科学省は共生社会を，これまで必ずしも十分に社会参加できるような環境になかった障害者らが積極的に参加・貢献していくことができ，誰もが相互に人格と個性を尊重し支え合い，人々の多様なあり方を相互に認め合える全員参加型の社会であるとした[5]。

　以上からは，共生社会の実現が社会参加の問題と重なって理解されていることがわかる。つまり，共生社会の実現とは，社会の主要な活動への参加ができない排除された状態をいかに是正するのかにかかっている。日本における社会的包摂の概念は，共生社会という言葉のもとで国の政策に導入され，共生社会を実現する手段として社会的包摂が位置づけられてきたといえよう。

2　社会的包摂に向けた連携・協働のあり方

(1) 社会福祉行政および社会教育行政における連携・協働論

　前節では，日本における社会的包摂が共生社会を実現するための手段として位置づけられてきたことを示した。では，具体的にどのような方法で社会的包摂を実現しようとしてきたのだろうか。

　社会的弱者への対応を担ってきた社会福祉行政は，2000年の社会福祉法改正により，施設でも家庭でもなく，地域住民の支え合いのもと，「居場所」としての地域で生きるという新たな方向性を示した。具体的な手段として，相談体制の整備などによる予防的な対応と，非営利民間組織である社会福祉協議会[6]を中心とした地域福祉の推進があげられている。これらは，従来の公的福祉サービスでは対応できず，社会的排除の状況におかれがちな「制度の谷間にある者」に，住民と行政との協働によって対応しようとする動きだった。つまり，地域福祉の領域を拡大させるため，地域住民の主体性のもとでの「新たな支え合い」（＝共助）が要請されたのである。さらに，2018年には再び社会福祉法が改正され，地域住民らの参加のもとで「地域福祉計画」を策定することが努力義務となり，地域福祉計画が地域における高齢者の福祉，障害者の福祉，児童の福祉，その他の福祉の各分野における共通的な事項を記載する，いわゆ

る上位計画として位置づけられた。近年になるにつれ，地域づくりを社会福祉の中核に据えようとする動きが進んできたといえる。

　社会教育行政における社会的包摂は，地域に偏在する社会教育施設への参加を通じてその実現がめざされてきた。初めて明確に規定されたのは2003年の「公民館の設置及び運営に関する基準」においてであったが，以後，社会教育施設に年齢や性別，障害や国籍を問わずに利用できる環境を整える必要性が示され，支援者や支援機器の配置などの具体例があげられるようになった[7]。

　さらに，社会福祉行政と同様，連携・協働に関する記述もみられる。1998年の中央教育審議会答申「今後の地方教育行政の在り方について」では，行政と地域住民が協働することの必要性が述べられている。行政と地域住民の協働によって「新しい公共」を生み出そうとする試みは，この時期以降の政策全般に共通していることがわかる。とくに，2018年の中央教育審議会答申「人口減少時代の新しい地域づくりに向けた社会教育の振興方策について」では，「あらゆる人々の活躍の推進」をはかるため，社会福祉行政も含めた他部局や，NPO，企業などとの連携が社会教育行政に要求されている[8]。

　近年になるにつれて，地域福祉を重視するようになった社会福祉行政と，社会教育施設を中心とした地域における学習を扱ってきた社会教育行政の取り扱う領域は，社会的包摂という視点のもとで重なりつつあることがわかる。

(2) 社会的包摂が含むジレンマ

　社会的包摂を実現する手段として連携・協働が強調されるようになったのは，「子どもに関する問題には教育政策を，失業には雇用政策を」といった従来の単線型の対応では，多様な生き方に合わせた社会的支援の提供が困難になったためだと考えられる。共生社会や社会的包摂といった概念により，排除が単なる個人の問題ではなく社会的な問題でもあるという認識が浸透するなかで，多様化・複層化した社会的課題に対し，行政のみでは手が届かない領域へアプローチするための地域住民の主体性に期待が集まっている。

　この動きは，今まで認知されてこなかった排除されている人をすくい上げる一方で，地域住民の創意工夫によって低コストで社会秩序を維持するための政

策としても捉えられる点を懸念しなければならない。共助は，本来行政が公的に行うべき権利保障を地域住民に丸投げする側面をもっている。これは，いわば社会的包摂の負の側面ともいうべきものである。

　さらにいえば，社会的包摂は，共助と結びつくことで，新たな排除をうむ可能性もある。共助は，お互いが助け合うことを前提としており，一方的に助ける，もしくは助けられる関係では成り立たない。そのため，共助を前提とする社会では，共助に加わらないようにみえる人に参加を強要し，それでもなおその人が参加しない場合，救うに値しない人として切り捨てることがある。社会的包摂は，こうした強制力をその言葉の響きの美しさで覆い隠し，ときには人を責めるための大義名分にもなってしまうのである。

　社会的包摂は，理念上はすべての人を救済の対象としている。しかし，現実的には資源に限りがあるため，救うに値する人に優先順位をつけていかなければならない。そのため，社会的包摂の手段として行われる援助は順位づけをめぐる争いを引き起こし，その過程で，救うに値しないと判断された人は排除される。社会的包摂には，排除を解消する側面だけではなく，新たな排除をうむ側面も含まれている。

　社会的包摂の負の側面を軽減させるためには，地域社会に多様な主体が存在することを意識したうえで，暗黙に存在する規範を絶えず見直す努力をしなければならない。先程述べた共助に加わらないようにみえる人は，実際には，共助に加われない理由があるかもしれないし，あなたが思うこととは違った形で共助に加わっているかもしれない。そういった部分は，あなた自身が縛られている規範を見直さなければみえてこない。そして，社会教育の役割は，この見えない規範に人々の目を向けさせることにあるのではないだろうか。多様な人々の集う学習の場として構想された社会教育施設は，さまざまな人々と顔の見える具体的な関係をつくり出すことで，見えなかった部分に気づくきっかけをつくることになるからである。

3 社会的包摂に向けた学びを提供するために

(1) 多様な主体の包摂を可能とした学習に向けて

　前節でふれたように，社会的包摂の推進に向けて地域住民の関係性を構築するには，まず社会教育施設における環境整備が必要である。その際に重要なのは，そこを利用する人を具体的に想像することである。たとえば，施設の掲示1つをとっても，外国人や子どもにとってわかりやすいやさしい言葉で書かれているかどうか，高齢や障害によって見えにくい人が読める文字の大きさやコントラストになっているかどうか，車椅子の人が読めるような位置に配置されているかどうかなど，複数の立場から考えなくてはならない。このような視点に基づき，近年は，公共施設を整備する際に，さまざまな立場の人々に対して意見を収集する機会を設けることが増えた。このように，身近な環境へのアクセスのしやすさをさまざまな視点から評価し，改善しようとする試みは，意見交換を通じて社会的排除の要因を意識するための学習機会としても有用である。しかし，実際には，このような機会を知り，参加できる人は限られていることが多い。その際に，日時設定や広報上の工夫などを行うことはもちろんであるが，社会教育行政のみで対応しようとするのではなく，各種障害者団体や児童福祉関係団体などとのつながりをもつ社会福祉行政に協力を要請するといった方法も有効である。

　そのほか，社会的包摂をめざす取組としては，子ども食堂をはじめとした「子どもの居場所づくり」などの例があげられる。「子どもの居場所づくり」は，家でも学校でもない，子どもの貧困対策になりうる居場所を提供する取組のことである。この取組は，子どもという特定の対象を主軸としつつ，子どもだけではなく，保護者や定年退職後の高齢者など，多様な人々が寄り集まる場として整備されていることが多い。そのため，こうした「子どもの居場所づくり」は，共働きの親をもつ子どもの学習支援や，生活習慣の確立を行う場としてだけではなく，地域住民の生きがいとしてのボランティア活動の場となったり，保護者に対する子育て支援の場となったりするなど，複数の社会的機能を有し

ている。これらのうちどのような機能を重視するのかによって運営主体や運営形態は異なっており，社会福祉協議会がかかわるもの，公民館がかかわるものなど，さまざまなバリエーションがある。まずは具体的な対象者がかかえるニーズを意識しつつも，その周囲にいる人々の存在もふまえたうえで，より多くの人を結びつける仕組みを具体的に考えていく発想が必要だといえる。

　以上のように，社会的包摂に向けた学習の具体的な方向性としては，先に述べた公共施設の評価を通じてほかの人のかかえる困りごとを知る機会を設けるなど社会的排除に至る経緯や考えられる対応策を学習内容として学ぶ方法と，貧困世帯にある子どもを対象とした「子どもの居場所づくり」など社会的排除にある人を対象とした学習機会を提供する方法の2つが考えられる。そして，これらの学習機会は，社会的排除にある人のみに閉じたものにするべきではない。障害対応や言語面でのサポートなど，具体的な困難に基づいた個別的な対応が必要なことがらは存在するものの，対象を社会的排除におかれた人に限定することは，その人たちだけに状況を改善する努力を押しつける結果になってしまう場合もあるからだ。

　したがって，社会教育において社会的包摂を進める際には，社会的包摂に関する新たな学習内容を考え出す側面よりも，既存のさまざまな学習機会にどのように手を加えればより多くの人々が参加できるのかを考える側面のほうがより重要になる。その際に，環境整備に加え，内容や方法上の工夫が必要となるが，とくに福祉行政をはじめとする他部局，NPOや民間教育事業者などさまざまな主体による取組を意識したうえで，これらをつなぎ，多様な人々が集う場としてデザインできるような取組を，社会教育行政は進めていく必要がある。

(2) 社会的包摂に向けた学習に必要となる視点

　これまで述べてきたように，社会的包摂に向けた学習を行うには，まずは排除された状態にある人がかかえるニーズを認識する必要があるが，その際には，社会的排除が複数の要因が折り重なって生じていることを意識しなければならない。たとえば，近年注目されつつある社会的排除の事例として，80代の高齢の親と無職独身あるいは障害がある50代の子が同居することによる8050（はちまるごーまる）

問題や，子育てと親の介護が同時期に発生するダブルケアの問題などがある。これらは，複数の問題が絡み合っているため，社会的排除の状況におかれた本人が生活上の課題を自覚すること自体が困難な場合もある。多様な人々をつなぐという視点は，こうした複雑な問題を解きほぐすために，必要不可欠である。

　これまでみてきた社会的包摂をめざすさまざまな制度の存在からわかるように，生活における困難からの救済は，公的に権利として保障されている。しかし，公的な支援制度が成立してから今日に至るまでなお，救済を受けなければならないことを恥じ，救済の手を跳ねのけたり，見て見ぬふりをしたりする人々は後を絶たない[9]。仮に手を伸ばそうとしたとしても，制度の複雑さや不自由さに心が折れ，諦めてしまうこともある。救済に値するかどうかの判断を自分の外部に委ねなければならない状況は，心を摩耗させ，自己無力感につながってゆく。

　そのように考えると，困難を外在化させることこそが，社会的排除に至る要因の1つなのではないだろうか。そうであるならば，社会的包摂に必要なのは，哀れみややさしさといった他者からもたらされる慈善の心ではなく，一人の人間として尊重される感覚をどのように育むのかということになる。そして，こうした感覚は，生活におけるさまざまな困難を社会という抽象的な主体に委ねることなく，具体的な関係性のなかで取り扱うことで可能になるのではないか。社会教育行政には，このような関係性をつくり出すため，地域で暮らす人々の多様性を意識し，人々をつないでいく役割を担うことが求められている。

【正木　遥香】

【注】
1)　Bhalla, A. & Lapeyre, F.（2004）*Poverty and Exclusion in a Global World*, Palgrave Macmillan.（福原宏幸・中村健吾監訳『グローバル化と社会的排除—貧困と社会問題への新しいアプローチ』昭和堂，2005）.
2)　なお，2017年に教育職員免許法および同法施行規則が改正されたことにより，2019年度以降の教職課程においては特別支援教育の充実が図られたが，そのなかには外国人児童や貧困児童などの「障害はないが特別の教育的ニーズのある幼児，児童及び生徒の把握や支援」が盛り込まれており，サラマンカ声明の理念に近い内容とな

っている.

3)　小野達也「共生社会の構想と指標体系—内閣府の試みについて」三重野卓『シリーズ社会政策研究4　共生社会の理念と実際』2008，p.5-35.

4)　内閣府ウェブサイト「共生社会政策」https://www8.cao.go.jp/souki/index.html（2020年8月31日最終閲覧）.

5)　文部科学省中央教育審議会初等中等教育分科会「共生社会の形成に向けたインクルーシブ教育構築のための特別支援教育の推進（報告）」2012.

6)　社会福祉協議会は1951年の社会福祉事業法によって設置され，地域住民や民生委員，児童委員，社会福祉施設等，公私の社会福祉関係者で構成されている．2000年に社会福祉事業法が社会福祉法に改正されたことで，「地域福祉の推進」を目的とする団体であることが明記された.

7)　とくに障害者に関しては，2016年に施行された「障害を理由とする差別の解消の推進に関する法律」により，障害によって参加の妨げとなる事柄があると障害者本人から申し出があった場合，参加を可能にするための変更や調整，サービスの提供等を行う合理的配慮をすることが義務づけられた.

8)　ここであげられている「あらゆる人々の活躍の推進」は，先に述べたSDGsの枠組みの影響によるものであるが，2018年に出された第三期教育振興基本計画や，2016年に経済社会システムの提案として閣議決定された「ニッポン一億総活躍プラン」にも共通している.

9)　明治期における社会福祉制度は，救済を受けることによって選挙権や被選挙権などの公民権を停止されるものとなっており，社会福祉援助を受ける者を半人前とみなすものであった．現行の制度ではこうした制約は撤廃されているが，その名残として救済を恥じる感覚が存在するとされる．愼英弘「明治期救貧行政の性格に関する一考察」柴田善守編『社会福祉研究の現代的課題』海声社，1985，p.67-89.

キーワード

社会的排除／包摂　共生社会　連携・協働　地域福祉　社会福祉協議会　共助
主体性　新しい公共

この章を深めるために

(1) 社会的排除の状態におかれやすい条件として，どのようなものが想定されるのか，できるだけ多くのものをあげてみよう.

(2) 身近な地域が社会的包摂をめざして行っている具体的な取組を調べ，その目的と手段（活動内容，組織体制など）についてまとめてみよう.

【参考文献】

岩田正美『社会的排除—参加の欠如・不確かな帰属』有斐閣，2008
辻浩『現代教育福祉論—子ども・若者の自立支援と地域づくり』ミネルヴァ書房，2017

第9章 地域ネットワーク形成を考える視点

1 社会教育における地域ネットワーク

(1) 地域ネットワーク

2006年に教育基本法が全部改正された際に，第13条「学校，家庭及び地域住民その他の関係者は，教育におけるそれぞれの役割と責任を自覚するとともに，相互の連携及び協力に努めるものとする」が新設された[1]。

条文中の「地域住民その他の関係者」とは漠然とした記述であるが，じつは，このなかにこそ豊かな教育資源が含まれている。まず社会教育にかかる組織・団体として，公民館・図書館・博物館等の社会教育施設，子ども会やPTAなどの社会教育関係団体がある。これらの教育委員会所管（ただし自治体により一般行政部局所管の場合もあるが）の組織・団体以外にも，一般行政部局が所管するもののなかに，たとえば環境や防災に関する学習活動を推進している施設や職業訓練施設等がある。さらに行政外に目を向ければ，民間教育文化産業や教育・学習支援を目的とするNPOはもちろん，教育を主たる業務としていない企業・病院などであっても，何らかの形で教育にかかわっている組織・団体は少なくない。企業においては社会的責任（CSR：Cooperate Social Responsibility）を果たす一環で，各企業の有する資源を活用した取組を実施している例がある。

社会教育行政にたずさわる者は，地域のなかにどのような教育資源があるかを把握し，行政単独ではむずかしい課題解決において，それら「多様な主体」と積極的に連携・協働することが不可欠となっている。

このような連携・協働事業を積み重ねていくなかで，地域のなかに多様な主体とのネットワークが形成される。さらにこの「地域ネットワーク」を基盤と

して次の連携・協働事業が進展するというプラスのサイクルが生まれる。社会教育の提供主体がますます多様化している現在，社会教育行政の役割は，従来の枠組みを超えた多様な主体との連携・協働を促進し，地域ネットワークを形成するための積極的な調整役となることである。

　社会教育・生涯学習辞典編集委員会編『社会教育・生涯学習辞典』(朝倉書店，2012) によれば，ネットワークとは「人と人あるいは組織と組織が何らかの価値を共有して継続的な関係を構築していく様態」であるが，「価値の共有」については少し注意が必要である。これは，行政の価値観に従わせることでもなければ，行政の価値観と相容れないものに対して排他的になるということでもない。ネットワークは異なる個人や組織・団体が縦型 (上下関係) ではなく横型 (対等で水平的な関係) でつながることが基本である。ネットワークでは「それぞれ確立した『個』が互いの違いを認識しあいながらも，相互依存関係で自発的に結びついたもので，ある種の緊張を伴う関係の中で意味と価値を作り出していくプロセス」[2) が重要であり，各主体がそれぞれ「違う」ことを前提に，対話を重ねながら共有できる新たな価値の創造をめざすことが求められる。

(2) 多様な主体との連携・協働

　さて，このような地域ネットワークを形成するためのキーワードが「連携」「協働」である。この文言は，近年，公の文書にしばしば登場する。

　第三期教育振興基本計画 (2018 年 6 月 15 日閣議決定) には「今後の教育政策に関する基本的な方針」として，「教育政策の展開に当たっては，スポーツ・文化芸術・科学技術に関する政策や，子供・若者に関する政策，福祉政策，保健・医療政策，労働政策，租税政策など他分野の政策とも連携を図りつつ，国においては関係府省が，地方公共団体においては教育委員会と他の部局が一体となって取組を進めていくことが必要である」と，文部科学省と他府省，教育委員会と他部局との連携の必要性をうたっている。

　「縦割り行政」と批判されてきた国・自治体内の問題にとどまらない。第三期教育振興基本計画は，上記に続けて「同時に，課題の複雑化，困難化等を踏まえ，政府や大学等，企業，NPO など様々な主体が連携・協働する必要がある」

と，国・自治体が行政外の多様な主体と連携・協働することも述べている。

　2018年の中央教育審議会答申「人口減少時代の新しい地域づくりに向けた社会教育の振興方策について」も同様である。社会教育において「今後はこれまで以上に，学習者のニーズに応えるとともに，多様かつ複合的な地域課題により効果的に対応するため，社会教育行政担当部局と首長部局との連携を強化することはもとより，社会教育関係団体，企業，NPO，学校等の多様な主体との連携を強化することが求められる」，「社会教育を通じて，多様な担い手との連携・協働が深まることにより，これまでになかった新たなアイデアや価値が生まれ，新しい地域づくりにつながることが期待される」とうたっている。さらに同答申は，学校教育においても「社会に開かれた教育課程」や「地域とともにある学校」といった理念を実現するため，学校の活動に多様な地域住民が参加し，一方で子どもたち自身が地域にかかわっていくという「地域との協働による取組」「地域における学校教育と社会教育との一層の連携」を推進する必要があると指摘している。

2　繰り返される「連携」の必要性

(1) 第二次世界大戦前の「連携」

　ところで，社会教育行政における「連携」および「協働」の使用例を調べると，「連携」が昭和戦前期から頻繁に使われてきた言葉であるのに対し，「協働」は昭和末期に登場する比較的新しい用語であることがわかる。

　まずは「連携」からみてみよう。

　昭和初期に刊行された川本宇之介『社会教育の体系と施設経営：経営編』（最新教育研究会，1931）は「社会教育経営の原則」の1つに「各種の機関施設の連絡提携」をあげ，「社会教育そのものの機関施設は勿論，他の社会教育的機関施設を始めとして，産業，政治，宗教，学術，教育，社交及び社会事業等の各機関施設とよく連絡して，その効果を挙ぐるに力めねばならぬ」[3]と述べた。翌1932年の社会教育委員設置に関する文部次官通牒「社会教育振興ニ関スル

件」も，社会教育委員の職務として「社会教育ニ関スル施設ノ普及ヲ図リ其ノ利用ヲ奨励スルコト」などに加えて「社会教育ニ関シ市町村並各種団体其ノ他関係方面ノ連携協力ヲ図ルコト」をあげた。

当時とは時代背景が異なり，国が求めた社会教育のあり方，社会教育委員の位置づけ[4] は現在とは異なるが，社会教育の振興方策において「連携」が必要と考えられていた点については現在と変わらない。

(2) 戦後「連携」の３つの相

第二次世界大戦後も，引き続き「連携（あるいは連繋）」は繰り返し唱えられることになるが，それには大きく分けて３つの相がある。

第一は，社会教育の現場における多様な関係者の連携である。公民館を例にみてみよう。戦後，「われわれの為の，われわれの力による，われわれの文化施設」[5] として各地に設置が進んだ公民館は，社会教育法により必置の公民館運営審議会によって運営されることになった（現在は任意設置）。「館長の諮問に応じ，公民館における各種の事業の企画実施につき調査審議するものとする」（第29条第2項）とその職務が定められた公民館運営審議会の委員は「一　当該市町村の区域内に設置された各学校の長　二　当該市町村の区域内に事務所を有する教育，学術，文化，産業，労働，社会事業等に関する団体又は機関で，第二十条の目的達成に協力するものを代表する者　三　学識経験者」から選出されることになっていた（社会教育法第30条；法制定時，現在は改正）。二号委員をみればわかるとおり，狭く教育に限らず，産業，労働，社会事業など，幅広い関係者が集い，かれらの協議によって運営されることが期待されていたことがわかる。

第二は，教育における連携，すなわち，学校教育と社会教育との連携である。社会教育法第5章（法制定時；現在は第6章）は「学校施設の利用」である（学校教育法第85条（法制定時；現在は第137条）にも同様の定めがある）。社会教育審議会は1953年建議「学校開放活動促進方策について」，1955年答申「学校開放の実施運営はいかにあるべきか」において，学校が積極的にその機能を開放して地域住民の要望にこたえる必要があると唱え，学校教育を社会教育に活用す

る「学校開放」という連携の形を提言した（両者の関係はのちに「学社連携」「学社融合」というように，双方向の関係へと展開する：第10章）。

　そして第三は，教育行政と他の行政との連携である。第二次世界大戦後，教育委員会制度が成立し，教育行政は一般行政から独立するが，しかしながら社会教育行政と一般行政との連携の必要性は認識されていた。文部省社会教育局『社会教育の現状：1954』の「第6章 社会教育関係機関」「第4節 他省関係機関」には，「社会教育を効果あらしめるためには，単に文部省，教育委員会，学校教職員，社会教育関係団体指導者等が活動するだけでは不十分」であり「行政面においても中央と地方たるとを問わず社会教育行政機関と他の関係行政機関との緊密な連繋がとられなければならない」[6]という記述がみられる。教育行政の枠組みを超えて厚生，労働，農林などの各行政部局との連携を図る必要性は早くから唱えられていたのである。

(3)「連携」の広がり

　昭和戦前期，戦後期を通して「連携」が必要と唱えられてきたものの，それが実現したかといえば，実態はむしろ逆であった。それゆえ，1970年代以降，社会教育に関する行政文書において「連携」は何度も繰り返し唱えられることになる。ここで主要な審議会答申をピックアップすれば，1971年の社会教育審議会答申「急激な社会構造の変化に対処する社会教育のあり方について」では，学校教育と社会教育の連携，都道府県と市町村の広域的連携，社会教育行政と関連行政（厚生行政や労働行政など）の連携，1986年の臨時教育審議会「教育改革に関する第2次答申」では，行政と民間，高等教育機関との連携，さらに特定非営利活動促進法（通称NPO法）が制定された1998年の生涯学習審議会答申「社会の変化に対応した今後の社会教育行政の在り方について」では，従来から指摘されてきた学校や民間の諸活動，一般行政などとの連携に加え，NPOとの連携の必要性も指摘された[7]。

　2006年には教育基本法が全部改正され，本章冒頭に掲げた第13条が新しく加わった。「連携」は教育基本法で使われる用語になったのである[8]。2008年の中央教育審議会答申「新しい時代を切り拓く生涯学習の振興方策について～

知の循環型社会の構築を目指して～」では，「地域社会の教育力向上のためには，学校，家庭，地域がそれぞれ持つ教育力の向上を図ることとあわせて，学校，家庭及び地域住民のほか，その地域の企業やNPO等の関係者が，それぞれに期待される役割を果たしつつ，緊密に連携・協力して地域社会が一体となって地域の教育課題等に取り組むことが重要である」と，教育基本法第13条を踏まえた提言がなされた。2018年の答申については，本章の第1節（2）で述べたとおりである。

「連携」は，社会教育を語る場面において，その相手を学校，地域の各種団体，一般行政部局，さらには大学，企業，NPOへと徐々に広げつつ，長年にわたり繰り返されるキーワードであり続けてきたのである。

3 「協働」の二面性

(1) 市民参加としての「協働」

「協働」の考え方は，1960～70年代の市民運動の隆盛と，その後の行政への市民参加の広がりに淵源がある。高度経済成長が招いた生活環境の悪化に対し，既存の政治・行政システムは十分対処できず，議会制民主主義（選挙による政治過程への間接参加）の形骸化が露わとなった。それが直接行動としての市民運動（公害反対運動，消費者運動など）をもたらし，さらに行政各部門への市民参加が制度化されるようになった。行政側からみれば，市民との紛争を避けるために，あらかじめ市民参加を行政過程に組み入れ，できる限り多数の利益集団に発言と討論の場を与えることが必要不可欠となったのである。1980～90年代になると地方分権・規制緩和を主とする行財政改革が進むが，地方自治のあり方，とりわけ行政と市民との関係を議論するなかで登場したのが，「協働」という言葉である[9]。

今日の「協働」についての考え方を方向づけた荒木昭次郎『参加と協働：新しい市民＝行政関係の創造』（ぎょうせい，1990）によれば，協働（Coproduction）とは，「市民と行政が対等の立場に立ち，共通の課題に互いが協力し合って取

り組む行為システム」[10]であり，「地域住民と自治体職員とが，心を合わせ，力を合わせ，助け合って，地域住民の福祉の向上に有用であると自治体政府が住民の意思に基づいて判断した公共的性質をもつ財やサービスを生産し，供給してゆく活動体系」[11]である。社会教育行政の領域では，2017年の社会教育法改正で新たに加わった「地域学校協働活動」「地域学校協働活動推進員」のなかに「協働」という言葉がみられるが（第5条第2項，第9条の7など），これは地域（住民）と学校（教職員，児童生徒）がともに学校づくり，地域づくりに取り組む活動である。

「協働」は用例としては比較的新しいが，社会教育は行政サービスとして住民が受動的に享受するものではなく，行政の支援を受けつつ住民自らがつくり上げるものとして展開されてきたものであり，その考え方は社会教育の根底にあったものである。

(2) 行政の効率化と「協働」

ところで，「協働」は行政過程を民主化するための，市民の権利としての参加システムであるというだけでなく，行政の効率化という点からも論じられてきた。行政コスト削減のために，協働するパートナーに資金，労力，ノウハウなどの提供者としての役割を期待するという意味も含まれているのである。

「協働」に関する初期の自治体報告書である神奈川県自治総合研究センター『民間活力の活用・導入―協働社会の創造に向けて―』（1986年）は，民間活力の活用形態は「事業型」「参加型」から，両者の融合形態としての「協働型」へと進むと述べている。事業型とは主に大規模プロジェクトの事業遂行のために，民間，とくに大企業の資金・ノウハウを利用するもの，参加型とは福祉をはじめとする社会的サービス部門におけるボランティア活動のような市民の行政に対する協力をいう。市民・企業[12]が自治体の単なる協力者の域を超え，それぞれが主体の一員として，公共的課題の解決に加わることが不可欠であるという認識のもと，「相互の信頼関係に基づく市民・企業・自治体のパートナーシップの確立が必要であり，それぞれの主体の長所を活かすとともに，責任を明確にしたうえでの協働型のシステムを確立することが不可欠である」[13]と唱

えた。

　民間活力の導入について，企業やNPOとの協働については他章（第3・11・12章）で取り上げているので，ここではボランティア活動についてみてみよう。

　ボランティア活動は社会教育においても広く行われてきたものである。社会教育におけるボランティア活動の体制整備の必要性は，1971年の社会教育審議会答申「急激な社会構造の変化に対処する社会教育のあり方について」ではじめて提言され，さらに1992年の生涯学習審議会答申「今後の社会の動向に対応した生涯学習の振興方策について」は本格的にボランティア活動の支援・推進を唱えた。後者の答申は，生涯学習とボランティア活動の関係について，①ボランティア活動そのものが自己開発，自己実現につながる生涯学習となること，②ボランティア活動を行うために必要な知識・技術を習得するための学習として生涯学習があり，学習の成果を生かし，深める実践としてボランティア活動があること，③人々の生涯学習を支援するボランティア活動によって，生涯学習の振興が一層図られることの3点をあげている。

　かくして，社会教育行政および社会教育施設はボランティア活動に取り組む市民を支援してきたが，しかしながら，行政がボランティアを「組織化」し「活用」することには慎重さが求められる。なぜなら，それは動員と紙一重であるからである。そもそも自発性に基づくボランティア活動は行政があらかじめ計画できるものではない。「行政が，当てにはできないボランティア活動に，多くのことを期待するのは，施策として問題がある」[14]し，「市民がコストを応分に，もしかすると応分以上に負担することを意味している」[15]かもしれないのである。「ボランティア＝タダ働きしてくれる労働力」とみなすことに対して批判が出るのは当然である。財政難を背景とする行政の「協働」の名の下におけるボランティアへの過度の依存は，「行政の民主化」の衣をまとった安易な「行政の効率化」であり，注意が必要である。

4　連携・協働のための方法と課題

(1) 既存制度の再確認と活用

　社会教育における連携・協働の重要性がわかったところで，次に問題となるのは，それを具体的にどのような手段・方法を用いて進めるかという点である。

　近年，マルチステークホルダー・プロセスという言葉が注目を浴びた。内閣府ウェブサイトには，「課題解決の鍵を握る組織や個人を"ステークホルダー"と呼びます。そして，多種多様なステークホルダーが対等な立場で参加し，協働して課題解決にあたる合意形成の枠組みを，"マルチステークホルダー・プロセス"と言います」[16] と紹介されている。ステークホルダー同士が対話を通してお互いの考え方や社会全体の構造を理解し，社会全体の視野をもって，解決策を考えていくという概念だが，社会教育においては，行政レベル，施設レベルの双方で，同様の制度（諮問機関[17]）は法に具わっている。社会教育行政においては，教育委員会への提言機能をもつ社会教育委員（社会教育法第15〜19条），そして，各種の公立教育施設におくことのできる公民館運営審議会（社会教育法第29〜32条，制定当時；現在は第29〜31条），図書館協議会（図書館法第14〜16条），博物館協議会（博物館法第20〜22条）である。

　社会教育委員は当初1932年に設置されたものであるが，戦後1949年に社会教育法第4章に位置づけられ法的根拠を得た。同法第17条は社会教育委員の職務を「社会教育に関し教育長を経て教育委員会に助言する」（第1項，制定当時；現在は「教育長を経て」削除），「教育委員会の会議に出席して社会教育に関し意見を述べることができる」（第2項）と定めている。公民館運営審議会は，既述のとおり，「館長の諮問に応じ，公民館における各種の事業の企画実施につき調査審議するものとする」（第29条第2項）であり，図書館協議会・博物館協議会も同様に館長へ意見具申することが定められている。

　いずれも法には「連携」という言葉こそ出てこないが，地域住民や関係者の意見を反映させるための存在であり，関係する多様な主体が話し合う「場」として機能することが期待されている。しかし，法制定直後から「ともすると形

式的，儀礼的なものとなってゆく傾向が生じはじめている」[18]と指摘されたように，これらの制度は法が定めるとおりに機能してきたとは言いがたい。

マルチステークホルダー・プロセスのような「新しい概念」が紹介されるのは，従来のシステムが十分機能を果たしていないためであるが，現行システムを生かすことを検討せず新しいものを導入しても，所詮「屋上屋を架す」ことにしかならない。「多様な主体との連携・協働」に注目が集まっている現在，社会教育においては法的根拠をもつ社会教育委員や公民館運営審議会などを生かすことをまずは考える必要がある。

(2) 制度を形骸化させない工夫

ただし，制度というものは絶えず形骸化の危険と隣り合わせであることは頭にとめておく必要があるだろう。かつて篠原一は「市民参加は制度化されると同時にダイナミズムを失い，それがもつ意味を半減してしまうという宿命をおっている」[19]と述べたが，制度になることで継続性や安定性が得られる反面，惰性や前例踏襲主義（マンネリズム）に陥る傾向は否めない。

どれほどすばらしい制度であっても，それを使いこなせるだけの意欲・能力がなければ絵に描いた餅にすぎなくなる。連携・協働あるいは市民参加に関する議論は，最終的にその点に行き着くといっても過言ではない。

そこで重要になってくるのが，新陳代謝である。民意を反映するための諮問機関は，得てして行政に都合のよい人材を選び形を整えたことをもって，「市民の意見を聴いた」というアリバイづくりに使われやすい。「『市民』の名のもとに既存の住民組織や職能団体の代表，あるいはイエスマン的御用学者だけが動員され，一般市民には発言の場さえ与えられず」[20]という批判は，もっともである。そうならないためにも，メンバーの人選にあたっては惰性に陥らず，たえず新しい人材の発見と登用に努めなければならない。社会教育委員や公民館運営審議会が形骸化しているといわれる要因の1つは，その委員が一部の組織・団体に限られてしまっていることにある[21]。「社会教育にこれまで関わりはなかったものの，地域づくりに熱意をもって取り組んできた様々な分野の人材を社会教育の新たな担い手として積極的に巻き込んでいくことが重要」（中央

教育審議会答申，2018）であり，社会教育委員等はもちろんのこと[22]，協働事業を実施する場面においても同様である。

とはいえ，既存の制度だけでは不十分である。社会教育委員，公民館運営審議会等は，第一義的には教育委員会あるいは各館長への意見具申の役割を果たすものである。現在求められている連携・協働は，さらに一歩進んで，行政に意見を反映させるだけでなく，実践することにある。諮問機関に関与する地域住民・関係者は一部に限られる。制度の周辺には市民参加に通じる多様な活動があり，そこにさまざまな個人・組織がかかわること，それが制度を下支えすることになる。子どもから高齢者までさまざまな人が活動に参加し，その活動を振り返る行動は，住民らが市民参加の意義やあり方を学ぶ機会でもある。その積み重ねが連携・協働の広がりを生むであろう。

平成年間においては，ボランティア活動の広がり，NPO法（特定非営利活動推進法）の制定，地方分権の進展，まちづくりのためのワークショップの増大，企業の社会貢献などの変化があった。とりわけ「協働」という言葉には，これまでにない新しさ，すなわち，旧来の地域社会の権力構造に属する人・組織とは異なるメンバーの参加に対する期待が込められている。

【山本　珠美】

【注】
1)　本章は山本珠美「連携・協働を推進する際に必要な視点」国立教育政策研究所社会教育実践研究センター（浅井経子執筆・編集代表）『社会教育経営論』ぎょうせい，2020，p.9-13．／同「教育における『多様な主体との連携・協働』をめぐる一考察」『教育研究（青山学院大学教育学会紀要）』64号，2020，p.55-75．に基づいている。
2)　金子郁容『ネットワーキングへの招待』中央公論社，1986，p.5.
3)　川本宇之介『社会教育の体系と施設経営：経営編』最新教育研究会，1931，p.24-25．なお，川本があげた社会教育経営の原則は4つあり，残りの3つは「自己教育」「時間（学習時間の設定）」「機会均等」である。
4)　戦後の社会教育委員は諮問機関としての役割が主であるが，戦前は「実践機関あるいは指導者としての性格をもっていた」。文部省社会教育局『社会教育の現状：1954』1954，p.224.
5)　寺中作雄『社会教育法解説・公民館の建設』国土社，1995，p.190（原著『公民館の建設』公民館協会，1946）。

6) 注 4 前掲，p.228.

7) 1970 年代以降の「連携」論については，以下の文献を参照のこと。伊藤真木子「社会教育における連携の意味」鈴木眞理・伊藤真木子・本庄陽子編著『社会教育の連携論—社会教育の固有性と連携を考える』〈講座 転形期の社会教育Ⅱ〉学文社，2015，p.7-20.

8) 教育基本法改正に先立ち，2001 年に学校教育法と社会教育法が一部改正され，学校教育法においては体験活動を促進していくための「社会教育関係団体その他の関係団体及び関係機関との連携」（第18 条の2，制定当時；現在は第31 条）が，また社会教育法においては「学校教育との連携の確保」（第3 条第2 項，制定当時；現在は第3条第3項）が加わっている。

9) 「協働」という言葉自体は，明治・大正期から経営学などでは使用されてきた（協働組合，協働生産など）。政治学でも吉野作造が社会協働論を論じている。

10) 荒木昭次郎『参加と協働：新しい市民＝行政関係の創造』ぎょうせい，1990，第1章の扉の言葉。

11) 同上，p.9.

12) 「官民協働」という言葉もしばしば使われるが，その「民」は，市民の「民」と民間企業の「民」である。

13) 神奈川県自治総合研究センター『民間活力の活用・導入—協働社会の創造に向けて』1986，p.19.

14) 田尾雅夫『市民参加の行政学』法律文化社，2011，p.153.

15) 同上，p.141.

16) 内閣府ウェブサイト「マルチステークホルダーの考え方」https://www5.cao.go.jp/npc/sustainability/concept/（2020 年10 月30 日最終閲覧）。

17) 社会教育委員，公民館運営審議会のような意見具申機能をもつ機関を一般に「諮問機関」といい，行政等への利害関係者の意見反映方法として戦前から存在する。蝋山政道によれば，諮問機関とは「既に議会の議決を経たる立法の遂行に関し，官公吏以外の民間の人士によって組織せられる機関であって，純然たる行政機関と協力して，行政そのものの遂行に参加するもの」で，「通常『学識経験』ある者から選ばれるとされてゐるが，実際は当該行政の対象となる社会層に利害関係を有する者，学問的又は実際的に利害関係を有する者から選ばれてゐる。これらの人々の意見を予め参照することに依って，当該行政の遂行を容易ならしめ，又，その社会的効果の実現を確保せんが為めである」。蝋山政道『行政学総論』〈社会科学叢書第十三編〉日本評論社，1928，p.254.

18) 注 4 前掲，p.226.

19) 篠原一「市民参加の制度と運動」篠原一他『市民参加』〈岩波講座 現代都市政策Ⅱ〉岩波書店，1973，p.4.

20) 佐藤竺「行政システムと市民参加」同上，p.181.

21) 限られた組織・団体にしか目が向けられていないことに対する問題意識はかなり早い段階から存在した。たとえば以下のとおり。「いわゆる『社会教育的常識』を打破する必要があること。すなわち『社会教育を行うものは公民館』『社会教育関係団体

といえば，青年団，婦人会，それにPTA』といった常識が一般であり，そのなかに
安住していたともいえる。しかしながら，たとえば農業改良普及所や保健所が，住民
の学習組織（農研クラブ，保健衛生グループ）をすすめている，そのことを社会教育
と考えてはいけないだろうか」。笹島保「町村行政を進める意識と社会教育」日本社
会教育学会編『社会教育行政の理論』〈日本の社会教育・第4集〉国土社，1959，
p.81.
22）　社会教育法制定時における社会教育委員の選出基準は，学校長，社会教育関係団体
の代表者，学識経験者であった。徐々に簡素化され，現在では単に「社会教育委員は，
教育委員会が委嘱する」（第15条第2項）であり，委嘱の基準等社会教育委員に関し
必要な事項は，当該地方公共団体の条例で定めることになった（第18条）。公民館運
営審議会なども同様である。委員選出の自由度を自治体は十分にいかしているだろう
か。

キーワード

地域ネットワーク　多様な主体　連携　市民参加　協働　ボランティア
マルチステークホルダー・プロセス　社会教育委員　公民館運営審議会

この章を深めるために

(1) 任意の自治体において，どのような人が社会教育委員，公民館運営審議会等の委員
　に任命されているか，調べてみよう。
(2) 連携・協働によって行われている社会教育の活動にはどのようなものがあるか，具
　体的な実施例を調べてみよう。

【参考文献】

荒木昭次郎『参加と協働：新しい市民＝行政関係の創造』ぎょうせい，1990
鈴木眞理・伊藤真木子・本庄陽子編著『社会教育の連携論—社会教育の固有性と連携を考える』
　〈講座 転形期の社会教育Ⅱ〉学文社，2015

第*10*章　学校・家庭・地域の連携・協働

1　1970 年代からの学校・家庭・地域の連携を進める政策展開
　　―"学社連携・融合"

(1)　学校教育と社会教育の連携,「学社連携」の広がり

> 　今,学校という家が建っている土地が液状化現象でずぶずぶとしてきて
> いる。そこで家屋だけ一生懸命建てようとしても難しいわけです。その液
> 状化現象を起こしている土地そのものを補強していかなければならない時
> 代になってきているんではないかと思います[1)]。

　これは,学校をとりまく家庭や地域の現況をうまく捉えた池田寛の言葉であ
る。今まさに,学校・家庭・地域が一体となって子どもの教育に取り組んでい
かなければならない時代であり,とくに学校と地域の連携の必要性が声高に叫
ばれている。しかし,その連携は今に始まったことではない。たとえば,学校
教育法（第 137 条）と社会教育法（第 6 章第 43 ～ 48 条）の双方に,学校の施設を
社会教育のために利用できることが明文化されている。つまり,両法律が制定
された戦後間もないころから,学校教育と社会教育の相互に補い合う関係が規
定されているのである。

　そうはいっても,学校教育と社会教育の連携が本格的に議論され,政策とし
て打ち出されていくのは,1970 年代以降の生涯教育論の受容とともにである。
たとえば,1971 年の社会教育審議会答申「急激な社会構造の変化に対処する
社会教育のあり方」では,「家庭教育,学校教育,社会教育の三者を有機的に
統合する」ことの必要性が,生涯教育論のいわゆる水平的な統合の理念から説

かれている。また，1974年に出された社会教育審議会建議「在学青少年に対する社会教育の在り方について―家庭教育，学校教育と社会教育との連携―」では，「従来の学校教育のみに依存しがちな教育に対する考え方を根本的に改め，家庭教育，学校教育，社会教育がそれぞれ独自の教育機能を発揮しながら連携し，相互に補完的な役割を果たし得るよう総合的な視点から教育を構想することが重要である」と指摘している。ここで，「学社連携」の考え方が提起され，建議以降，用語として広まっていく。

(2)「学社融合」の考え方

1987年の臨時教育審議会第3次答申からの「開かれた学校」論，さらには1990年代の「学校のスリム化」論が提言されるなか，「学社連携」の取組は各地で行われるようになったが，1990年代半ばから，新たに「学社融合」という考え方が提唱されることになる。

その契機になったのは，1995年の国立青年の家・少年自然の家の在り方に関する調査研究協力者会議「国立青年の家・少年自然の家の改善について―より魅力ある施設に生まれ変わるために―（報告）」における指摘からといわれる。この報告では，「これからの生涯学習社会においては，学校と学校外の教育がそれぞれの役割を分担した上で連携を図っていくということだけでなく，それ以上に，相互がオーバーラップしつつ，融合した形で行われていくことが必要であり，また，それがむしろ自然でもある」と，「学社融合」の考え方が示されている。

さらに，1996年の生涯学習審議会答申「地域における生涯学習機会の充実方策について」では，「学社融合」を「学校教育と社会教育がそれぞれの役割分担を前提とした上で，そこから一歩進んで，学習の場や活動など両者の要素を部分的に重ね合わせながら，一体となって子どもたちの教育に取り組んでいこうとする考え方であり，学社連携の最も進んだ形態」と捉えている。

これらをふまえると，「学社融合」とは，「学社連携」における学校施設の開放のように，必要に応じて貸し借りを行う「資源の交換」ではなく，たとえば小学校のクラブ活動と地域の社会教育活動をドッキングさせ，子どもと地域の

大人が一緒に学ぶ活動を創り出すなど，「資源の共有」を意味する。したがって「学社融合」であれば，学校教育と社会教育双方が単独で行うより，小さな負担で大きな成果がもたらされ，お互いに質的に向上していくことも可能になる。ただし，「学社融合」は「学社連携」を否定するものではなく，あくまでその発展形態と位置づけられる。そのため，「学社連携・融合」とまとめて表現されることが多い[2]。

　ここまでをみると，1970年以降の学校・家庭・地域の連携を進める政策は，生涯教育の理念のもと，「学社連携・融合」を中心に展開されたといってよいだろう。もう少し地方自治体にひきつけていえば，このかん，多くの教育委員会では，「学社連携・融合」事業が重点施策として位置づけられ，推進されたのである。

2　2000年代の学校・家庭・地域の連携を進める政策展開
──"教育支援活動"と"学校運営への参画"の2つの潮流

(1)　教育基本法の改正と「教育支援活動を推進する潮流」

　2000年代に入ると，2002年度からの学校週5日制の完全実施や，生きる力の育成をめざした「総合的な学習の時間」の導入が追い風となり，「学社連携・融合」の考え方のもと，学校・家庭・地域の連携の必要性が高まりをみせていく。

　そうしたなか，2006年に改正された教育基本法に，第13条として「学校，家庭及び地域住民等その他の関係者は，教育におけるそれぞれの役割と責任を自覚するとともに，相互の連携及び協力に努めるものとする」との条文が新設され，学校・家庭・地域の連携を進める法定根拠を得たことの意味は大きい。この改正をうけて，2008年に学校教育と社会教育の関係づくりという観点から社会教育法の改正も行われる（同法第5条の第13・15号，第9条の3第2項）。これらの規定をふまえ，連携を掛け声に終わらせず，学校・家庭・地域の連携のための具体的な仕組みを構築し，社会全体の教育力の向上をはかる連携推進

施策が展開されていく。そうした2000年代の政策展開は，学校・家庭・地域の連携によって，「教育支援活動を推進する潮流」と「学校運営への参画を推進する潮流」との大きく2つに分けることができる[3]。

　まずは，「教育支援活動を推進する潮流」からみていこう。この流れの起点となるのは，教育基本法改正の翌年（2007年）から始まった「放課後子供教室」である。その趣旨は，すべての子どもたちを対象に，放課後や週末などに安心・安全な活動拠点（居場所）を設け，地域の方々の参画を得て，学習やスポーツ・文化芸術活動，体験・交流活動などの機会を提供することにある。なお，この文部科学省（以下，文科省）による「放課後子供教室推進事業」は，厚生労働省の「放課後児童健全育成事業」との共同による「放課後子どもプラン」のなかで，放課後児童クラブ（学童保育）と連携しながら推進されている。さらに，2014年からは，両事業の一体化を図る「放課後子ども総合プラン（2018年からは新・放課後子ども総合プラン）」に基づき，関係府省が連携した総合的な放課後対策として取り組まれている。

(2) 学校支援地域本部の設置

　つぎに2008年度から，学校・家庭・地域の連携を強化し，社会全体の教育力を向上させるための施策として，地域ぐるみで学校を支援し子どもたちを育む「学校支援地域本部」の設置が進められた。地域につくられた「学校の応援団」にたとえられる学校支援地域本部は，基本的に「地域教育協議会」「地域コーディネーター」「学校支援ボランティア」によって構成される。とくに，地域コーディネーターが，ボランティアと学校，ボランティア間の調整を行う中核的な役割を果たし，より効果的な学校支援を行おうとする点に学校支援地域本部の特色がある。

　当初の3年間，学校支援地域本部は，文科省が必要経費の全額を負担する委託事業として，2011年度からは，放課後子供教室や「家庭教育支援」（第15章参照）の取組と有機的に組み合わせた「学校・家庭・地域の連携による教育支援活動促進事業」という補助事業（国，都道府県，市町村が経費を分担）の一環として実施されるようになった。すなわち，学校支援地域本部・放課後子供教室・

家庭教育支援が "教育支援活動" の名のもとに補助事業として合流し，「教育支援活動を推進する潮流」[4] が形成されていったのである。なかでも，その主流として全国各地で広く実施された学校支援地域本部は，2015年度に約4200本部，全公立小中学校の34％をカバーするに至っている。

このような学校支援地域本部の発展が，「教育支援活動を推進する潮流」を支えてきたことは間違いない。しかし，この発展にからんで，「学社連携・融合」よりも「学校支援」という表現が用いられるようになってきた点には注意が必要である。この潮流がめざす社会全体の教育力向上における「教育力」とは，なにも学校教育に限ったものではない。つまり，本来は，「学校」教育支援活動を推進する潮流ではないのである。

(3) 「学校運営への参画を推進する潮流」とコミュニティ・スクール

もう1つの潮流は，保護者や地域住民らの関係者に学校運営への参画を推進する政策の流れである。その源流は，2000年の学校教育法施行規則の改正により導入された「学校評議員制度」にある（第49条）。これは，校長の求めに応じ，学校運営に関して，保護者や地域住民らの意向を把握し反映することができる仕組みである。そういった仕組みが，わが国で初めて制度的に位置づけられた点は評価できるものの，あくまで校長の求めに応じて校長から推薦された委員が学校運営に関する意見を述べることにとどまっているなど，その形骸化を指摘する声も多かった。

それに対し，保護者や地域住民が一定の権限と責任をもって学校運営に参画し，かれらのニーズを学校運営により一層的確に反映させる仕組みとして，2004年に「学校運営協議会制度」が導入される。行政委嘱委員という一個人で学校運営に意見を述べていた学校評議員と違い，学校運営協議会は合議制の機関であり，その構成員も非常勤の特別職地方公務員として位置づけられる。さらに，学校運営協議会には，①校長が作成する学校運営の基本方針の承認，②学校運営に関して教育委員会や校長に意見，③教職員の任用に関して教育委員会に意見という権限が，地方教育行政の組織及び運営に関する法律（第47条の5，現在は第47条の6：以下，地教行法）によって認められている。こうした権

限を有する学校運営協議会を置いた学校のことを「コミュニティ・スクール」（以下，CS）と呼んでいる。

　ここで気づいてほしいのは，「学社連携・融合」，それに続く「教育支援活動を推進する潮流」が，主に社会教育から，つまり地域という学校の外側からのアプローチであったのに対して，CSに代表される「学校運営への参画を推進する潮流」は，学校を内側から開いて，その変革を促そうとする点である。この動きは，2007年に学校教育法（第42〜43条）・同施行規則改正（第66〜68条）により学校関係者評価の実施が各学校の努力義務となったことにも後押しされ，学校自体のあり方を問い直すことにつながっていく。

　たとえば，「学校運営の改善の在り方等に関する調査研究協力者会議」によって2011年に提言された「子どもの豊かな学びを創造し，地域の絆をつなぐ〜地域とともにある学校づくりの推進方策〜」では，とりまとめにあたって，「東日本大震災の発生とその後の復旧に向けた営みは，本会議の議論にも大きな衝撃を与え，教育論からの学校と地域の連携にとどまらない『学校と地域の関係』が問われているのだとの認識を共有することとなった」とある。続いて，「本会議での議論を端緒として，学校の在り方を見つめる取組が展開され，今後，すべての学校が，地域社会の中で役割を果たし，地域とともに発展していく存在となっていく」，つまり「地域とともにある学校」になることがめざされている。この提言では，「これまでの教育改革の文脈では十分に位置づけられてこなかった，『子どもの学びの場』にとどまらない学校の側面」として，「大人の学びとなる学校」や「地域づくりの核となる学校」に焦点を当てていくこと，さらには，そうした学校運営を実現するには学校と地域の人々が「協働」して活動することの重要性も指摘している。こうした学校自体のあり方の問い直しが進むなか，地域と学校の「協働」に向けた気運が醸成されていった。

3 地域学校協働の理念—2つの潮流の架橋

(1) 地域学校協働に関する答申と法改正

　「教育支援活動を推進する潮流」と「学校運営への参画を推進する潮流」を架橋する動きともいえる地域学校協働に向けた気運は，2015年の中央教育審議会答申「新しい時代の教育や地方創生の実現に向けた学校と地域の連携・協働の在り方と今後の推進方策について」として結実することになる。答申では，地域と学校がパートナーとして，ともに子どもを育て，ともに地域を創るという理念に立ち，これからの学校と地域のめざすべき姿として，①「地域とともにある学校への転換」，②「子供も大人も学び合い育ち合う教育体制の構築」，③「学校を核とした地域づくりの推進」の3点が示されている。

　さらに，これらの姿を具現化するために，地域と学校が連携・協働して，地域全体で未来を担う子どもたちの成長を支えていく活動を「地域学校協働活動」として積極的に推進すること，従来の学校支援地域本部，放課後子供教室などの活動をベースに，地域による学校の「支援」から「連携・協働」へ，個別の活動から「総合化・ネットワーク化」へと発展させていくことをめざす新たな体制として「地域学校協働本部」（以下，協働本部）を全国的に整備することなどが提言されている。

　こうした提言をうけて，2017年には社会教育法が一部改正される。その第5条の2では，「地域学校協働活動」を規定し，この事業を実施するにあたり「地域住民等の積極的な参加を得て当該地域学校協働活動が学校との適切な連携の下に円滑かつ効果的に実施されるよう，地域住民等と学校との連携協力体制の整備，地域学校協働活動に関する普及啓発その他の必要な措置を講ずるものとする」と市町村教育委員会の責務を明記している。さらに同法第9条の7で「教育委員会は，地域学校協働活動の円滑かつ効果的な実施を図るため，社会的信望があり，かつ，地域学校協働活動の推進に熱意と識見を有する者のうちから，地域学校協働活動推進員を委嘱することができる」とした。つまり，地域と学校をつなぐコーディネーターとして重要な役割を担う「地域学校協働活動推進

員」も法律に位置づけられたのである。

(2) 広義と狭義の「地域学校協働活動」

ここまでみてくると，この答申のキーワードは「協働」であり，しかも，支援や連携から協働への進展が求められていることがわかるだろう。しかし，「連携」と「協働」はどう違うのであろうか。関連して，文科省は「地域学校協働活動」を，「地域の高齢者，成人，学生，保護者，PTA，NPO，民間企業，団体・機関等の幅広い地域住民等の参画を得て，地域全体で子供たちの学びや成長を支えるとともに，『学校を核とした地域づくり』を目指して，地域と学校が相互にパートナーとして連携・協働して行う様々な活動」と，広義に解釈している。ここには地域と学校が連携した「学校支援活動」も含まれることになり，両者が協働した「地域学校協働活動」との違いが不明確なままである。

志水によると，連携とは「自分たちがもともとやっていることを変えずに協力関係をもつ」というスタンスなのに対して，協働では「共同作業によって新しい人間関係や教育的活動をつくっていくことを通じて，お互いが変わっていく」という側面が重要視される[5]。つまり，「静的な連携」から「動的な協働」へと発展していくには，"変容"が鍵となる。その際の変容も，互いの違いを認め，その違いをいかしながら変わっていくというプロセスが大事である。このようにみると，学校の教職員だけでなく，保護者や地域住民らの多様な思いや違った考えを取り込み，違いをいかして変わっていくからこそ，地域と学校のそれぞれの組織が単独ではなしえなかった，より教育効果の高い成果を共同で生み出すことができる。そうした活動を狭義の「地域学校協働活動」と捉えて推進していくべきだろう。

ただし，多様で異質な大人たちの間には乖離やギャップが生じやすく，意見の衝突や対立が起こる場合も少なくない。そのため，多様な思いや違った考えは，嫌悪さらには排除されがちである。しかし，「異なるコミュニティの人びとが出会い，交流し，互いの重なりや共有部分を創出」していく越境的な対話や学びの概念に従えば，「文化的，歴史的に生じた互いの差異を単純に解消すべき悪者とするのではなく，むしろ変化の重要な原動力として生か」[6]してい

くべきなのである。つまり，学校にかかわる大人たちの違いは「地域学校協働活動」を生み出す原動力といえる。

　このように狭義に「地域学校協働活動」を捉えたからといって，「学校支援活動」が不必要というわけではない。広義には「地域学校協働活動」に含まれる「学校支援活動」もこれまで同様に大切である。連携による「学校支援活動」を通して，地域と学校との間に信頼関係が生まれ，その相互信頼が，さらなる「地域学校協働活動」への発展につながっていくからである。

4　これからの地域学校協働のあり方──2つの潮流のゆくえ

(1) コミュニティ・スクールと地域学校協働本部の一体的な推進をめぐって

　2020年度からの学習指導要領では，"より良い学校教育を通じてより良い社会を創る"という理念を学校と社会が共有し，連携・協働しながら未来の創り手となるために必要な資質・能力を子どもたちに育む「社会に開かれた教育課程」の実現を重視し，その理念を前文に明示している。この理念の実現に向け，「地域学校協働活動」を効果的，継続的に行うためには，CSと協働本部の連携による一体的な推進が必要であり，2015年の答申のなかでも，両者の有機的な接続の観点などをふまえた体制の構築を強く求めている。

　しかし，そもそも両者はなぜ連携する必要があるのかと疑問に思うかもしれない。その答えは，両者がかかえる強みと弱みをふまえればみえてくる。まず，協働本部の基盤となった学校支援地域本部の強みが，地域コーディネーターの存在であることに異論を挟む人はいないだろう。しかしその一方で，地域住民や学校関係者がチームで全体方針を決めたり，活動の企画・運営を行う組織と位置づけられていた地域教育協議会がその役割を果たしていないため，地域コーディネーター個人の力に依存してしまう傾向も明らかになっていた。もちろん，優秀で熱心な地域コーディネーターの存在が強みとして働くことは間違いない。だがその反面，個人の働きに依存しすぎる組織の体質は，事業運営の継続性や安定性にとって弱点にもつながりやすいのである。

その点，CS は強みとして学校運営協議会という制度的な基盤をもち，共有ビジョンに基づいた安定した組織運営が可能になる。ただし，学校運営協議会で協議したことを実行に移していくには，協働本部が有する地域学校協働活動推進員や実行組織（ボランティアのグループなど）といった人々の力がどうしても必要となる。このようにみると，「地域とともにある学校」に転換するための仕組みとしての CS と，社会教育の体制としての協働本部が，相互に補完し高め合う存在として，両輪となって相乗効果を発揮していくことの必要性が理解できるだろう。

　しかし，両輪の関係に変化が生じてきている。そのきっかけになったのは，2017 年の地教行法の改正による学校運営協議会の位置づけの変化である。この改正（第 47 条の 6）で，学校運営協議会の設置が努力義務化され，協議会の役割も従来の学校運営に加え，その「運営への必要な支援に関して協議する機関」という位置づけがなされた[7]。もともと，CS はその強い権限が影響して，導入を躊躇する教育委員会も多く，広がりをみせていなかった。ところが，この改正により一転し，全国の公立学校における CS の数も，2010 年の 629 校から，2015 年には 2389 校，そして 2020 年には 9778 校へと一気に拡大をみせることになる。もちろん，CS の進展は歓迎すべきことである。ただし，学校運営協議会の位置づけの変化は，参画よりも支援機能を推進することにつながり，いわば「学校運営への参画を推進する潮流」が，「教育支援活動を推進する潮流」へと流入していくという変動を引き起こしている。

　この動きをポジティブに捉えれば，「地域学校協働活動を推進する一大潮流」の形成といえるが，ネガティブには教育支援，否，「学校支援活動を推進する潮流」の拡張との見方もできる。そのうえ，CS の量的拡大に伴って，両輪で「地域学校協働活動」を推進するのではなく，CS だけで推進体制を担う一元化の傾向もうかがわれる。実際，最近の文科省の資料（図 10-1）などによると，CS と協働本部ではなく「地域学校協働活動」との連携や，その一体的推進という表現の修正がみられ[8]，CS への一元化傾向を後押ししているかのようにみえてしまう。だが，学校運営協議会はあくまで「学校」の運営協議会であり，

CS への推進体制の一元化は学校側の負担増の面でも不安が残る。

(2) 地域学校協働のマネジメント

とはいえ，CS と協働本部の両輪体制も組織的，人的な負担が大きく，CS への一元化もわからないわけではない。ただ，いずれの場合でも，「地域とともにある学校づくり」と「学校を核とした地域づくり」の 2 つを戦略的な視点としてもって，地域と学校で共有されたビジョンや目標に基づいた「地域学校協働活動」に取り組み，その評価を通して次の取組を改善していくという PDCA サイクルの考えのもと，地域学校協働をマネジメントすることが肝心である（図 10-1）。

その際，ついつい現状否定からスタートしてしまいそうになるが，足元をしっかりと見直す，すなわち「これまでの取組の棚卸し」として総点検を行うことから取り組むべきだろう[9]。ここで，続けるべきものとそうでないもの，さらには学校や家庭，地域のそれぞれが担うべきもの，協働して担うものなどの仕分けを行う。そのうえで，共有ビジョンである「目指す子ども像」のために必要な「地域学校協働活動」を，チームでの学びあいのなかで創り出して実

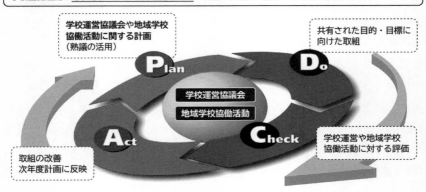

図 10-1　学校と地域，双方からみた PDCA（計画→実行→評価→改善）

出所：文科省「これからの学校と地域―コミュニティ・スクールと地域学校協働活動」2020 年 3 月

施し，活動を振り返って改善しながら組織で PDCA のサイクルを回していってほしい[10]。

　さらに，学校の教育課程，すなわち「社会に開かれた教育課程」との関連も重要である。「社会に開かれた教育課程」の実現には，学校・家庭・地域といった，いわば"ヨコ"の連携によるカリキュラム・マネジメントに加えて，子どもの発達をふまえた学校種間の"タテ"の連携によるカリキュラム・マネジメントも求められてくる。学校という場を核にした地域づくりを進めるには，子どもの発達を意識した異学年・異年齢・異世代間での交流や学びあいの機会をつくっていく必要がある。そのためには，小・中，さらには保幼・小・中・高といった"タテ"の連携による長期的なカリキュラム・マネジメントの視点が不可欠なのである。「社会に開かれた教育課程」を標榜し，学校づくりと地域づくりの好循環を促すには，長期的な戦略のもと，タテとヨコのカリキュラム・マネジメントによって体系的に関連づけられた「地域学校協働活動」を，計画的かつ着実に実施していくことが求められる。

【熊谷　愼之輔】

【注】

1)　高田一宏編『コミュニティ教育学への招待』解放出版社，2007，p.11-12.
2)　松永由弥子「家庭，学校，地域の連携・協働の推進と地域の活性化」国立教育政策研究所社会教育実践研究センター（浅井経子執筆・編集代表）『社会教育経営論』ぎょうせい，2020，p.129.
3)　2つの潮流については，仲田康一「学校と外部環境―学校と地域の連携」汐見稔幸・奈須正裕監修／青木栄一編『教育制度を支える教育行政』ミネルヴァ書房，2019，p.105-116. から示唆を得た。なお，ここでは「学校運営に保護者や地域住民などの関係者の参加を可能にする」政策と「学校支援ボランティアを促進するための」政策に大別している。
4)　2014 年度からの「土曜日の教育活動推進プラン」や，2015 年度から学習支援事業として導入された「地域未来塾」なども，この潮流の流れに位置づく。
5)　志水宏吉『学力を育てる』〈岩波新書〉岩波書店，2005，p.192.
6)　香川秀太・青山征彦編『越境する対話と学び―異質な人・組織・コミュニティをつなぐ』新曜社，2015，p.3.
7)　教職員の任用については，これまでどおり任用に関する意見を述べることはできるが，その範囲が「教育委員会規則で定める事項」となった。

8) CSは制度,「地域学校協働活動」は活動であるため,それが対になった一体的推進は表現として適切でないと思われる。正しくは,「社会に開かれた教育課程」の理念のもと,「地域学校協働活動」を展開するために,CSと協働本部の両輪による一体的な推進が図られなければならないと表現されるべきであろう。

9) 熊谷愼之輔「地域学校協働という漢方薬による学校力回復の処方箋」時岡晴美・大久保智生・岡田涼・平田俊治編『支援される学校から,地域と協働する学校へ(仮)』福村出版,2021(刊行予定).

10) 詳しくは,熊谷愼之輔・志々田まなみ・佐々木保孝・天野かおり『地域学校協働のデザインとマネジメント』学文社,2021(刊行予定)を参照のこと。

キーワード

学社連携・融合　地域学校協働活動　地域学校協働本部　コミュニティ・スクール
社会に開かれた教育課程　地域とともにある学校　学校を核とした地域づくり

この章を深めるために

(1) 「地域学校協働活動」について先進的な取組を調べ,うまくいっている要因を考えてみよう。

【参考文献】

鈴木眞理・佐々木英和編『社会教育と学校』〈シリーズ生涯学習社会における社会教育　第2巻〉学文社,2003
鈴木眞理・馬場祐次朗・薬袋秀樹編『生涯学習概論』樹村房,2014

第*11*章　民間非営利団体との連携・協働

1　社会教育に関係する団体の戦前と戦後

(1) 戦前の社会教育における団体への統制

　第二次世界大戦前（以下，戦前）の社会教育の特徴として，官府的民衆教化性，非施設・団体中心性，農村地域性，青年中心性という4点があげられる[1]。具体的には，日清戦争後の明治30年代以降，農村を中心に青年団の組織化が進められた。日露戦争後は農村の疲弊が進み，内務省主導の地方改良運動により，農村の立て直しが図られた。このなかで，町村長や学校長，篤志家らを指導者とする形で，青年団などの団体の組織化に力が入れられた。大正期には，内務省と文部省が3度の共同訓令を出し，青年団を修養団体と規定し，その育成に努めた。国の動きに対抗し，青年団自主化運動なども行われたが，大日本連合青年団の結成（1924年）など，全国組織への統合・再編の動きは強まっていった。

　1929年以降の教化総動員運動のなかで，思想善導や社会改善を目的とする団体が教化団体と位置づけられ，国家政策を国民に浸透させる役割を担った。代表的な教化団体として報徳会がある。報徳会は，その支部組織が地域の各種団体と連携して，地方改良運動の推進や，民衆教化に大きな役割を果たした。教化団体の役員には官公吏や地域の有力者が就き，全国的な連合組織を国家が統制する形をとることで，網の目のような民衆教化の体制が整えられた[2]。

(2) 戦後の社会教育における団体の位置

　第二次世界大戦後（以下，戦後）には，教育基本法や社会教育法に基づき，社会教育の推進が図られた。社会教育法第10条では，社会教育関係団体について，①法人であると否とを問わず，②公の支配に属しない団体で，③社会教育に関

する事業を行うことを主たる目的とするものと規定されており，とくに②の部分に戦前の官府的民衆教化への反省が示されている。団体の種類に関する明確な規定はないが，青年団や婦人会，PTA，子ども会，ボーイスカウト，ガールスカウト，YMCA，YWCA，体育協会，文化協会などの団体が該当する。

団体の運営に関しては，戦後初期に連合国軍総司令部 (GHQ) の民間情報教育局 (CIE) の指導のもと，民主的団体のあり方の基本原則が示された。また，1948 〜 1950 年に教育指導者講習 (IFEL) の一環として 4 期にわたり開催された青少年教育指導者講習会では，アメリカで発展したグループワークの理論が体系的に紹介され，青年団の活動に影響を与えた[3]。戦後の代表的な団体の学習活動として，日本青年団協議会が主導した共同学習運動がある。共同学習では，地域の青年団や婦人会において，各参加者が生活上の問題を提起し，話し合いや生活記録を通して，共通の生活課題を確認し，課題解決の方向を検討し，社会的実践へ至る道筋が想定されていた。1950 年代以降は，青年団や婦人会だけでなく，話し合いや演劇，コーラス，社会科学，生活記録など，さまざまな学習内容・方法を含むサークル活動が全国的に大きな広がりをみせる[4]。

社会教育関係団体と行政との関係については，前述の社会教育法第 10 条に加え，第 11 条で，行政からの指導と助言は，団体からの求めに応じるかぎりでの専門的技術的な性格のものに限定されることが規定されている。同法第 12 条でも，社会教育関係団体に対し，行政が不当な統制支配や干渉を行わないことが明記されている。さらに，日本国憲法第 89 条との関係で，戦後初期は，社会教育法第 13 条で，行政から団体への補助金支出を禁じる措置が取られていた。この姿勢は「ノーサポート・ノーコントロール」と称される。戦前の教化への反省から，行政から団体への援助や統制を強く戒めるものであった。

しかし，社会情勢の変化を受け，国会内外での論議を経て，1959 年に同法第 13 条は改正され，教育・スポーツ・芸術・文化などの領域で，憲法第 89 条に反さない範囲で，一定の条件のもと，社会教育関係団体に補助金を支出できることになった。この法改正により，行政による社会教育関係団体への支援の原則は「サポート・バット・ノーコントロール」に転じたとされる。しかし，

国や地方公共団体が，社会教育関係団体を認定するための基準は必ずしも明確ではなく，行政による裁量の幅が大きいという課題がある。

2　NPOと社会教育

（1）NPOへの注目の高まり

　高度経済成長期以降，行政の施策の改善を要求したり，公共施設の建設を求める住民運動が盛り上がりをみせる。これらの要求が一定程度，施策に反映されるにつれ，1980年代以降は，公共的な目的を掲げた市民活動が活発になる。この民間非営利組織（Non-Profit Organization；以下，NPO）の活動は，行政や企業と異なる行動・組織原理をもつものである。NPOには，新公益法人制度に基づく社団法人・財団法人，特別法に基づく社会福祉法人・学校法人などの公益法人，生活協同組合や農業協同組合などの協同組合が含まれる。

　NPOのうち，特定非営利活動促進法（以下，NPO法）に基づく法人が，特定非営利活動法人（以下，NPO法人）である。同法制定の機運が高まった契機は，1995年1月の阪神・淡路大震災で，約150万人ものボランティアが救済活動や復興支援に参加したことだった。この市民活動の盛り上がりに伴い，組織的な活動を展開する際の障壁を取り除くことが求められるようになった。それまでもNPOは，教育や福祉，まちづくりなど，さまざまな分野で活躍してきたが，法人格のない民間の任意団体であることが活動の大きな制約になっていた。

　世論の高まりを受け，議員立法の形でNPO法が成立し，1998年12月に施行された。NPO法第1条では，「市民が行う自由な社会貢献活動」を特定非営利活動と規定し，その健全な発展を促し，公益の増進に寄与することを目的に掲げている。同法により，法人としての銀行口座の開設や不動産の賃貸，収益事業の展開，社会的信用の獲得などが容易になり，NPOの活動の幅を広げた。なお，ここでの非営利とは，利益を成員に分配するのではなく，公共的な事業や活動に還元すべきことをさし，収益をあげることは禁じられていない。

　NPO法人設立には，所轄庁の認証を受ける必要があり，2020年7月末時点で，

約5万1000団体が認証されている。またNPO法人への寄付を促すため，税制上の優遇措置として認定制度も設けられている。認定を受けるには，寄付金の割合や事業内容，情報公開などの要件を満たす必要があり，認定NPO法人は約1100団体とごく少数にとどまっている[5]。内閣府の調査では[6]，NPO法人の職員数は平均10名程度で，このうち常勤職員は平均4.6名である。職員数が3名以下の法人も約4割となっており，小規模な組織が多いことがわかる。収益が1000万円以下の法人が約半数を占め，財政基盤も安定しているとはいえない。

(2) NPO の活動分野と社会教育へのかかわり

NPO法人の活動分野は，NPO法第2条で，当初は12，現在は20の分野が掲げられている。このなかで，保健，医療または福祉の増進（2020年3月末時点の法人数：2万9834），社会教育の推進（2万4342），子どもの健全育成（2万3892），まちづくりの推進（2万2406）を掲げる法人が多い。NPOなどに対して運営や活動の助言や援助を行う，中間支援の活動を担う法人も2万を超えている。

社会教育の推進や子どもの健全育成を掲げる法人は，成人や高齢者向けの生涯学習講座やワークショップ，子どもや若者向けのイベントの開催など，学習機会の提供にかかわっている。また，学校支援や放課後の活動支援，学校外での多彩な体験活動の提供や学習支援に積極的な教育系NPOも存在する。

これとは別に，各NPOが追求するミッション達成のために学習を組織する場合もある。具体的には，まちづくりの推進や環境保全，男女共同参画社会の形成などの活動を展開するなかで，当事者や支援者の力量形成（エンパワメント）を促し，課題解決の方策を探るための学習会などを開くNPOがみられる。さらに，学習機会を直接提供するだけでなく，各領域の学習内容にかかわる教材を作成し，コーディネーターやファシリテーターなどの人材を育成するNPOも存在する[7]。

(3) NPO の社会的役割[8]

NPOの存在意義は，行政や企業などの「失敗」，つまり機能不全から説明される。たとえば「政府の失敗」論は，市民のニーズの多様性に着目する。現代

社会では，市民のライフスタイルが多様化し，公共サービスへのニーズも多様化している。しかし，行政が提供するサービスは，多数派の支持する平均的なサービスに限られてしまう。このため，行政が提供する公共サービスと，少数派の求めるサービスとの間にギャップが生じ，多くの市民のニーズが満たされないことになる。このニーズのギャップを埋める点に NPO の存在意義がある。

　これと別に「契約の失敗」という議論がある。医療や福祉の世界では，サービスの提供側と，利用者側との間に大きな情報格差があり，利用者側がサービスの内容や質を適切に評価できない問題がある。とくにサービス提供側が企業の場合，契約水準よりも低いサービスを提供し，利益を得ようとする動機や機会が生じやすい。これに対し，NPO は利益の分配を行わないことを原則にしているため，利用者の不利になる活動を行う動機が少なく，信頼を得やすい。

　このほかに，NPO への期待が高まる背景に，1970 年代以降の「福祉国家の危機」がある。各国で経済成長率が鈍り，財政赤字が拡大することで，戦後に形成された社会保障制度の大幅な見直しが迫られた。これを受け，1980 年代には，アメリカやイギリス，日本で「小さな政府」を掲げた行財政改革が推進された。具体的には，公共サービスの民営化や市場原理の導入，公的支出の抑制，顧客志向の強調，規制緩和など，NPM（New Public Management：新公共経営）と呼ばれる改革が進められ，このなかで企業や NPO などの民間組織への期待が高まった。

　近年は，より積極的に NPO の存在意義が主張されている。この議論では，社会構造の変化や労働市場の流動化，家族形態の変化により，私たちが貧困や社会的排除などの「新しい社会的リスク」にさらされていると考える。私たちの立場や状況に応じて，このリスクは個別で多様な形をとるため，行政による画一的な対応は困難である。このため，機動性や柔軟性をもつ NPO に，就労や子育て，高齢者福祉などに関する対人支援サービスを提供することが期待されている。

　NPO に期待される公共サービス提供の例が，公共施設の指定管理である。2018 年の社会教育調査によれば，指定管理者制度を導入する公立の社会教育

関連施設は，全体の約3割で，このうち，NPO法人が指定管理者となる施設が1割程度となっている。また，2000年に「介護の社会化」を掲げて創設された介護保険制度でも，民間組織によるサービス提供が期待されている。このなかで，1980年代から独居高齢者や障害者を対象に，家事援助や生活支援などの在宅サービスを提供してきたNPOが，法人格を取得し，介護保険でカバーしにくいサービスや，企業ではむずかしいサービスを提供するうえで重要な役割を果たしている。

(4) 行政とNPOとの連携・協働

このようにさまざまな期待をかけられる一方で，NPO自身も一定の問題をかかえている。NPO研究の第一人者であるサラモン (Salamon, L.) は，この問題を「ボランタリーの失敗」と呼んでいる。具体的には，NPOが活動のための十分な資金を集めにくいこと，NPOによるサービスが特定の分野に偏ること，寄付者の意向にNPOの活動が左右されること，サービス提供に必要な専門性が不足していること (アマチュアリズム) などの問題をさす。この失敗を乗り越える方法として，サラモン自身は，「第三者による政府」という考え方を示す。これは，公共サービスにかかわる財源は行政が負担するが，サービスの実施はNPOが担うという，官民パートナーシップ (連携・協働) の形を示す[9]。

官民パートナーシップに関しては，参加民主主義の象徴であるという見方と，福祉国家再編に伴うNPM改革の1つと見なす立場がある。行政との連携や協働がNPOに及ぼす影響も，肯定的・否定的双方の見解がある。連携や協働の良し悪しは一様に決められず，官民各々の力量や，両者の関係性に左右される。

2000年代後半より注目されている子どもの貧困問題は，官民の関係を考えるうえでの好事例である。この問題に関しては，行政がNPOに委託する形で，無料学習支援や相談事業などを展開している。これは，NPOが貧困世帯の保護者や子どもたちがかかえる課題とニーズをつぶさに把握し，行政が対応しきれない，きめ細やかで柔軟なサービスを提供できるからである。連携・協働が円滑に運んでいる地域では，行政とNPOの担当者が，日常的に顔を合わせ，意見交換や情報共有を行える関係性が築かれている。このような関係性がある

ことで，行政とNPOが単なる委託と受託の関係にとどまらず，事業の目標を共有し，アイデアをともに出しあい，責任を共有しつつ協働することが可能になっている[10]。

3　地域コミュニティと社会教育

（1）地域コミュニティの変容

NPOのような課題解決型の組織と別に，地域では町内会・自治会や，青年団や婦人会，子ども会，老人クラブ，PTAなどの団体（以下，コミュニティ組織）が活動している。コミュニティ組織は，市町村内の一定区域を単位にした「地縁」に基づく組織で，法的根拠をもたない場合も多い。世帯単位での加入を基本とし，特定の活動目的を掲げず，成員の親睦や相互扶助を図る組織である。

このなかでも町内会・自治会の組織数は，全国で約30万団体にのぼり，その網羅性や加入率の高さから，長らく，住民を代表する組織とみなされてきた。町内会・自治会は，清掃や安全点検，道路管理などの公共サービスの一端を担うだけでなく，各種行事や情報の伝達，ほかの団体との連携を通じて地域のつながりの形成に重要な役割を果たしてきた[11]。町内会・自治会と，青年団や婦人会，子ども会，老人クラブ，PTAなどの組織は，区域を同じくし，相互に連携する割合も高く，地域での相互学習や体験活動を推進してきた。地域社会では，切れ目のない形でこれらの組織への参加経験が保たれ，住民の社会的役割が維持されることで，「参加を前提とした生活構造」を成り立たせてきた[12]。

しかし，1990年代以降，この構造は変化しつつある。第一に人口減少や少子化・高齢化の影響がある。これまで地域活動の担い手であった層が高齢化する一方で，次の役員が見つからず，担い手が固定化し，次世代への活動の継承がむずかしくなっている。第二に「脱組織化」の流れがある。青年団，婦人会，PTAについては1970年代から，町内会・自治会については1990年代から加入率が低下し，どの組織にも加入しない人々の割合は，1990年代以降増加し

ている[13]。第三に，1990年代後半以降の「平成の大合併」が契機となり，コミュニティ組織の再編・統合が進んでいる。たとえば，合併先の都市部で，ある組織の活動が行われていなかった場合，もともと盛んに活動していた町村部の組織も廃止されるといった事態が生じている。この結果，市町村合併がその目的に反して，周辺部の町村の活力を減退させ，地域のつながりを弱める状況がみられるようになった。

(2) 地方創生の推進と地域運営組織の役割

このような地域コミュニティの変容に対して，「コミュニティの制度化」，つまり，法律や条例によりコミュニティ組織に，権限や財源などを付与する制度改革が進められている[14]。とくに，2010年代半ばからは，地方創生政策のもと，地域運営組織の設立の動きが顕著となった。政府が閣議決定した「まち・ひと・しごと創生総合戦略（2016改訂版）」では，人口減少や高齢化が著しい中山間地域などで，「小さな拠点」の形成，つまり「地域の生活や仕事を支えるための住民主体の取組体制づくりや利便性の高い地域づくり」を進めることが掲げられている。この実現のために「地域の暮らしを守るため，地域で暮らす人々が中心となって形成」される「地域課題の解決に向けた取組を持続的に実践する組織」である地域運営組織の設立が推進されることになった[15]。

地域運営組織には，地域課題を共有し，解決方法を検討する協議機能と，実際の課題解決に向けた取り組みを行う実行機能の2つの役割が期待されている。たとえば，町内会・自治会や社会教育関係団体を再編し，福祉や教育，防災の取組を一体的な組織として運営する例や，株式会社やNPO法人などを組み合わせて各地区に最適な形で課題解決を図る例がみられる。地域運営組織の代表的な活動内容は，高齢者の交流サービスや声かけ・見守り，多世代の体験交流，公共施設の維持・管理，地域のイベント運営，防災訓練などである。

再編前のコミュニティ組織の性格を引き継ぎ，地域運営組織が生涯学習や社会教育の活動にかかわることも少なくない。通学合宿や農村と都市との交流事業など，子どもや青少年に体験活動の機会を提供する例や，放課後児童クラブや子育てサロンの運営により子育て世代への支援を行う例がみられる。また，

高齢者を対象に生涯学習と介護予防を一体化した事業を展開したり，コミュニティ・カフェや地域の食堂などの交流拠点の運営を行う例も存在する。さらに，現在の組織のリーダーや役員とともに活動しながら，取組の姿勢や組織運営を学べる仕組みを整え，次世代の担い手を育もうとする組織も存在する。

　自治体では，この組織の活動を支援するために，一括交付金の支出や担当職員の配置などを行っている。地域運営組織の財源は，このような交付金や補助金を中心としつつも，組織側も会費や収益事業，寄附金などによる財源の安定化を図っている。国による地域運営組織への支援として，内閣府の地方創生推進交付金をはじめ，総務省や農林水産省，国土交通省などの各省庁から交付金・補助金が支出されている。さらに，地域おこし協力隊や集落支援員など，支援人材の確保も積極的になされている。このほかに，組織の立ち上げや運営に関する国の研修用テキストも刊行されている。設置数の増加が重要業績評価指標（KPI）に掲げられるように，地域運営組織は地方創生の重点施策の１つとなっている。

　地域運営組織の課題として，設立段階では，話し合いの場づくりや，活動目的・内容・ビジョンの明確化，リーダーの発掘や育成，資金の確保などがある。運営段階の課題としては，進行管理・評価の実施や，地域のビジョンや計画の活用，組織やメンバーの柔軟性，安定的な資金の確保，関係団体との効果的な連携などがあげられる[16]。「コミュニティの制度化」は，人口減少や少子高齢化が進む地方部で，生活を維持するために重要な試みである。しかし，これらの地域では，担い手不足や「脱組織化」の問題も同時に進行しているため，活動の立ち上げや，取組の持続性に課題をかかえていることも事実である。

4　NPO・コミュニティ組織との連携・協働

（1）NPO・コミュニティ組織の４つの役割

　NPOやコミュニティ組織との連携・協働を進める際には，これらの組織がどのような役割をもつかをよく理解しておく必要がある。

第一の役割は，前述したような，公共サービスの提供機能である。行政，企業，家族のセーフティネットとしての役割が弱まりつつあるなか，これを補うため，NPOやコミュニティ組織に，さまざまな公共サービスを提供する役割が期待されている。これらの組織のすぐれた点は，利用者の個別のニーズに応じて，より多様で柔軟な，あるいは先駆性に富んだサービスを提供しやすいことである。また，企業が行わないような収益性が十分でないサービスや，質が保たれた適正価格でのサービスの提供を行いやすい利点もある。さらにコミュニティ組織は，地域に密着したサービスを展開しやすい特性も有している。

　第二に，行政に対するアドボカシー（政策提言）の役割がある。この政策提言の活動は，現時点で社会に十分に認知されていない社会問題やニーズに関して世の中の関心を高め，人々の意識や行動を変える可能性を有する。たとえば，子どもの貧困問題に関しては，無料学習支援や子ども食堂の活動にNPOが先に取り組み，国や自治体の政策に，あとから反映されてきた経緯がある。これと別に，NPOが行う子どもの居場所づくりや教育クーポンなどの新たな取組が，自治体施策に反映された例もある。ここに，現在の政策で対応しきれない課題解決の取組が，NPOにより展開され，一定の実績をあげてほかの組織にも参考にされることで，国や自治体の政策に反映されていく流れを読み取れる。

　ただし日本では，後述するソーシャル・キャピタルを育むような小規模な組織が数多く存在する一方で，専従の職員を雇用し，政策決定に影響を与えるアドボカシー活動を行う大規模な専門的組織が少ないことが指摘されている[17]。アメリカのNPOが「メンバーシップからマネージメントへ」と表現され，専門性の高い職員をかかえ，政策提言を積極的に行う大規模組織を中心とするのとは対照的である[18]。政策提言を行うには，民間組織が行政から一定の距離と自律性を保ち，専門性を発揮できる基盤をつくることが重要である。

　第三に，組織の担い手を育てる市民育成の役割がある。NPOやコミュニティ組織は，学習の組織化や学習機会の提供にかかわるだけでなく，協力して目的達成のための活動を行い，運営や学習を組織化する方法を学ぶ機会をつくることで，各成員の市民としての力を高める教育的側面を有する。具体的には，政

治的有効性感覚や政治への信頼，組織運営術や交渉術，他者への寛容さや信頼，お互い様の規範などが育まれるとされる[19]。これらの組織における活動は，水平的な人間関係のなかで，民主主義の原理や，市民の役割や作法を学べる貴重な学習機会になる。

　第四に，ソーシャル・キャピタルを生み出す役割がある。ソーシャル・キャピタルの考え方は，友人や知人との豊かなつながりや，つながりのなかで築かれる信頼関係やお互い様の感覚が，私たちの協力的な行動を生み出し，当人だけでなく，周りの人々にも広く利益をもたらすことに注目する。たとえば，町内会などの活動により，近所付き合いの活発な地域では，親しい人に誘われて，サークル活動に参加したりするなど，関係の広がりがみられる。この結果，地域の福祉や治安によい影響がもたらされることになる。また，子ども会やPTAの活動がきっかけになり，その後，子育て支援のNPOにかかわるといった事例もある。NPOやコミュニティ組織の活動は，顔の見える間柄で，中長期的に同じ目的のもと活動するため，このような関係的な資産を育む土壌となる。

（2）NPO・コミュニティ組織との連携・協働の課題

　ただし，先に「ボランタリーの失敗」で述べたことにもかかわるが，NPOやコミュニティ組織は，運営や存続に必要な人材や財源，情報などを十分にもち合わせていないという課題を慢性的にかかえている。この課題については，外部の組織からの支援が有効である。たとえば，NPOへの助言やNPO職員への講座・研修を行い，ほかの機関や組織とのネットワークづくりを支援する中間支援組織の活動が注目されている。また，地域運営組織の設立や運営に関しても，住民の話し合いのコーディネートや，地域の現状把握やビジョン策定，課題解決の方法の立案などに，外部の組織や人材の助言や支援を得ることが有効とされている。

　また，組織の安定性や持続性を保つために過度な組織化を進めた場合，行政や企業と同質化が進むことがある[20]。この結果，「ミッション・ドリフト」と呼ばれるように[21]，目的が歪んだり，組織が変質する場合がある。さらに，行政や企業からの支援や財政補助が恒常的なものになると，実質的な依存に陥

ることもある。戦前の教化運動の一端を担った行政との関係は極端であるにせ
よ，現在のNPOやコミュニティ組織も，他機関の「下請け」となるリスクに
常にさらされているといえる。社会教育にかかわる組織では，自発的な組織化
の過程や，ほかの組織から自律した活動が重要になることを，明確に意識して
おく必要がある[22]。

　これらの課題に対し，民間組織には，活動目的や内容の確認を行ったり，意
識の共有化を図るなど，自省的な姿勢が求められる。ひるがえって行政には，
施策の展開に適合的で，使い勝手のよい組織と連携するだけでなく，将来的に
連携相手となる組織を育てる教育的態度，つまり「待ち」の姿勢が求められる。

　行政による支配や統制の関係に陥ることなく，官民の連携や協働を実質的な
ものにするためには，民間組織と行政組織の双方が，互いの目的や組織原理の
違いを理解し，自律的で対等な関係を築こうとする継続的な努力が必要である。

【荻野　亮吾】

【注】
1)　碓井正久「社会教育の概念」長田新編『社会教育』御茶の水書房，1961，p.37-38.
2)　大蔵隆雄「社会教育関係団体」小川利夫・倉内史郎編『社会教育講義』明治図書出版，1971，p.211-214.
3)　田中治彦『ボーイスカウト―二〇世紀青少年運動の原型』中央公論社，1995，p.166-168.
4)　この時期のサークル活動の様子は，天野正子『「つきあい」の戦後史―サークル・ネットワークの拓く地平』吉川弘文館，2005．なども参照のこと。
5)　内閣府「NPOホームページ」https://www.npo-homepage.go.jp（2020年9月15日最終閲覧）による。
6)　内閣府『平成29年度特定非営利活動法人に関する実態調査報告書』2018.
7)　詳しくは，NPOサポートセンター監修『教育関係NPO事例集』第一書林，2012，Vol.1～Vol.5.に取り上げられている事例を参照のこと。
8)　この項の内容は，荻野亮吾「サードセクターを巡る近年の研究動向」『生協総研レポート』91，2020，p.14-30.に基づく。
9)　サラモン，L. M.／江上哲監訳『NPOと公共サービス―政府と民間のパートナーシップ』(*Partners in Public Service: Government-Nonprofit Relations in the Modern Welfare State.*) ミネルヴァ書房，2007，2章.
10)　荻野亮吾「子どもの貧困対策における官民パートナーシップの可能性」『日本生涯教育学会年報』40，2019，p.25-41.

11) 辻中豊・ロバート・ペッカネン・山本英弘『現代日本の町内会・自治会—第 1 回全国調査にみる自治力・ネットワーク・ガバナンス』木鐸社，2009.

12) 高野和良「過疎地域の二重の孤立」藤村正之編『協働性の福祉社会学—個人化社会の連帯』東京大学出版会，2013，p.139-156.

13) 善教将大「市民社会への参加の衰退？」後房雄・坂本治也編『現代日本の市民社会—サードセクター調査による実証分析』法律文化社，2019，p.240.

14) 名和田是彦「現代コミュニティ制度論の視角」名和田是彦編『コミュニティの自治—自治体内分権と協働の国際比較』日本評論社，2009，p.1-14.

15) 総務省地域力創造グループ地域振興室『地域運営組織の形成及び持続的な運営に関する調査研究事業報告書』2017.

16) 総務省地域力創造グループ地域振興室『平成 30 年度 地域運営組織の形成及び持続的な運営に関する調査研究事業報告書』2019.

17) ペッカネン，R. J.／佐々田博教訳『日本における市民社会の二重構造』(*Japan's Dual Civil Society: Members Without Advocates.*) 木鐸社，2008.

18) スコッチポル，T.／河田潤一訳『失われた民主主義—メンバーシップからマネージメントへ』(*Diminished Democracy: From Membership to Management in American Civic Life.*) 慶應義塾大学出版会，2007.

19) 後房雄・坂本治也「日本の市民社会の実態分析」後・坂本編，前掲，p.3-4.

20) 佐藤慶幸『アソシエーションの社会学』早稲田大学出版部，1982.

21) 小田切康彦「非営利組織の財源とミッション・ドリフト」後・坂本編，前掲，p.200-211.

22) この点については，鈴木眞理『新時代の社会教育』放送大学教育振興会，2015，9 章，の議論も参照のこと。

キーワード

民衆教化　社会教育関係団体　ノーサポート・ノーコントロール
サポート・バット・ノーコントロール　NPO　官民パートナーシップ　コミュニティ組織
地域運営組織　公共サービス　アドボカシー　ソーシャル・キャピタル

この章を深めるために

(1) 社会教育にかかわる団体や組織の時代ごとの特徴を整理してみよう。
(2) 自分が住んでいる地域の NPO 法人やコミュニティ組織について，どのような目的で設置され，どのような学習機会を提供しているかを調べてみよう。

【参考文献】

パットナム，R.D.／柴内康文訳『孤独なボウリング—米国コミュニティの崩壊と再生』(*Bowling Along: The Collapse and Revival of American Community.*) 柏書房，2006
坂本治也編『市民社会論—理論と実証の最前線』法律文化社，2017

第*12*章　企業との連携・協働

1　社会教育の担い手としての企業

　社会教育の領域における企業の活動は多岐にわたっており，その内容をみるとじつに多様に展開されていることがわかる。たとえば，従業員に対する職務についての教育訓練は，企業の発展という点で不可欠であることはいうまでもない。また，いわゆるカルチャーセンターに代表されるように，企業が有料のサービスとして提供する学習機会の存在は，社会における多様な学習機会の一部をなすものとして定着している。いっぽうで，その本業とは直接のかかわりがなくても，社会貢献という文脈で，地域社会での教育・学習支援活動に取り組む企業も少なくない。

　従来，社会教育の振興においては，まずは行政の役割が強調されてきたわけであるが，企業がそこで果たしてきた役割も小さくなく，社会教育とのかかわり方もさまざまな形で展開されてきたといえる。それは，生涯学習の振興という点においても同様であり，とくに生涯学習社会の前提ともいえる多様な学習機会の創出において，その働きが期待されてきた。

　企業による教育活動やそこで提供される学習の機会では，民間の営利組織ならでは創意工夫がなされている場合が多い。また，社会教育施設の運営の効率化を目的に，企業が培ってきた経営ノウハウの活用が促されてきた経緯などから，このかん，社会教育行政の領域においても，企業による取組への注目がさらに高まっており，地域での社会教育を推進するネットワークを形成していくうえで，行政と企業との連携・協働が重要な要素として位置づいてきている。

　とはいえ，そもそも両者は，学習機会の提供主体として異なる性格をもつも

のであり，具体的な学習機会の設定においても，異なる原理が働くことが前提となろう。また，企業による社会教育の取組といっても，その文脈は多様であり，一括りに論じていくことにも慎重にならなくてはならない。その目的や対象という観点から，社会教育の担い手として企業の役割を多角的に捉えていくことが求められよう。

2　企業内教育の取組

（1）企業内教育の手法・仕組み

　企業による教育という場合，まずもってその対象として想定されるのは，そこで働く従業員である。企業活動を支える人材の育成を目的として，従業員を対象に実施される教育は，一般的に企業内教育といわれる。そうした教育は，企業にとって「投資」としての性格をもつものであり，将来の発展のために欠くことはできない。

　実際の企業内教育の場面では，さまざまな手法が用いられ，その効果の向上が図られている。企業内教育の手法は，一般的に OJT（On-the-Job Training）と Off-JT（Off-the-Job Training）に区別される。前者が，それぞれの職場にて実際の職務を遂行する過程で，上司や先輩から指導を受ける形の教育訓練であるのに対し，後者は，一時的に職場を離れ，集中的に研修を受ける形での教育訓練となる。企業においては，両者を適宜組み合わせながら，従業員のキャリア・ステップにあわせた段階ごとに，体系的な教育訓練の機会が用意されていることが通常といえる。近年では，情報通信技術（ICT）を活用した e ラーニングの導入などにより，企業内教育の形態は一層多様化しており，企業経営の一環としてその充実がはかられている。

　OJT や Off-JT のように，企業が学習機会を直接提供することに加え，従業員が自主的に自らの職業能力の開発をめざして取り組む活動，すなわち，自己啓発活動を企業が支援するということも，その目的からすれば企業内教育の取組の範疇で捉えられる。従業員の自己啓発活動を支援する具体的な仕組みの代

表的なものに，有給教育訓練休暇（paid educational leave）がある。その名のとおり，従業員が企業外で教育訓練を受けるために，一定期間の有給休暇が取得できる制度であり，経済的な保障に基づく自主的な学習環境の支援策となっている。こうした企業外での学習環境の支援のような間接的な働きかけを含めて，企業による従業員を対象とした教育の取組が展開していることになる。

(2) リカレント教育の推進

投資としての教育という観点からは，国内外を問わず，経済に関連する各種の機関・団体が，教育分野の政策・施策について積極的な提言を展開しており，具体的な企業内教育のあり方に与える影響も小さくない。なかでも，OECD（経済協力開発機構）は，健全な経済発展への貢献という観点から，国際的な教育政策・施策の動向を牽引するような提言を行ってきている。OECD が，1970 年代になって提唱し，その推進が図られてきた教育理念として「リカレント教育」がある。これは，学校教育を終えた以降も，教育を受ける期間と就労や余暇などの教育以外の期間を交互に繰り返すことによって，教育の機会を人の生涯にわたって循環（リカレント）させるという発想であり，生涯教育の理念を実現する構想としても注目され登場してきたものである。

OECD によるリカレント教育の提唱を受け，これまでに日本においてもその推進がはかられてきた。そもそもリカレント教育は，学校教育を終えた社会人全般が対象となりうるものであるが，実際には，職業人の再教育を目的とした取組が中心とされてきており，具体的な教育の場所については，大学や大学院といった高等教育機関がその役割を果たすことが期待されてきた。そこでは組織的な教育を一定期間継続して受けることが前提となるゆえ，その実現のためには，学習者を受け入れる教育機関側の態勢整備が求められるとともに，学習者である従業員を送り出す企業にも理解と支援が必要とされる。先にみた有給教育訓練休暇の制度は，企業による従業員のリカレント教育を支援するための具体的な仕組みになるものであるが，その導入が普及している状況とはいえない[1]。

そうした状況のなか，近年になって，職業人を対象としたリカレント教育の

推進が改めて強調されてきている。その背景には、いわゆる「人生100年時代の到来」が喧伝されるなかで、寿命のさらなる長期化を前提に、今後のライフコースのあり方を抜本的に見直す必要が喚起された経緯があり、個々のライフコースにおける労働と教育の関連や結びつきが問われる形で、リカレント教育の拡充も主要な課題として位置づけられている[2]。「社会人の学び直し」をスローガンに、行政主導によりその推進が強化されている現状は、OECDのリカレント教育の提唱から半世紀近く経過した現在においても、リカレント教育の理念やそのための仕組みが十分に浸透していないことを物語っている。とくに、終身雇用・長期雇用や年功賃金を特徴とする旧来の日本的雇用慣行のもとでは、キャリアの中断を意味するリカレント教育がそもそもなじみづらいものであったことはしばしば指摘される。

いっぽうで、1990年代以降の長期不況のもとで日本的雇用慣行の維持に限界が生じるなかで、リカレント教育をめぐる社会状況も大きく変化してきている。とりわけ、失業率や非正規雇用率の高まりなども要因として、失業・転職などの労働移動が生じやすくなる、いわゆる「雇用の流動化」の加速は、労働者のエンプロイアビリティ（employability）の重要性を高めている。エンプロイアビリティとは、労働者の「雇用されうる能力」を意味し、雇用の獲得に有利に働く知識や技術などの習得によって、その向上がもたらされることになる。エンプロイアビリティの向上を目的にして、労働者がそれぞれのライフコースのなかで、より柔軟に教育の機会を享受できることが必要となっているのであり、そこにおいてリカレント教育が果たす役割が注目されている。

ただし、雇用の流動化、つまりは、将来、職場が変わりうることを前提とした、エンプロイアビリティ向上のための教育は、「投資としての教育」という点からすれば、雇用主である企業にそれを支援しようとする動機が働きづらいということも考えられる。なぜなら、従業員の離職は、その教育に投じた費用を上回る収益を回収することが不可能になることを意味するからである。その点からすれば、金銭的補助を含めた、行政による公的支援や環境整備が重要となる[3]。今後は、労働者の継続的な学習を、単一の企業内で完結的に捉えるこ

とはますますむずかしくなることが予想され，従来，「企業内」の教育として
議論されてきた，従業員を対象とした教育や学習機会の提供においても，行政
や関連機関・団体との連携がさらに求められることになろう。

3 民間教育文化産業の展開

(1) 営利事業としての学習機会の提供

　企業が提供する学習機会のなかには，サービスや商品として提供されるもの
もあり，そこでの学習者は企業にとって顧客として位置づけられる。営利事業
として学習機会の提供を展開する企業は，一般的に民間教育文化産業といった
形でまとめられたりする。カルチャーセンターや語学学校，フィットネスクラ
ブ，学習塾などを経営する企業の存在は，社会のなかに広く定着していると
いってよいだろう。なかでも，カルチャーセンターは民間教育文化産業を象徴
する事業とみなされてきた。

　カルチャーセンターとは，主に社会人を対象に趣味・教養講座を提供する営
利事業の呼称であり，大手のものは新聞社や放送局などのマスコミ系企業やデ
パートなどの流通系企業によって経営されている場合が多く，その先駆は
1955年に東京・大手町にて発足した産経学園とされる。その後1974年に東京・
新宿で開設された朝日カルチャーセンターの経営的成功にも後押しされ，1970
年代には都心部に大型カルチャーセンターが次々に登場し，1980年代に入る
と地方都市へも普及することとなる[4]。そのころには，社会教育研究の領域に
おいても，カルチャーセンターの存在が注目されるようになり，受講者を対象
とした調査などに基づいて，学習機会の提供主体としての意義や課題が論じら
れるようになっている[5]。

　カルチャーセンターをめぐる議論の多くは，地方自治体をはじめとする行政
による社会教育事業，すなわち公的社会教育との比較を念頭においたもので
あったといえ，両者の教育事業としての性格を比較検討することにより，カル
チャーセンターの特徴のみならず，公的社会教育のかかえる課題や今後の展望

を示そうとする構図となっていた。その点で、学習機会の提供主体としてのカルチャーセンターの登場は、それまでの行政を中心とした社会教育のあり方自体に問い直しを迫るようなインパクトがあったといってよいだろう[6]。

　現在でも、公民館の学級・講座内容が趣味・教養系に偏る傾向に対し、公民館の「カルチャーセンター化」であると批判がなされる場合がある。そこでは趣味・教養のための学習機会の費用が公費で賄われることへの是非が問われているのと同時に、公的社会教育として公民館が取り上げるべき学習内容に求められる公共性が問われているともいえる。それは、趣味・教養という括りではすくいあげられない地域課題への対応といった、旧来から公民館に期待されてきた役割の再認識であり、カルチャーセンターとの対比のなかで、改めて公民館あるいは公的社会教育の原理的な役割を問う視点が示されているとみることもできる[7]。

(2) 民間教育文化産業と生涯学習の振興

　カルチャーセンターをはじめとする民間教育文化産業により提供される学習機会の浸透は、1980年代以降に本格化する生涯学習振興行政の展開とも関連するものであった。1984〜1987年まで、内閣総理大臣の諮問機関として設置された臨時教育審議会では、教育改革の方向性として「生涯学習体系への移行」が打ち出され、学歴社会に代わるめざすべき社会像として「生涯学習社会」が提示されたが、そうした教育体系の転換が求められる背景の1つとして、学校中心的な考え方の脱却を促しうる「多様な教育サービス供給体系の登場」が指摘された。この臨時教育審議会での議論以降、生涯学習振興施策においては、教育サービスの提供者として「民間教育事業者」が一定の役割を果たしていることを前提としたうえで、その支援や行政機関との連携がはかられるようになる。

　1990年の中央教育審議会答申「生涯学習の基盤整備について」では、カルチャーセンターをはじめとする「民間教育事業」が、とりわけ都市部において、「人々の学習需要の増大とその高度化・多様化」を受けて活発な事業を展開しているという状況認識のもと、「多様な学習需要に柔軟に対応しつつ、創意あ

る充実した学習機会を提供して発展することが期待されている」とし，民間教育事業に対する支援の必要が指摘されている。民間教育事業による学習機会の提供が期待される前提として，人々の学習需要に対する柔軟な対応や，そこでの創意工夫が注目されていることがわかる。また，1998年の生涯学習審議会答申「社会の変化に対応した今後の社会教育行政の在り方について」で登場した「ネットワーク型行政」という行政像は，生涯学習社会における社会教育行政のモデルとして提示されたものであるが，そこでは行政セクションを超えた施策の展開と官民のさらなる連携を前提とした総合的な生涯学習支援を，社会教育行政が中核となって推進していくことがめざされている。こうした行政像においても，具体的な連携相手の１つとして民間教育事業者が想定されてきており，現在では，生涯学習振興行政あるいは社会教育行政のあり方を考えるうえでも，民間教育文化産業が提供する学習機会の存在が所与のものとして受け入れられているといってよいだろう。

　学習者の立場からすれば，その学習の機会を誰が提供しているのかという点はさほど重要なことではなく，それぞれの学習要求に合致した内容が用意されていることや，コストや利便性がすぐれていることなどが，学習機会の選択での判断基準になってくるのが通常であろう。その点でいえば，民間教育文化産業が提供する学習の機会を前提としたうえで，生涯学習支援のあり方が模索されるのは当然のことであるし，学習者からの要求への対応，あるいは，コストや利便性の追究という点については，行政よりも市場の原理が働く民間の事業者のほうが敏感であろうから，いわゆる「企業努力」の成果として，学習者にとってより魅力的な学習機会が提供されるということにもなりうる。そうした点は，行政からも大きく注目され，生涯学習振興における役割が期待されてきた経緯がある。他方，行政側からの注目や支援・連携の働きかけに対して，民間からの反応が決して良好であったとはいえない。カルチャーセンターの関係者から，生涯学習振興の名のもとで社会教育行政が民間の活動を圧迫しているといった批判がなされたこと[8]も考えると，同じ学習機会の提供という活動であっても，異なる原理が働く両者の連携が容易でないことは想像にかたくない。

158

4 教育・文化事業による企業の社会貢献

（1）企業の社会貢献活動

　企業が提供する学習機会のなかには，市場の原理に基づいて，商品・サービスとして提供されるものがある一方で，社会貢献活動の一環として公共的に提供されるものも含まれる。企業，あるいは，企業家による社会貢献活動としての教育・文化事業の歴史は古く，大規模な資本家が都市だけでなく地方にも登場するようになる明治末から大正期にかけては，各地でかれらによる教育・文化事業が展開されるようになっている。とくに，図書館や博物館については，明治以降の近代化・西洋化政策のなかで，行政主導によりその普及がはかられてきたと理解されるのが一般的であるが，その発展や地方への普及において，このころに企業家が社会貢献事業として建設した施設の影響が少なくなかったという点は注目されよう[9]。

　時代が下って，企業による社会貢献活動が大きく注目されるようになるのは，1980年代後半からとなる。このころには，いわゆるバブル景気と呼ばれる好景気を背景として，企業による大規模な社会貢献活動が展開されるようになる。これは，欧米における企業の社会貢献の取組に範をとる形で普及されたものといえ，それとあわせて企業による社会貢献活動の総称として「企業フィランソロピー」といった言葉も一般的に用いられるようになっている。また，企業が行う社会貢献活動のなかでも芸術・文化活動への支援をさす言葉として「メセナ」が浸透するようになるのもこのころであり，1990年の日本経済団体連合会による「1％クラブ」の設立や社団法人企業メセナ協会の発足をもって，日本における「フィランソロピー元年」とする見方もある。

（2）CSRと教育・文化への貢献

　以降，社会の景気に左右されながらも，企業による社会貢献活動は，教育・文化事業を含め，広範囲かつ多様に展開されてきている。そうした取組には，企業のイメージアップを目的とした側面が当然ある一方で，近年では「企業の社会的責任」を意味する "CSR（Corporate Social Responsibility）" という言葉が

盛んに用いられるようになっているように，社会の構成員として企業にも果たすべき公共的な役割や使命があることが強く意識されるようになってきており，そうした状況が社会貢献活動への動機をさらに高めている。この点は，いわゆる「新しい公共」をめぐる議論などを経るなかで，このかん強調されてきたものである。そもそも「新しい公共」については，2009 年に発足した民主党政権によって政策目標として提示された経緯があり，政策用語としての意味合いが強いことには注意が必要であろうが，行政による公共事業の財政的限界なども背景に，企業や NPO の「公共の担い手」としての役割が喚起されてきたなかで，企業の社会貢献活動に対する期待や評価が高まってきた経緯がある。

　とくに，現在の企業による社会貢献活動をめぐっては，SDGs（Sustainable Development Goals）への貢献が強調される傾向が指摘できる。SDGs とは，2015 年の国連総会にて採択された，貧困・飢餓・健康と福祉・教育・ジェンダー平等などの分野にわたる 17 のゴールと 169 のターゲットから構成される持続可能な開発のための国際目標をさし，2016 ～ 2030 年までの達成がめざされている。その達成に向けては，日本国政府や地方自治体による取組のほかに，企業による貢献も促されており，日本経済団体連合をはじめとする経済界においても精力的に奨励されているのが特徴といえる。

　さて，先に指摘したように，企業による社会貢献においては，その具体的な取組として，古くから教育・文化事業が主要なものとして位置づけられてきた。その内容をみると，博物館などの施設運営や講演会・展覧会の開催などの伝統的な形態に加え，近年では，子どものキャリア教育支援のために従業員を学校に派遣して出前授業を実施するといった新しい取組もあらわれてきている[10]。また，従業員のボランティア活動への参加を支援することを目的としたボランティア休暇制度の導入なども，CSR を実現する具体的な仕組みとして注目されるものとなっている[11]。「教育 CSR」といった言葉が用いられることもあるように，教育活動を通した企業の社会的責任の実現が意識されるなかで，今後，その活動内容が一層多様に展開していくことも予想されよう。そうした企業による社会貢献活動としての多彩な教育・文化事業の展開が，社会教育領域にお

ける行政と企業との連携・協働を促す1つの背景となっている。

5　企業と社会教育行政の連携・協働

(1)「民間活力の導入」を目的とした連携・協働

　企業と社会教育行政の連携・協働が注目されてきた背景として，そもそも企業によってさまざまな学習機会の提供がなされてきたという事実がある。いっぽうで，1980年代の臨時教育審議会での議論以降，「民間活力の導入」として，社会教育の環境整備に民間の資本や技術，ノウハウの導入が進められてきたということも，両者の連携・協働が推し進められてきた背景として大きな意味をもっている。とりわけ社会教育施設の設置・運営をめぐってはその傾向が顕著であり，そのための具体的な制度の導入がこれまでに進められてきている。

　1999年に制定された「民間資金等の活用による公共施設等の整備等の促進に関する法律」や，2003年の地方自治法改正により導入された指定管理者制度はその代表的なものといえ，これらは社会教育施設を含めた公共施設の建設や運営などに，民間の資金や経営ノウハウを活用することによって，効率的かつ効果的な公共サービスの提供の実現を企図したものとなっている。こうした流れのなかで，社会教育の領域においても，資金や経営ノウハウの提供元として企業が位置づけられてきた。

　企業からの資金やノウハウの調達という点では，このかん，新たな取組や仕組みが導入されてきている。たとえば，社会教育施設へのネーミングライツ（命名権）の設定である。ネーミングライツとは，公共施設などに名称を付与する権利を意味し，行政との契約のうえで，この権利を取得した企業は社名や商品ブランド名を冠した施設名称を付けることで広告効果を狙う一方で，行政はその対価として得た収益を施設の運営のために役立てることなどが想定されている。また，クラウドファンディングといった資金調達の手法も注目されている。インターネットを介して，不特定多数の人々から資金を募るこの手法は，個別の事業やプロジェクトの運営費を賄うことを目的に，行政が導入するケースも

増えてきている。この場合，資金の調達先が企業に限られるわけではないが，少額からの出資が可能で，手続きも簡易であることから，事業やプロジェクトの趣旨に賛同した人々から広く支援を募ることを可能とするものとして社会教育の領域でも期待されている。

(2) 連携・協働をめぐる課題

ネーミングライツやクラウドファンディングのような多様な資金調達手法が登場してきているように，「民間活力の導入」の幅は一層広げられてきている状況がある[12]。企業を含めた，資金やノウハウの提供側からすれば，従来よりもさらに多様な社会教育へのかかわり方が可能になってきていると理解できよう。そのいっぽうで，同じ社会教育の分野であっても，その内容によって「民間活力の導入」の状況に差異が確認できる。たとえば，指定管理者制度の公立社会教育施設への導入状況をみると，施設間で差があることがわかる。

平成30年度の文部科学省「社会教育調査」によれば，最も導入率が高いのは劇場，音楽堂等で58.8％となっているのに対し，公民館では9.9％と1割を切る状況となっている。さらに，指定管理者を組織別にみても，施設ごとにその比率に特徴がうかがえ，指定管理者導入施設うち，「会社」が指定管理者となっている施設の割合は，図書館で76.9％と最も高く，それに社会体育施設（33.3％），劇場・音楽堂等（32.4％）が続いている。対して，公民館ではその割合が8.6％と最も低くなっている。

こうした差の要因としては，事業の採算性がどの程度見込まれるのかという点での違いに加え，図書館，社会体育施設，劇場・音楽堂等では，それぞれの事業内容に対応した具体的な技術やノウハウを保有している企業が指定管理者として想定されやすいのに対し，地域社会でのより広範で多様な活動が期待される公民館においては，指定管理者に求められる能力も特定や限定が難しく，その成り手を具体的に想定しにくいといった事情も推察される[13]。指定管理者の受け皿となる民間事業者の状況が，施設の種類ごとに異なっているということであろうし，民間のノウハウや創意工夫の活用の余地についても，社会教育施設で一様というわけではないということであろう。

この点は，社会教育施設の設置・運営に限ったことではなく，社会教育行政による「民間活力の導入」をめぐる原理的な課題として理解されうるものである。多様に展開する社会教育の活動のすべてにおいて，民間の活力が一様に導入できるということでは当然ないだろう。とりわけ，民間営利事業者の企業にとっては，その行動や判断の基準として，経済的な動機が大きな意味をもつことはいうまでもなく，言い換えれば，採算性がとれない事業にかかわることには消極的にならざるをえないのが通常といえる。また，採算性という点でいえば，短期的な成果が見込まれることが動機の前提となるため，社会教育の分野における行政との連携・協働においても，長期的な展望をもって取り組むことがむずかしいことも考えられる。この点に関連しては，3〜5年の契約期間が設定されることが一般的な指定管理者制度に対して，施設運営の長期的な展望がもてないという点から批判がなされることがしばしばあるように，民間活力の導入や官民の連携・協働をめざした制度や仕組み自体に，事業の長期的な継続性や安定性の確保という視点が希薄である場合も多い。民間活力の導入や官民の連携・協働が過度に強調されることが，社会教育の事業の継続性を脅かしたり，事業実施における行政の責任を曖昧にしたりするような事態にもつながりかねないという点には注意が必要だろう。

　このかん，社会教育あるいは生涯学習の振興において，行政の連携・協働の相手として企業への期待や注目が一層高まっているが，企業には企業の，民間営利事業者としての論理や都合があるということが連携・協働の前提として理解されなければならない。その一方で，先に確認したように，企業による社会貢献活動としての教育・文化事業の歴史も古く，近年では，企業の社会的な責任や役割がさらに強調されるようになるなかで，企業による営利を目的としない公共的な取組も活発となっている。企業という存在，あるいは，企業の社会教育へのかかわり方を単一的に論じることにもまた限界がある。目的や対象の違いなどを含め，企業が展開する教育活動の多様な文脈を理解し，連携・協働のあり方を模索することが，行政には求められている。

【大木　真徳】

1) 2019年度の厚生労働省「能力開発基本調査」によれば，教育訓練休暇制度については，有給・無給を問わず，「導入していないし，導入する予定はない」と回答した企業が79.7%となっている。

2) 2017年には，内閣官房に人生100年時代構想推進室が設置され，そこで開催された人生100年時代構想会議の議論では，幼児教育・高等教育の無償化，大学改革，高齢者雇用の促進と並んで，リカレント教育の拡充が取り組むべき課題として提示された（人生100年時代構想会議「人づくり革命基本構想」平成30年6月）。

3) その具体的な支援制度としては，1998年の雇用保険法の改正により創設され，このかん，その拡充が進められてきた教育訓練給付金制度などがあげられる。

4) この辺りについては，山本思外里『大人たちの学校—生涯学習を愉しむ』中央公論新社，2001.を参照。

5) その代表的なものに，大阪大学人間科学部社会教育論講座による調査・研究があり，1981年に第一次報告『民間教育文化事業—大阪朝日カルチャーセンターに関する調査研究』，1984年に第二次報告『民間教育文化事業—総合文化教室受講者に関する調査研究』が刊行されている。

6) この点については，鈴木眞理「生涯学習支援に関する民間営利機関の役割」『生涯学習の支援論』〈シリーズ生涯学習社会における社会教育・第5巻〉学文社，2003，p.47-63.を参照。

7) この点に関連して，成熟した市民による自律的な学習の広がりを背景に，社会教育行政の「終焉」を唱えた松下圭一は，行政による社会教育振興の妥当性が問われる根拠の1つとして，公民館のカルチャーセンター化を指摘し，そこで生じている「公民館の理想と現実とのあいだにあるはなはだしいズレ」を社会教育行政のゆきづまりを示す具体的な事象として取り上げている。松下圭一『社会教育の終焉』筑摩書房，1986.

8) 1980年の読売文化センターの設立にかかわり，1989年に結成された全国民間カルチャーセンター事業協議会において代表幹事もつとめた山本思外里は，1990年の「生涯学習の振興のための施策の推進体制等の整備に関する法律」の制定以降，生涯学習振興の名のもとに，行政主導による社会教育の拡充・強化が全国的に実施されたという認識のもと，「公民館と生涯学習センター，それに大学，学校を加えた"官製カルチャー・ネットワーク"が明らかに民間を締め出そうとしていた」として，行政による生涯学習振興をカルチャーセンターの"敵"とみなしその取組を批判している。山本，前掲，p.123.

9) この点を具体的な事例をもとに検証したものに，大木真徳「大正期の地方企業家フィランソロピーにおける博物館事業の位置—下郷共済会鍾秀館を事例に」『博物館学雑誌』第45巻第2号，p.15-28.がある。

10) 地方自治体のなかには，キャリア教育のための企業からの講師派遣を円滑にするために，人材バンク制度を設けているところなどもあり，キャリア教育のための行政・企業・学校の連携が進められている状況がある。

11) ボランティア休暇制度を含め，企業による従業員のボランティア活動に対する具体

的な支援については，国立教育政策研究所社会教育実践研究センター『企業とボラン
ティア活動に関する調査研究報告書』2013. を参照。
12)　多様な資金調達手法の活用については，平成 30 年中央教育審議会答申「人口減少
時代の新しい地域づくりに向けた社会教育の振興方策について」で注目されており，
地方自治体による検討が進むことが期待されている。
13)　いっぽうで，公民館の指定管理者導入施設をみると，「地縁による団体（自治会，
町内会等）」が指定管理者となっている割合が他の施設に比べ大きいという特徴もあ
る。これは，地縁団体が地域施設としての公民館の運営を直接担うという新しい形で
の住民参加として注目されるものである。

キーワード

企業内教育　リカレント教育　民間教育文化産業　カルチャーセンター　CSR（企業の
社会的責任）　SDGs（持続可能な開発目標）　民間活力の導入　多様な資金調達手法

この章を深めるために

(1) 目的や対象の違いに注目して，企業が提供する多様な学習機会を整理してみよう。
(2) 社会教育の領域における，「民間活力の導入」のための具体的な制度や仕組みについ
て調べ，その効果や課題について考えてみよう。

【参考文献】

鈴木眞理・伊藤真木子・本庄陽子『社会教育の連携論―社会教育の固有性と連携を考える』〈講
　座 転形期の社会教育Ⅱ〉学文社，2015
山本思外里『大人たちの学校―生涯学習を愉しむ』中央公論新社，2001

第*13*章　高等教育機関との連携・協働

1　連携・協働の対象としての高等教育機関

(1) 第三の機能としての大学開放

　高等教育機関は，修養年限の幅で短期大学，大学，大学院などがあり，学位の違いもあるが，いずれも研究科・学部・学科らの単位で独自のカリキュラムをもつ点に特徴がある。教育内容には大学教員が研究者として発表する最新の知見が反映されることも多い。大学の機能には教育と研究があるといわれるゆえんであるが，それらと並ぶ第三の機能と位置づけられるのが大学開放 (university extension) である。

　大学開放は，大学がもつ知的・人的・物的資源を社会に開く活動である。たとえば，教育課程はそもそも中等教育を終えた若者を対象としたものであったが，それを拡大して社会人に学生となる機会を認めている。あるいは，教育課程とは別に成人を対象にした公開講座を開催して，社会の知的なニーズに応えようとする。そのほかにも，学生が地域社会でボランティアをしたり，教員が自治体等の諮問機関で助言をしたりといった活動は人的資源を直接生かそうとするものであるし，企業・団体との共同研究，大学施設の一般利用といった点も大学開放の一環である。

　大学史をたどれば，大学コミュニティのメンバーになる要件を厳格にするとか，研究室に籠って真理探究に没頭するとか，大学がいわば自身を“閉じる”ことで自らが産み出す価値が実社会から侵蝕されることを避けてきた経緯もある。この点は大学に社会的価値をもたらしている側面があり，そのすべてが否定されるものではないが，行き過ぎると今度は社会から遊離して，その存在価

値が厳しく問われる事態となる。欧米の大学開放（歴史的には「大学拡張」と表記されることが多い）運動では，この葛藤がすでに19世紀の末には意識され，大学の知を特権階級に独占させないであるとか，社会に求められる知の形を模索するといった議論や運動がさまざまな形で展開した[1]。

「連携・協働」とは，高等教育機関にとっては外部とのつながりをもつということである。それは歴史的にみれば高等教育機関にとって決してたやすい性格のことではないわけであるから，現代においても，たとえば地元に大学があるから何かやったほうがよいといったぼんやりした動機ではうまくいかない可能性もある。なぜつながらなければならないか（連携・協働の目的），どうつながれるのか（連携・協働の形態）を意識して，枠組みづくりに臨むべきであろう。

(2) 大学開放の実際

それでは，大学は実際にどんな活動を行っているのだろうか。文部科学省が2017年に行った委託調査の結果をみてみよう[2]。14項目において，全国646の大学が実際に取り組んでいるとした割合（複数回答）を，以下，高い順に整理してみた。

8割以上となったのが，「公開講座を実施すること」(97.1%)，「教員を外部での講座講師や助言者，各種委員として派遣すること」(91.8%)，「社会人入学者を受け入れること」(87.5%)，「学生の地域貢献活動を推進すること」(85.3%)であった。1990年代以降，政策としても生涯学習が推進されるなかで，公開講座を実施したり社会人学生を受け入れたりすることが，大学にとって当たり前の活動になっている。また，大学教員の学外活動や学生の地域貢献活動が定着をみていることは，大学関係者が大学の外の世界で，必要な人材とされている場面が少なくないということであろう。

5〜6割台の回答となったのが，「施設等を開放し，地域住民の学習拠点とすること」(65.5%)，「地域のニーズ把握のため，地域（自治体等）との話し合いの場（会議体等）を設けること」(65.0%)，「社会人の学び直しに関すること」(59.0%)，「生涯学習や教育の最新動向等について情報発信すること」(55.0%)，「大学における地域企業や官公庁と連携した教育プログラムを実施すること」

（52.5%），「地域活性化のためのプログラムを開発・提供すること」（51.4%）であった。大学が地域に貢献していくための具体的な形態が並んでおり，実際においては，自治体等の学外の機関や団体との連携・協働が求められる場面も多いものと思われる。

　調査の時点でまだ半数に届いていない項目が，「正規授業を一般公開すること（公開授業など）」（44.0%），「多様なメディアを活用し，大学の資源・コンテンツなどを開放すること」（37.9%），「人材認証制度［一定の学習や活動を経た人材の能力，経験等を客観的に証明するような仕組み］を実施すること」（27.2%），「障害者の生涯学習に関する取組を実施すること」（5.7%）であった。これらの項目は公開講座などよりも実施のための枠組みやノウハウをつくりこむ必要があるといえそうで，大学のなかでの教職（教員と職員）の協働も求められる。一定の成果を上げれば今後の大学の活動の幅を広げるシーズとなりそうでもある。

　こうしてみると，大学開放にかかわる活動として完全に定着をみているもの，取り組む大学が増えてきているもの，今後に着手されていきそうなものなど，多様な状態である。また，激動する社会情勢のなかで将来的には注目される具体的な活動にも変化がみられるはずである。個々の大学レベルとの具体的な連携・協働を考える際には，大学開放として長く取り組んでいる活動，新規に始めようとしている計画といったものを確認することで，当該大学の社会に対するスタンスや資源としての強みを見極めていくことも重要となる。

(3) 「社会教育」と大学

　平成時代の30年余りを振り返ってみると，初期のころは個人の自己充実という意味合いでの「生涯学習」が強調され，高齢者も含めた成人の知的関心を満たす活動に貴重な余暇を充てることができる機会の整備が進んだ。公民館では趣味・教養の講座が増加し，民間のカルチャーセンターも盛況となり，そして，高度な知的資源を有する本丸としての大学が公開講座などの実施を本格化させていく。ただし，それら学習機会の連携元が協働する傾向はあまりなく，個々の市民が多様になった機会のなかから消費行動的に好みの学習を選択する傾向が強くなり，講座を評価する際には定員の充足率などの量的指標に従前よ

りも重きがおかれるようになっていった。

　時代が進んでも基本的な変化がみられたわけではなく，むしろそうした指向性は定着して，今では施設や事業の運営における前提としておくべき構えになっているようにも感じられる。しかし同時に，この30年間余で，社会教育においても社会的課題の解決に資することが強く求められるようになってきている。実際，急激なグローバル化が勝者と敗者を生み出す方向へと進み，自然災害は激甚化し，高齢社会と過疎の進行によって地域の消滅が現実的に感じられるほどになった。そして新たな感染症が社会の価値観や生活様式そのものを根底から変えようとしている。

　かつての「社会教育」にもネットワークはあった。しかし，行政改革の波において，人的，財政的な補充がなくなり，いつのまにか形骸化したシステムや団体・協議会なども数多い。よって心ある関係者からは再編がめざされているわけであるが，1つの部署の機能を強化するだけでは解決が図れない社会的課題が多いことも現代の特徴である。つまり課題の状況に応じた可変的なネットワークづくりが理想であるが，そのネットワークのなかに高度生涯学習社会への対応に取り組んできた大学（高等教育機関）を含めないのはやはり損失が大きいと思われる。ただし，大学は，社会一般とは大学開放を通じてある意味で独特のかかわり方をしてきた独自性の強い性質をもっているから，連携・協働のノウハウを磨くうえでは，大学の事情や現状を大学人でなくとも理解しておくべきであろう。

2　高等教育機関の課題に応える社会教育との連携・協働

（1）大学開放の充実に向けて

　本節では，社会教育との連携・協働が高等教育機関にもたらす効果という視点から考察してみたい。全体でみれば，高等教育機関側の社会教育に対する認知は十分とはいいがたく，社会教育に目が向かなければ連携・協働の深化もありえないからだ。まずは，これまで述べてきたような大学開放を背景とする社

会貢献活動の充実に向けた側面である。

　たとえば，先に引用した大学開放の実施状況に関する調査でも，自治体や企業と連携したプログラム開発に類する項目において該当すると回答した大学は半数を超えていた。高齢化や過疎を背景とした課題に応える直接的な地域活性化策の考案はもとより，環境問題，災害の激甚化などをグローバルな視点でもって思考し，しかも解決に向けた取組にはローカルな次元が重要になるといった課題はたくさんある。こうした課題が自治体ごとの事情によって複雑に絡んでいる状況があるため，近年は自治体が大学や企業等と「包括連携協定」[3]を結ぶケースも増えてきた。大学にとっても，社会的課題の解決を念頭においたプログラム開発にたずさわることはまだまだ伸びしろの大きい貢献の分野である。

　社会的課題の解決に向けたプログラムの開発が企業と大学の共同研究によくみられる純粋な技術開発の類のものと大きく違う点は，開発したプログラムが実行される段階で，研究者や関係職員だけではなく，一般市民が担い手として重要な位置を占めてくることであろう。研究者だけががんばってもプログラムの目的を果たすことはできない。その意義を理解し，わが事として受けとめて自分としてできる活動を自ら組み立てていく。そのようなプログラムを支える市民の「育ち」に関する知見やノウハウをもつのが社会教育なのである。高等教育機関が行う地域貢献のためのプログラム開発は，社会教育と連携・協働しながら担い手である市民と直接つながっていくことで，より大きな意味をもつ。社会教育がもつ「人を育てる／人が育つ」原理や方策をさまざまな大学開放の事業のなかにもち込んでいく有効な手段として，連携・協働を位置づける必要があろう。

　このことは，いまやほとんどの大学で実施されている大学公開講座が，定着しているがゆえに陥りがちな内容のマンネリ化や業務のルーティン化を打開する一助にもなりうる。大学公開講座を実施している9割以上の大学すべてに社会教育・生涯学習の専門家がいるわけではない。むしろ，社会教育研究の知見は本書のようなテキストや講習・研修を経て社会教育関係の現場に流れ，そこ

で現実と突き合せながら実践知へと生成されている。とすれば，それを再び連携・協働を通じて公開講座の立案や実践にもち込むことで，承り学習のような雰囲気も変わってくるはずである。アウトリーチを活用すれば，ともに活動する大学は必ずしも近隣の高等教育機関であったり，キャンパス内での開講にこだわる必要もない。社会教育施設のエリア内にある課題や住民ニーズに照らして，特色ある知的素材をもつ高等教育機関にアプローチし，互恵的な開催条件を詰めながら共催プログラムをつくっていく。こうした取組も活性化に大きく貢献することになろう。

(2) 高等教育の質的変化への対応

　大学開放のみならず，学生教育の面でも連携・協働の重要性は高まっている。かつての大学教育は，研究の基盤となる学問体系や知識の習得をねらいとして，キャンパス内で実施される講義や演習が主たる方法論であった。現在でもその重要性が減じたわけでは決してないが，それだけにとどまらない役割が求められているのも確かである。領域の複合化や横断的研究の必要性といったように学問のあり方自体に変化がみられることもあるが，教育的な側面でいうと，「何ができるか」といった能力の育成が成果として重視されるようになった[4]。つまり，体系的な知識を活用して社会に活かす方途を学ぶ場を教育課程のなかに設けることが今，切実に求められている。しかも，高等教育の大衆化が進むなかですべての学生に対する教育成果の保証を図りながらである。高等教育のスキームそのものが質的に変化しつつあるといえるだろう。

　そうした状況のなかで注目される教育の方法が，サービス・ラーニング（Service Learning：以下，SL）である。SLとは学生による活動が学生教育にも地域貢献にもなる，いわば両者の接点にあるような学習方法である。地域課題の解決に向けた活動に学生が従事し，その際に自分が学んでいる学問的な知識を現実の課題と切り結んで理解していく。たとえば過疎の問題をかかえる地域に対して，スタッフの少ない放課後子供教室にかかわる，町おこしのための地域特産品開発プロジェクトに参加する，過疎地域の公営バスの運行計画を提案する，"買い物難民"が珍しくない地域に入って買い物代行や同行のボランティ

アを行うなど，さまざまな活動があるとする。学生がボランティア人材として活躍することは大学開放としての地域貢献の一環にも位置づけられるが，SLとしては，もう一歩踏み込んで，上記の活動例でいえば，過疎地域がかかえる問題を，人文科学，社会科学，自然科学などあらゆる学問領域からの検討の題材と捉え，学生が正課の授業枠を足場に自分の専門分野から問題にアプローチしていく。そうすると，地域貢献活動そのものが学生教育としての意味をもつことになる。

　SL の教育的な意義は，理念としてはよりよい社会づくりにかかわる市民性の意識を涵養できるという点にあり，技能・態度面の効果としても，専門知識の応用力がつくことはもちろんながら，大学生に現代社会が求める能力一般としての，課題発見能力，調査分析能力，発信力，コミュニケーション能力，協調性，チームへの貢献性などが身につくことが期待される。現場の問題に当事者としてふれることで社会への関心が高まるということもあろう。この点を念頭に専門分野を学ぶ意欲を刺激するというねらいを設定すれば，初年次教育の段階から SL を取り入れたカリキュラム編成をすることもできる。このように整理してみると，今の大学教育に求められていることと SL の特徴は親和的であることが確認できる。

　しかし逆説的にいえば，これまでの SL を取り入れた授業づくりは "特別な取組" にすぎなかったから成立していたとみることもできる。つまり，現場とのつながりと実施のノウハウをもち合わせた一部の教員が担当授業の枠のなかで個別に行う傾向にあって，そこに関心や基礎的な能力がそれなりに高い学生が集まって自然と主体的に活動できていた。とはいえ，SL を成立させていたこれまでの前提条件が当てはまらないような教員や学生は実のところ数多く存在するのではないだろうか。そのため，SL の効果を期待して，たとえば，全学的な一般教育で必修化するとか，あるいは，卒業に課している演習や課題研究のなかに導入するとかいったように，カリキュラムのなかに大規模な導入を図ろうとすれば，授業枠だけを割り当ててあとは個別の教員の力量に任せるというやり方では決してうまくいかないだろう。

おそらく，SL に初めて取り組む教員は学問体系のなかでの当該活動の位置づけを検討するだけでもたいへんなことであるし，自分が担当する科目だけでなく，カリキュラム全体での導入ともなればカリキュラム・マネジメントの観点から関係する教職員の間での議論にも参加しなければならない。学生へのきめ細かいケアも必要となる。学生が自発的に判断できる事柄と具体的な作業指示が必要な事柄の見極め，義務的に活動に参加してフリーライダーとなって単位だけを欲する態度をとる者への対応，授業期間外での活動に参加するモチベーションの維持など，活動的な学習が不得意な層への対応も成否を分けるポイントになる。そう考えると，大学教員としては，教員間のコミュニケーションや学生対応だけで遂行できる業務量に達してしまうことも十分ありえる。

　だからこその連携・協働である。大学が SL を十全に実施しようとすれば，社会教育こそがその実施スキームに参画して力を発揮することが必要なのではないか。たとえば，大学のボランティアや生涯学習系の事業を扱う部署を後押しする形で，活動の場のコーディネートに貢献することができる。とくに地域の側にどのような課題があって，どういう側面で学問的な知の力を必要としているのかといった事柄は，場の設定において重要な情報となろう。また，そもそも社会教育の事業として地域の課題解決に向き合う活動を実施していれば，それを学生も参画できる取組としておくことで，大学の授業と事業間連携のような形をとって SL の枠組みをつくることもできる。そして何より，社会教育の学習原理や取組のノウハウを学生の活動に生かしてもらうことで，主体的な学びの姿勢を伸長させることが重要だ。こうした連携・協働の取組ができれば，SL によってもたらされる学習の質を高めることになり，ひいてはその効果が地域の活性化にもつながっていくのである。

(3) 高大連携の推進に果たす社会教育の役割

　地域の課題解決や活性化という視点でみたとき，教育課程の充実とともに大学の教育面での課題となっている高校との接続や連携についても，そのめざすところを考えやすくなる。18 歳人口の減少に歯止めがかからないなかで，高校生の進学に際する志望とのミスマッチを解消することで不本意入学者を減ら

していくことは大学にとっても今後ますます大事になっていくだろう。政策としても，2014年末に出された中央教育審議会答申「新しい時代にふさわしい高大接続の実現に向けた高等学校教育，大学教育，大学入学者選抜の一体的改革について」が発表され，入試改革に世間の注目が集まった。

　高大接続を考えるうえで大学入試のあり方を問うことはもちろん重要であるが，それは何のためにするのかが共有されねばならないだろう。同答申には，「これからの時代に社会に出て，国の内外で仕事をし，人生を築いていく，今の子供たちやこれから生まれてくる子供たちが，十分な知識と技能を身に付け，十分な思考力・判断力・表現力を磨き，主体性を持って多様な人々と協働することを通して，喜びと糧を得ていくことができるようにすること」とある。これは，高大接続のみならず，昨今の教育改革全体に通じるものであるから，いい方を変えれば，高大接続がスムーズになれば，とくに大学にとっては人材育成に中長期的な視野をもてるようになる。

　大学入学時の接続のみならず，高校と大学の連携ということであれば，大学教員が出前授業をやったり，大学生のSLに高校生も参加したり，いろいろな形態を通じて高校生が大学での学びをイメージできる機会をつくることができる。それはある種のキャリア教育にもなるが，そうした高大連携の活動に地域活性化が掲げられたものがあれば，地元の地域振興に将来をかけてみたいとおぼろげに感じている高校生の掘り起こしにもつながるだろう。進学は必ずしも近隣の大学でなくてもよい。都市部の大学にそこでしか学べない魅力的なカリキュラムがあれば，希望にマッチするところに進学するのを妨げるものではもちろんない。ただ，高校時代から地元への思いや将来ビジョンを考えていくことは，大学生になってUターン，あるいはIターンを視野に入れた地方に還流される人材となれる可能性が大きくなる。

　高校と大学の連携を議論する際に地域活性化や地方創生といった観点を掲げた場合，高校と大学の教職員だけで議論するにはテーマが大きいように（あるいは人によっては傍流に）感じられるかもしれない。しかし，俯瞰してみれば，もっと下の学校階梯では，すでに地域と学校の連携・協働の枠組みでコミュニ

ティ・スクールや地域学校協働本部に関する議論や実践も進んでいるわけで，先述したように教育改革の全体的な目標に位置づけて考えるなら，高大連携の文脈だけ地域とのかかわりが論じられないのはむしろ不自然にも感じられる。そして，こうした議論に社会教育がどうかかわれるかを考えると，小・中学校までは地域学校協働本部を支援し，その活動についての議論にも加わるものの，高校段階の問題に社会教育関係の行政等がかかわれる枠組みがとくにないことに気づく。たしかに，高校のエリアは市町村を超えた広い圏域になるため，議論の主体も都道府県の社会教育関係が担うのがよいのだとすれば，たとえば県レベルの生涯学習担当課には，指導者養成や研修プログラムの開発といった主要業務のほかに，教育体系全体の連動性を高めるという観点から，地域活性化を軸にした高大連携の検討を担当する役割を担うという考え方もあるだろう。

3　社会教育の充実に向けた大学の役割

（1）社会教育のネットワークに大学が位置づくことの意義

　大学（高等教育）には，社会教育と連携・協働することで活動の質が上がる取組がいくつもあるのをみてきたが，それでは，高等教育は社会教育のかかえるどんな弱点を補ってくれるのだろうか。もちろん，連携事業に高度な知的資源が利用できるというのが大きなことであるし，あるいは，先に例示した連携講座のような形態で，場所の提供や広報，連絡業務などを請け負う代わりに講師謝金を削減できるなど，財政的に苦しいなかでもやりくりして講座の質を保つことができるといった講座運営上のメリットもあろう。

　ただ，より本質的なことでいえばポイントが2つある。第一は，社会教育の連携・協働というのは，多くの機関・組織・個人のゆるやかなものも含めたネットワークのイメージであることだ。ひとくちに「社会教育」といっても行政の次元（社会教育行政もあれば生涯学習の文脈での総合行政もある）もあれば，施設にしても，代表的なものだけでも図書館，博物館，生涯学習センター，そして公民館とあり，公民館は本館と分館（地区館）の配置がある。最近はここにコミュ

ニティ・スクールや地域学校協働本部を通じた学校由来のネットワークが接続することもある。この網の目のなかに大学という「知の源泉」を配置したときに，街中に「水」(知的資源) が循環しはじめれば知を基盤としたまちづくりとなるのである。

　その際に留意すべきは，大学の知を学習者のニーズを志向した形に変換しておかなければうまく循環できないということだ。よって，変換装置の役割を誰がどう担うかが鍵となってくる。また，学習者のニーズを一番身近にキャッチする存在がなければそもそも専門知をどのように変換してよいのかの手がかりもない。つまり，大学との連携・協働の活動を盛況にしようとすれば，原理的には一見大学とは縁遠いようにもみえる公民館の再生・振興を伴わなければならないのである。このあたり，社会教育主事職などネットワーク全体を俯瞰する仕事にあたる者はとくに意識しておくべきことである。

　ポイントの第二は，人材の認証機能である。第1節でみた大学開放として取り組んでいる事柄のなかにも「人材認証制度を実施すること」の項目があり，回答の27.2％とまだ当たり前とはなっていない大学の役割であるが，今後，重要度は上がると考える。同調査においては「人材認証制度」とは，法令に根拠のある資格は含まないものの，一定の学習や活動を経た人材の能力，経験などを客観的に証明するような仕組みと説明されている。具体的には，〇〇支援士，〇〇学習士，〇〇コーディネーター，〇〇マイスターなどの称号・呼称の付与であったり，講座の受講後に交付される修了証のようなものも含んでいる[5]。今後，定義の細かい部分は変わっていくかもしれないが，いずれにしても，大学には専門性を担保にして独自に人材を養成したり，能力を認証したりできる強みがある。

　社会教育のネットワークに十分かつ順調に知を循環させるためには，社会教育主事や公民館主事，司書，学芸員といったフルタイムの専門職だけなく，生涯学習支援にあたる市井の専門家が地域のなかにいて，状況に応じて柔軟な形で活躍できたほうがよい。認定証や修了証の質を一定程度は担保する仕組みも必要であるし，あまり短いスパンで流行り廃りがあっても困るが，特定の専門

知識の量だけで認定するのではなく，それを学習活動に生かすノウハウや学習相談の能力という点も合わせたものにしておけば，汎用性も出てくるであろう。

（2）連携・協働がもたらす持続可能性

　本章は，そもそも閉鎖的な性質をもっていた大学が高等教育を社会に開くように動いた理念を確認するところから始めたが，大学は今なお，社会が高等教育に求めることの変化に対応しながら，教育のあり方について模索を続けている。現代社会の要請に応じられる高等教育を大学単体でつくりだすのは容易なことではなく，社会教育との連携・協働によって質的に向上しうる側面が少なくないことは社会教育関係者の間でもっと認識されるべきことといえよう。

　社会教育のシステムや資源が厳しい状況では大学との連携・協働の活動ができないというのも大きな誤解である。むしろ，そうした地域・自治体ほど，再生のきっかけとして大学との関係構築の可能性を検討してほしい。連携・協働によって大学が地域のなかで存在感を高めることができれば，それは，当該の大学，地域，社会教育のそれぞれにとっても持続可能性を高めることにつながるのである。

【佐々木　保孝】

【注】

1）　大学開放の歴史について，英米での展開および日本における展開は，出相泰裕編『大学開放論―センター・オブ・コミュニティ（COC）としての大学』「第2章　大学開放の歴史」大学教育出版，2014. にまとめられている。佐々木保孝「第1節　英米における大学開放の歴史」p.26-43.／山本珠美「第2節　日本における大学開放の歴史」p.43-65.

2）　株式会社リベルタス・コンサルティング『平成29年度　開かれた大学づくりに関する調査研究』（文部科学省委託調査）2018，p.8. https://www.mext.go.jp/a_menu/ikusei/chousa/1405977.htm（2020年10月6日最終閲覧）

3）　地域がかかえる社会的課題の解決をめざした活動を自治体と民間組織とがパートナーとなって継続的・安定的に検討できるあり方を取り決めるのが「包括連携協定」である。自治体のウェブサイトには締結先の企業，団体，そして大学等の名称を載せて，そのなかで包括連携協定に関する定義を記述してあるところも多いので，当該地域の事情にもとづいた枠組みの具体を確認することができる。自治体事業の単なる民間委託ということではなく，政策の枠組みづくりから実施にかかわる活動に至るまでとも

に知恵を出しあって進めていこうとするところに特徴があるといえる。
4)　よく知られているところでは，経済産業省が 2006 年に発表した「社会人基礎力」，中央教育審議会答申（2008）『学士課程教育の構築に向けて』において提示された「学士力」などがある。
5)　株式会社リベルタス・コンサルティング，前掲.

キーワード

大学開放　大学公開講座　サービス・ラーニング（SL）　高大接続　高大連携
社会教育のネットワーク　大学による人材認証制度

この章を深めるために

(1) 身近にある高等教育機関が外部の組織や団体と連携・協働で実施している事業について，具体的な成果や課題を調べてみよう。

【参考文献】
出相泰裕編『大学開放論──センター・オブ・コミュニティ〈COC〉としての大学』大学教育出版，2014
上杉孝實・香川正弘・河村能夫 編著『大学はコミュニティの知の拠点となれるか──少子化・人口減少時代の生涯学習』ミネルヴァ書房，2016
日本生涯教育学会編『生涯学習社会における高等教育の役割と機能』〈日本生涯教育学会年報第 38 号〉2017

第*14*章 社会教育行政の変遷

　行政による社会教育は，国と地方公共団体が振興する「学校の教育課程以外
の組織的な教育」（社会教育法第2条）と定義され，学校教育とともにわが国の公
教育を担ってきた。戦後社会教育行政の政策・施策は，学習者の自発性を尊重
し学習環境を整える助長行政の原則のもとで，時代に応じて変化してきた。今
日では，社会教育の担い手は行政ばかりではなく，行政と民間団体・市民・学
校といった多様な主体との連携・協働が求められるようになっている。ここで
は社会の変化を追いながら社会教育行政の制度的な変遷を概観し，社会教育行
政のあり方を考えてみよう。

1　第二次世界大戦までの社会教育

（1）近代国家の成立と社会教育

　近世江戸期の教育は封建的身分制度に則って行われ，それぞれの家業を見習
い「一人前」になるための教育が基本であったが，各地には多様な学習の場が
設けられていた。武士の子弟は藩校や学問所で儒教を中心に学び，庶民は手習
塾（寺子屋）で読み・書き・算術や道徳を身につけた。自由に師事する私塾や武
道・芸道も発達した。当時大半を占めた農漁村の生活のなかにも，青年による
若者組，信仰を介した「講」，近隣のくらしの相互扶助を行う「結」などの集
団がみられた。

　日本の近代化がなされた明治期に，中央国家のもとで教育の制度化が始まり
教育行政が開始される。1872年に発布された「学制」は，欧米の教育制度を
模範として体系的な学校制度を示したものである。政府は学校外の施策として

1872年に湯島聖堂での博覧会事業「文部省博物館」（現在の東京国立博物館）を開き，明治前期には全国に10館の博物館がつくられた。また同年には，幕府の学問所だった昌平坂学問所跡の旧大学講堂に図書館の前身である書籍館を設置し，官製の社会教育施設が整いはじめる。

1872年は福沢諭吉が『学問のすすめ』を出版し，実学としての学問を著した年でもある。新政府は近代国家の人材育成として学校教育制度を敷く一方で，自由民権運動に始まる国民が自由と平等を求める学習や思想の高まりに対しては統制する姿勢を強めていった。

(2) 大正期・戦時下の社会教育

明治政府は「通俗教育調査委員会官制」（1911年）を公布し，学校外の教育の調査，審議を進めた。初の政党内閣による諮問機関「臨時教育会議」の答申を受けて，1921年にはそれまで行政内で使われていた「通俗教育」という用語が「社会教育」に改められた。また，専門職員である社会教育担当官が創設され，道府県には社会教育主事や社会教育主事補がおかれて（1920年），社会教育の体制が形づくられた。文部省普通学務局に設置された社会教育課（1924年）は，青年教育課，成人教育課などからなる社会教育局として独立（1929年）して，青年団，教化団体，実業補習学校，図書館，博物館などを管轄した。

大正期には，大正デモクラシーといわれる自由主義的な思想・政治・文化面での機運が高まり，新教育運動として児童中心主義の雑誌『赤い鳥』発刊などがなされる。ほかにも都市中間層女性らの生活意識向上を進めた官製・民間団体による生活改善運動が起こり，農村では青年らが自ら大学教授らを招いて講義集会を催した官製によらない「信濃自由大学」（のちの上田自由大学）などの学習活動が行われたが，昭和の大恐慌の影響を受けて衰退し，戦渦により教化政策的社会教育が色濃くなっていく。

戦況が進むにつれ1938年には国家総動員法が制定され，1941年の第二次世界大戦開戦後は軍国主義による学校教育と同様に，とりわけ戦地へ赴いていない青少年や女性による社会教育関係団体は大日本青少年団，大日本婦人会といった国民教化団体として動員され，軍事に利用されることになった。

このような中央集権（天皇制）国家での教育行政の内容は，「教育勅語」(1889年)，「図書館令」(1899年)，「青年学校令」(1935年) のように勅語や勅令，詔書によって国民に伝えられた。

2　戦後の復興と社会教育行政の発展

(1) 民主国家のもとの社会教育行政の整備

第二次世界大戦敗戦後の教育改革では，連合国軍総司令部 (GHQ) の指導のもと民主主義に基づく国民主権・地方自治の考え方を基本にした法整備が進み，勅令主義から法律主義への転換が行われた。国民の「教育を受ける権利」をうたった日本国憲法 (1946年) を基礎にして，1947年には教育基本法，学校教育法が制定された。1948年には教育委員会法による教育委員会制度が開始され，教育行政の中立性・安定性・継続性が図られた。

1949年には社会教育法が制定され，社会教育は「学校の教育課程以外の組織的な教育」と定義された（第2条）。戦時下には，社会教育を担う団体が国民を統制する手段となった反省から，国と自治体が行う社会教育行政の役割は，国民の自由な学習活動を奨励・助長する「環境醸成」にあるとして，施設の設置をはじめとした制度化が始まる。公民館は「一定区域内の住民のために，実際生活に則する教育，学術及び文化に関する各種の事業」を行うと規定され（第20条），荒廃した地域の復興のための教育・福祉・産業の拠点として住民に最も身近な市町村によって設置が進められた。1950年には図書館法，1951年には博物館法が制定され，公共の社会教育施設が整備されていった。

このころ，農村を中心に，「青年学級」と呼ばれる勤労青年の自発的な学習サークル活動が活発になり，公民館などを会場に自らの生活課題や実践を話し合う「共同学習」による集会が数多く開かれていた。政府による法制化は自主性を損なうおそれがあるといった反対運動もあるなか，1953年に青年学級振興法が成立する。申請や運営委員会という仕組みを取り入れて勤労青年の自主性を尊重しつつ，市町村の教育委員会による青年学級の開設と運営が行われる

ようになった。社会教育法には社会通信教育（第50条他）も盛り込まれ，学校教育以外でも施設に依存しない通信による職業教育，教養教育が奨励された。

1951年の社会教育法改正では社会教育主事が法律上初めて明記され，教育委員会に配置される社会教育主事の職務や資格要件が明らかになる。さらに，1959年の改正で市町村に社会教育主事を必置とすることが示された。この改正では，戦後禁止されていた社会教育関係団体への補助金交付は，国では社会教育審議会の意見を，地方では社会教育委員の会議の意見を聴くという条件のもとで可能にすると変更され，社会教育行政にサポート・バッド・ノーコントロールの方向性が示された。

(2) 高度経済成長期の社会教育行政

政府は1960年に「国民所得倍増計画」を掲げ，1950〜60年代の日本は戦後の復興から高度経済成長への転換を迎える。経済発展の基幹産業である重化学工業の発達をはじめとして，第一次産業から第二次・第三次産業への社会構造の変化は地方から都市への人口の流出（都市化）を招くことになり，戦後に活気を帯びていた農村型社会教育の活動基盤はしだいに消失していった。

1960年代後半には東海道新幹線や名神高速道路の開通が進み都市構造は急速に変化していくが，1970年代に入ると急速な工業化に伴って発生した公害や自然破壊，都市問題に対して市民の反対運動が展開され，そのなかで学習活動が行われた。

高等学校への進学率は1955年に51.5％，1965年に70.7％，1975年には91.9％に達する急速な伸びを示し，青少年の社会教育の対象は勤労青年から在学青少年も含んだ政策へと転換していく。1959年には国による初の宿泊型青少年教育施設「国立中央青年の家」が建設され，全国各地に国立・公立の宿泊型・非宿泊型の「青年の家」が設置されて，職場研修などに使われるようになった。ついで，子どもたちが自然のなかで共同生活を行う体験活動が重要になり，「国立少年自然の家」（1975年の「国立室戸少年自然の家」設置に始まる）や，公立の野外教育施設が整備されていった。

東京オリンピック開催前の1961年にはスポーツ振興法が成立（2011年にス

ポーツ基本法として継承）している。また，女性たちの学習は戦後の公民館等で続けられてきたが，1975年の国際婦人年，それに続く「国連婦人の10年」を契機として，日本でも「国立婦人会館」（現国立女性教育会館）が設置され（1977年），組織的な女性リーダー育成の拠点となった。

3 生涯学習社会への気運の高まり

(1)「生涯教育」概念の導入

　1965年にパリのユネスコ本部で成人教育推進国際委員会が開催された。委員長ポール・ラングランは，技術革新が進む社会の変化に柔軟に適応して生きるためには学校教育中心の教育システムを垂直的（時間的）・水平的（空間的）に統合して再編成すべきであるとした「生涯教育」の考え方を提唱し，委員会に出席していた波多野完治の翻訳によって日本に紹介された。

　生涯教育の考えは当初日本の経済界に受け入れられるが，のちの教育政策に大きな影響を与えることになる。1971年の社会教育審議会答申「急激な社会構造の変化に対処する社会教育のあり方について」に初めて取り上げられ，変動の激しい社会では「生涯にわたる学習の継続だけではなく，家庭教育，学校教育，社会教育の三者を有機的に統合する」必要性が示された。さらに，乳幼児期から高齢期にわたる生涯各期の課題を検討し「社会教育は，単に変化に順応するだけでなく，さらに人間性を積極的に育て，社会における先導的な役割を果たすべきである」として，統合のなかでの社会教育の役割を示している。同年の中央教育審議会（以下，中教審）答申「今後における学校教育の拡充整備のための基本的施策について」とともに，生涯教育の観点から社会教育や学校教育のあり方が見直された。

　1970年代は，経済の安定を背景として人々の文化や学習への関心が高まり，社会教育に対する学習要求が多様化，高度化した時期である。行政が設置する社会教育施設での学習や講座に加え，新聞社・放送局などの民間企業による成人向けのカルチャーセンターが大都市を中心に盛況になり，子どもの学習塾や

スポーツ・音楽教室などの習い事の事業者も増えて，私的な社会教育が多様に提供されるようになっていった。

その後1981年には，中教審から答申「生涯教育について」が出されている。ここでは，生涯学習を「必要に応じ，自己に適した手段・方法は，これを自ら選んで生涯を通じてこれを行うものである」とし，生涯教育については「様々な教育機能を相互の関連性を考慮しつつ総合的に整備・充実しようとするのが生涯教育の考え方である」と述べて，実践としての「生涯学習」と，それを支える制度的基盤である「生涯教育」との違いを明らかにした。

(2) 戦後行政の見直し―第二臨調と臨時教育審議会

「福祉元年」といわれる1973年を境に国の福祉政策や社会保障政策は拡大し，同時期に田中角栄内閣は「日本列島改造論」を掲げ，都市への人口集中と地方の過疎化を解消するとして道路や鉄道整備などの公共事業を拡大した。逼迫した財政状況に対し，第一次オイルショック（1973年）が引き金となって日本の高度経済成長は終焉し，低成長時代に入る。

厳しい経済状況を受けて，政府は1981年に行政改革による「増税なき財政再建」を基本方針とした第二次臨時行政調査会（第二臨調）を発足させた。この調査会は財政支出の削減と行政の合理化，三公社改革（国鉄からJR，電電公社からNTT，日本専売公社からJT），特殊法人改革などを提言した5次にわたる答申を出した。

中曽根内閣は第二臨調で提案された行政改革を実行に移す一方で，1984年に臨時教育審議会（以下，臨教審）を設置して，学歴社会の弊害による受験戦争の激化，学校でのいじめや校内暴力，登校拒否などが憂慮されていた当時の教育問題への改革を求めた。臨教審の第一次答申（1985年）では学歴社会の是正と生涯学習体系への移行の方針が示され，第二次答申（1986年）では地域と学校・家庭の連携の強化，学校週5日制についての検討が行われている。第三次答申（1987年）では「生涯学習を進めるまちづくり」を取り上げ，教育・研究・文化・スポーツ施設の経営に対する民間活力の導入にも言及している。最終答申（1987年）では，「個性重視の原則」「生涯学習体系への移行」「国際化・情報化の変化への対応」が示された。

(3) 現代的課題の提唱

　臨教審答申を受けて 1988 年には文部省に生涯学習局が設置され，社会教育局は廃止された。1990 年 1 月に中教審は「生涯学習の基盤整備について」を答申し，7 月には「生涯学習の振興のための施策の推進体制等の整備に関する法律」（生涯学習振興法）が施行された。この法律は，民間の能力を活用した地域生涯学習基本構想などを提案し，主に都道府県における生涯学習振興行政の整備を示している。法律に基づき生涯学習審議会が設置され，社会教育審議会は廃止された。地方自治体においても教育委員会の社会教育課を生涯学習課に名称変更する自治体が多くみられた。

　生涯学習審議会は 1992 年に「今後の社会の動向に対応した生涯学習の振興方策について」を答申した。このなかで，生涯学習社会とは「生涯のいつでも，自由に学習機会を選択して学ぶことができ，その成果が社会において適切に評価されるような」社会であると述べられ，国の教育政策目標になっていく。この答申は，①社会人のリカレント教育の推進，②ボランティア活動の支援・推進，③青少年の学校外活動における学習機会の拡充，④現代的課題に関する学習機会の拡充を提言し，現代的課題として「生命，健康，人権，豊かな人間性，家庭・家族，消費者問題，地域の連帯，まちづくり，交通問題，高齢化社会，男女共同参画型社会，科学技術，情報の活用，知的所有権，国際理解，国際貢献・開発援助，人口・食糧，環境，資源・エネルギー等」をあげている。これらは個人の趣味教養とは異なる公共的な学習課題といえ，社会教育行政では人権教育，高齢者教育，家庭教育支援，地域活性化，ジェンダーなどをテーマに学習が展開されてきた。一方で，「現代的課題」は社会全体の課題であり，首長部局（首長直轄の政策局，コミュニティ行政・福祉行政等の一般部局）においても施策として取り組まれるようになる。

　なお，この年より公立小中学校での月 1 回の部分的学校週 5 日制が導入される。国では 1987 年に第四次全国総合開発計画（四全総）の開始やリゾート法施行が行われ，地方の開発政策が進められた。世界では 1989 年に米国・ソ連間の東西冷戦が終結し，世界経済と情報の流通（グローバル化）が進行した。

4 地方分権政策の動向と社会教育行政

(1)「ネットワーク型行政」としての社会教育行政

　1980年代後半からの地価と株価の高騰によって始まったバブル経済は1990年初頭を境に崩壊する。さらに1989年には合計特殊出生率が1.57になるなど少子化と高齢化が社会問題となり，国の経済・福祉面への財政支出は増大していった。1995年1月には阪神・淡路大震災が発生する。行政の対応の限界から多くの災害復旧支援ボランティア活動が行われたことも契機となって，1998年には，特定非営利活動促進法（NPO法）が制定された。

　第二臨調から引き継がれた臨時行政改革推進審議会（行革審）の第三次最終答申（1993年）は，「21世紀を展望した行政システム改革の方向性として，官主導から民主導への転換，地方分権の推進，総合的・一体的な行政システムの構築」を提言し，1995年には地方分権推進法が制定された。これ以降1990年代後半からの国策は，国から地方へ権限を委譲する「地方分権」と，実施主体を行政（官）から民間へと拡大する「規制緩和」が同時に進行し，教育行政においても「連携」がキーワードになっていく。

　子どもたちに「生きる力」を提唱した1996年の中教審第1次答申「21世紀を展望した我が国の教育の在り方について」は，今後の学校のあり方として「開かれた学校」をあげ，「家庭や地域社会とともに子どもたちを育てていくという視点に立った学校運営」が必要であると述べている。また，同じく1996年の生涯学習審議会答申「地域における生涯学習機会の充実方法について」では，「学校教育と社会教育は，学習の場や活動など，両者の要素を部分的に重ねあわせながら，一体となって子どもたちの教育に取り組んでいこうという『学社融合』の考え方にたって，取り組みを行うことが求められる」として，従来からの社会教育と学校教育の連携である「学社連携」をさらに進めた「学社融合」の考えが示された。

　連携が求められたのは，学校教育との間だけではない。1998年の生涯学習審議会答申「社会の変化に対応した今後の社会教育行政の在り方について」は，

学校から首長部局までさまざまな形で提供される生涯学習活動をつなぎ，総合的に支援していく「ネットワーク型行政」の必要性を指摘し，「社会教育行政は生涯学習振興行政の中核として，積極的に連携・ネットワーク化に努めていかなければならない」とネットワークの要の役割を求めた。また，公民館・図書館・博物館など社会教育施設運営の民間委託や住民参加の推進が検討され，「社会教育行政は社会教育関係団体，民間教育事業者，ボランティア団体をはじめとする NPO，さらには，町内会などの地縁による団体を含めた民間の諸団体と新たなパートナーシップを形成していくことが必要である」と述べられた。

　このように，社会教育行政に新たな方向づけがなされる一方で，1997 年には公立社会教育施設設備に関する国庫補助が廃止され，1998 年には，都道府県の給与負担により 1974 年から市町村に派遣されてきた派遣社会教育主事に対する国庫負担制度が廃止された。派遣社会教育主事は，その後配置数を減らしていく。

(2) 行政改革の流れと省庁再編

　1999 年には「地方分権の推進を図るための関係法律の整備などに関する法律」(地方分権一括法) が成立し，2000 年の施行では 475 件の法律が改正された。社会教育法にも改正があり，公民館運営審議会は必置制から任意設置制に改められ，公民館長の任命に際して同審議会の意見聴取を必須とする規定が削除された。さらに，勤労青年を対象にして戦後から実施された青年学級は進学率の高まりを背景に存在意義が明確でなくなり，青年学級振興法は廃止された。同時に図書館法も改正され，国庫補助を受ける公立図書館館長の司書資格・実務経験に関する規定は削除された。

　この時点で，地方自治法の改正により機関委任事務制度の廃止が行われ，国から地方自治体への権限委譲の動きが加速していくことになる。2001 年には，小泉純一郎首相のもとで地方の自主財源力を高めるために「三位一体の改革」(国庫補助金の廃止・削減，地方交付税の見直し，税源の移譲) が展開され，「小さな政府」を掲げた公の縮小として郵政民営化などが行われた。

　行政組織は 2001 年に 1 府 22 省庁から 1 府 12 省庁体制へと再編され，文部

省と科学技術庁は統合されて文部科学省が発足し，生涯学習局は生涯学習政策局に改編された。省庁再編に伴い独立行政法人の制度が導入されて国立青年の家・国立少年自然の家・国立オリンピック記念青少年総合センター・東京国立博物館・国立女性教育会館はそれぞれ独立行政法人に移行し，全省庁に義務付けられた評価システムに則って運営されるようになった。

　同じく 2001 年には社会教育法の一部改正が行われる。改正点は，家庭教育の向上のための社会教育行政の体制整備，青少年に対する社会奉仕体験活動や自然体験活動の促進，社会教育行政と学校教育との連携の確保などである。2002 年 4 月からは公立学校における完全学校週 5 日制が実施された。

(3) 「新しい公共」の視点

　2003 年 6 月の地方自治法の改正により，公の施設運営に関する規制緩和といえる指定管理者制度が導入された。これ以降，館長や専門的職員をおくことが期待されている公民館・図書館・博物館といった社会教育施設の管理・運営にも，民間事業者や財団法人，NPO 法人などの参入が進められることになった。ただし指定管理者の選定は議会の承認を経て決定され，施設運営の期間は 3 年，5 年といった期限を設けて評価が行われている。

　いっぽうで，「民」についての考えも示され，2002 年の中教審答申「青少年の奉仕活動・体験活動の推進方策等について」では，「社会的課題に対する貢献活動が，従来の『官』と『民』という二分法では捉えきれない，新たな『公共』のための活動とも言うべきものとして評価される」と述べられた。

　さらに，2004 年に中教審生涯学習分科会（生涯教育審議会から再編）から出された「今後の生涯学習の振興方策について」（審議経過の報告）も「生涯学習における新しい『公共』の視点の重視」を取り上げ，「ともすれば行政に依存しがちな発想を転換し，個人や NPO 等の団体が社会の形成に主体的に参画し，互いに支え合い，協力し合うという互恵の精神に基づく，新しい『公共』の観点に視点を向けることが必要」であると提言して，対等な協力関係のもとの官と民のあり方を表している。

　2000 年代を通して施行された合併特例法の影響で市町村合併が進行した結

果，1999年3月に3232あった市町村数は，2010年3月には1727にまで半減した。基礎自治体の減少にしたがい，公民館をはじめ社会教育施設も再編されて統廃合が進み，その数を減らすことになった。

5 連携・協働の時代における社会教育行政

(1) 教育基本法改正に伴う社会教育行政の変化

2006年12月には教育基本法が制定後初めて改正され，社会教育について定めた第12条1項に社会教育の内容を示す「個人の要望や社会の要請にこたえ」という文言が加わった。社会教育関連の新たな条項として，第3条「生涯学習の理念」，第10条「家庭教育」，第13条「学校，家庭及び地域住民等の相互の連携協力」などが盛り込まれた。

2007年には，「地方教育行政の組織及び運営に関する法律」（地教行法）が改正され，文化・スポーツに関する事務は地方公共団体の判断によって首長部局が担当できるようになり，首長部局への移管の道が開かれた。

教育基本法の改正をふまえて2008年には社会教育法の改正が行われ，社会教育行政は生涯学習の振興に寄与すること，学校・家庭・地域住民の連携および協力の促進に努めるよう明記された。また，社会教育主事の職務についても，学校が地域住民らの協力を得て教育活動を実施する場合には求めに応じて助言ができることなどが追加された。さらに公民館の運営に関して評価と改善，関係者への情報提供が求められ，図書館法・博物館法においても同様の情報開示が規定された。

(2) 地域と学校の協働の推進

社会教育は子どもから高齢者までを対象とし，テーマも広範にわたるが，学校で行われる教育活動に地域の人々が参画する「協働」は近年の社会教育行政が注力している課題の1つである。その背景には学校・地域社会の双方からの要請が存在する。それは，かつて1980年代に臨教審が指摘した学校偏重の教育体制がもたらす諸問題の改善に加えて，地域コミュニティの再生，安全・安

心な子どもたちの居場所づくり，学校の教育体制の強化，学習環境の格差改善，支援する側の成人や高齢者の充実など，複合的な課題への対応がめざされているといえよう。

　学校内に学校運営協議会をもつコミュニティ・スクール（2004年～）は年々増加しており，社会教育行政の施策としては，放課後の教育を進める「地域子ども教室推進事業」(2004年)，厚生労働省による「放課後児童クラブ」との連携 (2007年)，「学校支援地域本部事業」の開始 (2008年)，「土曜日の教育活動推進プラン」(2014年～) などが進められてきた。2013年には学校教育法施行規則が改正されて，地域や企業の協力を得て行われる土曜の教育活動は教育委員会と校長の裁量によって学校の教育課程として位置づけることが可能になり，公立学校での土曜授業が復活した。

　「社会総がかりでの教育」を掲げた2015年の中教審答申「新しい時代の教育や地方創生に実現に向けた学校と地域の連携・協働の在り方と今後の推進方策について」を受けて社会教育法が改正され，「地域学校協働推進活動」の推進，「地域学校協働活動推進委員」の委嘱を法律上に規定し実施されている。かたや，学校以外の子どもの学習の場としてフリースクールなどのあり方が問われ，2016年には「義務教育の段階における普通教育に相当する教育の機会の確保等に関する法律」(教育機会確保法) が制定された。

(3) 人口減少社会における社会教育行政

　2011年に起こった東日本大震災は，東北や関東に甚大な被害をもたらした。現地では地域の相互扶助が復興を推し進め，全国でも地域防災をはじめとした共助のための学習の重要性を再認識することになった。

　これまでみてきたように日本は経済的発展を遂げ，高等学校・大学への進学率が上がり，現在の私たちはICT環境をはじめとした豊富な教育資源を手にしている。その一方で，少子高齢化が進んで2008年をピークに総人口は減少に転じ，東京一極集中による都市と地方の格差は依然として問題になっている。政府は「地方創生」を掲げて2014年に「ひと・まち・しごと創生法」を施行し，「人材を育て活かす」という地域経営の視点から，「誰もが活躍できる地域社会

づくり」を進めてきた。

　地域課題は戦後に公民館が創設された時期から社会教育の課題であるが，近年，再び最重要課題として取り組まれることになった。しかし，1990年代から推進された地方分権・官民連携政策のもと，地域運営の権限と責任は国から地方自治体へ，さらに住民へと移行している。したがって，今日の地域づくりにはステークホルダー（利害関係者）といわれる多様な担い手の活動が必要不可欠になっている。ここで，市民（女性，高齢者，障害のある人々，在日外国人を含む），NPO団体，大学，企業といった地域の担い手を育て，つなぐ点において，社会教育がかかわることになる。

　中教審は2018年に「人口減少時代の新しい地域づくりに向けた社会教育の振興方策について」を答申し，社会教育行政は「人づくり・つながりづくり・地域づくり」の好循環に重要な意義と役割をもつことが確認された。その一方で答申は，教育行政の中立性を保ちつつ，社会教育施設の運営を観光・まちづくりなどの首長部局が所管できることを認めている。この点については第9次地方分権一括法（「地方教育行政の組織及び運営に関する法律」改正）において法制化された。なお，博物館に関する事務は文化庁に移管された。同年には文部科学省の組織再編があり，生涯学習政策局は総合教育政策局に変わり，社会教育課は廃止されて生涯学習推進課，地域学習推進課，男女共同参画共生社会学習・安全課に改組された。

　社会教育行政は時々の社会状況に対応する形で形成され，学校教育や総合行政の補完・支援・ネットワークづくりといった役割を担いながらも，もう1つの公教育としての制度設計がなされてきた。しかし，今も重要であるのは，社会教育の特徴は「制度」を支える柔軟性ではなく，一人ひとりの学習者に対して柔軟な教育であるということであろう。民主主義のもとでは誰にも学ぶ自由があり，社会教育行政は画一的ではない多様な学習を保障したうえで人々を地域社会につないできた歴史をもつ。学習者中心の教育を今日的に具体化していくことが，今後の社会教育行政に期待されている。

　なお，明治期以降の社会教育行政に関する主要な出来事は巻末資料の年表を

参照されたい。

【内山　淳子】

キーワード

社会教育行政　社会教育施設　地方分権　規制緩和　生涯教育　生涯学習社会　連携
新しい公共　ネットワーク型行政　協働

この章を深めるために

(1) 学校教育と社会教育の関係はどのように変化してきたかを，明治期から今日までの時代区分に従って考えてみよう。
(2) これまで社会教育法がどのように改正されてきたかをまとめ，社会教育主事の役割について考えてみよう。

【参考文献】

文部省『学制百二十年史』1992
碓井正久編『日本社会教育発達史』亜紀書房，1980

第 *15* 章　家庭教育支援にかかる施策の展開

1　教育基本法の改正と家庭教育

　2006 年の教育基本法（以下，現行法）の全部改正によって，家庭教育の位置づけは，大きく変化した。改正前の旧教育基本法（以下，旧法）における家庭教育は，第 7 条（社会教育）において，「家庭教育及び勤労の場所その他社会において行われる教育は，国及び地方公共団体によって奨励されなければならない」と言及されるのみで，社会教育の一領域として家庭教育支援が示されるにとどまっていた。これに対して現行法では，社会教育とは別に家庭教育の条項が，新たに独立して設けられた。現行法の第 10 条（家庭教育）は，「父母その他の保護者は，子の教育について第一義的責任を有する」と家庭教育の責任の所在を明らかにすると同時に，「国及び地方公共団体は，家庭教育の自主性を尊重しつつ，保護者に対する学習の機会及び情報の提供その他の家庭教育を支援するために必要な施策を講ずるよう努めなければならない」と，家庭教育に対する支援の努力義務を「国及び地方公共団体」に課している。そうした変遷をふまえれば，旧法では必ずしも社会的に大きな関心をもたれていたとはいえない家庭教育が，現行法においては重大な関心事になっているとみることができる[1]。

　家庭教育が，「家庭の教育力の低下」というフレーズで教育施策の議論の俎上に載せられるようになったのは，臨時教育審議会による 1986 年 4 月の「教育改革に関する第 2 次答申」からといわれる。「今日，家族形態の変化，兄弟姉妹の数の減少，女性の社会進出に応じた育児と職業生活を両立させるための条件の未整備，父親の存在感の希薄化，知育偏重の風潮などから，家庭の教育力は低下している」と同答申は述べた。また，同答申は，家庭教育の役割とし

て，「乳幼児期の親と子の基本的な信頼関係（親子の絆）の形成」と「基本的な生活習慣を身に付けさせるためのしつけ」の2つを中心に据え，それらが十分に果たされていないことを「ゆゆしい問題」と見なした。

　家庭の教育機能は，「家庭の教育力」と言い換えられることによって，個々の家庭の教育力，すなわち個々の家庭の親の教育力としてイメージされるようになった。そうした認識は，子どもの育ちに関するさまざまな問題の原因を個別の家庭教育に帰着させ，親とりわけ母親の教育責任だけを強調する方向に傾きやすい。子に対する親の躾不足や子育てをめぐる親の価値観の変容を問題視する，そのような「家庭の教育力の低下」という見方がやがて形成されることになった[2]。

　しかしながら，家庭の教育機能を支えてきた環境は，核家族化によって，親が祖父母などから子育てに関して学ぶ機会が減少したり，都市化による地縁の希薄化によって，親だけで子育てを担わなくてはならなくなっていたり，少子化によって，子どもや子育て家庭が地域社会のなかで少数派になるなど，大きな変化を余儀なくされてきた。それと同時に，児童相談所の児童虐待の相談対応件数の増加，不登校や若者の引きこもり，近年の所得格差の拡大傾向に伴い，就学援助の対象となる児童・生徒が増加していることなど，家庭と子どもの育ちをめぐる問題は，複雑化している。家庭教育は，それをとりまく地域社会，社会経済の影響を強く受けながら展開されるものであり，個々の家庭内に閉じたものではなくなっている。「家庭の教育力の低下」という見方を排し，現代を「家庭教育が困難になっている社会」と捉え直す家庭教育支援の推進が，今日，求められている[3]。

　また，家庭教育が社会的に重視されるようになった，もう1つの背景として，1990年代の「学校のスリム化」をめざす動向がある。1996年7月の中央教育審議会（以下，中教審）第1次答申「21世紀を展望した我が国の教育の在り方について」は，「日常の生活におけるしつけ」や「部活動」など，学校の役割が肥大化してきた具体例をあげ，「学校・家庭・地域社会の連携と適切な役割分担を進めていく中で，学校がその本来の役割をより有効に果たすとともに，学

194

校・家庭・地域社会における教育のバランスをよりよくしていくということは極めて大切なこと」であると述べている。従来であれば家庭の役割として当然のこととして行われてきた躾や，地域社会が自然に果たしてきた社会化の役割などを，サービスとして提供するべきだという学校への過度な期待を退け，学校観を相対化することが必要とされている。そのようにみてみると，現行法の第10条（家庭教育）と第13条（学校，家庭及び地域住民等の相互の連携協力）の新設が，いっそうの意味をもって理解できよう。

2 家庭教育支援の取組とその変遷

(1)「家庭教育学級」をはじめとする学習機会の提供

家庭教育支援の取組として従来から行われてきたものに，「家庭教育学級」がある。「家庭教育学級」とは，親や保護者などに対し，市町村の教育委員会などが家庭教育に関する学習の機会を，一定期間にわたって計画的に提供する事業である。親や保護者が，子どもや家庭にかかわるさまざまな問題について継続的かつ集団で学び，親としての責任や家庭の役割について理解を深めるばかりでなく，交流を通じて同じ不安や悩みなどを共有しあい，自発的な学習活動へと発展するきっかけともなってきた。市町村が開設する「家庭教育学級」に対して国は，1964年度からその経費の一部を補助してきた。その後，1975年度からは，乳幼児をもつ親を対象とし，かつ託児にも配慮をした「乳幼児学級」，1981年度からは，これから親になる者や未婚の男女を対象とした「明日の親のための学級」，1986年度からは，女性の社会進出に伴う共働き家庭の増加に対応するための「働く親のための学級」，さらに1989年度からは，思春期の子どもをもつ親を対象とした「思春期セミナー」と，社会状況の変化とそれに伴う新たな課題に対応した多様な「家庭教育学級」が国の補助を受けて開設されるようになった[4]。しかしながら，いわゆる「三位一体の改革」に伴う国庫補助負担金の廃止・縮減により，「家庭教育学級」事業に対する補助金は，2003年度をもって廃止された。現在は国の委託事業として実施されていたり，

市町村が自ら実施する事業として開設されていたりする[5]。

　家庭教育をめぐる学習機会の提供として，2001年度から始まった新たな国の補助事業が，「子育て学習の全国展開事業」である。これは，「妊婦健診」とか1歳6カ月や3歳で受診する「乳幼児健診」，あるいは「就学時健診」など一定の年齢の子どもをもつ親や保護者が多く集まる機会を活用して，子育て講座を全国で開催するものであった。「家庭教育学級」事業において対象となったのは，そこに自ら希望して集う親や保護者に限られていたが，「子育て学習の全国展開事業」では，すべての親や保護者が学習機会の提供を受けることとなった。

(2) 家庭教育に関する情報の提供

　家庭教育に関する情報の提供として早くに始まったのは，1970年から放送が開始された家庭教育テレビ番組「親の目・子の目」である。これは，当時の文部省が公益財団法人の民間放送教育協会に番組の制作と放送を委託した事業で，家族の交流や親子の問題を取り上げたドキュメンタリー番組が，2004年まで放送された。この放送により，それまで家庭教育学級などに参加できなかった親や保護者たちにも情報の提供がなされるようになったうえに，学習の教材を提供することにもなった。

　1999年度には，「家庭教育手帳」と「家庭教育ノート」が情報提供の新たな手段として登場した。それらは，一人ひとりの親が家庭を見つめ直し，自信をもって子育てに取り組んでいく契機となるよう意図されて作成された，家庭教育に関するヒント集である。子どもの発達段階に応じて作成されており，前者の手帳は，妊産婦や乳幼児をもつ親や保護者を対象に，母子健康手帳の交付の際や乳幼児健診の折りなど母子保健の機会を活用して配布された。後者のノートは，全国の小学校と中学校，当時の特殊教育諸学校を通じて義務教育段階にある子どもをもつ親や保護者に配布された。2004年からは，それまでの手帳とノートという2分冊から「家庭教育手帳」に名称を統一したうえで，「乳幼児編」「小学生（低学年～中学年）編」「小学生（高学年）～中学生編」の3分冊となり，思春期の子どもに関する内容などの充実が図られた。また，2008年度

からは，保健所や学校などを通じて国から親や保護者に直接配付する方法を改め，「家庭教育手帳」を収めた電子媒体を全国の教育委員会などに提供するようになった。情報提供するにとどまらず，その情報の利活用まで視野に収めた政策へと進展した。

(3) 家庭教育に関する相談事業

家庭教育に関する相談への対応は，学習機会や情報の提供に次いで1972年度から始まった。乳幼児をもつ親や保護者に対する相談体制を整備するため，国の補助事業として開始された「家庭教育（幼児期）相談事業」がそれである。これは，幼児をもつ親や保護者を対象として都道府県が実施する事業で，家庭教育に関してヒントとなる内容を取り上げたはがきによる通信のほか，医学や教育学あるいは心理学などの専門家が巡回しながら，親や保護者の個別の相談に応じるものであった。さらに，それらはがきの返信や巡回相談のなかから重要な内容や注意すべき点などをテレビ放送で取り上げて，フォローアップも行うところに特色があった。「家庭教育（幼児期）相談事業」は，参加を待ち受ける「家庭教育学級」事業に対して，「届ける社会教育」の先鞭を切ったといわれる[6]。1989年度からは，相談の対象を乳幼児期の子どもをもつ親や保護者に広げるとともに，はがき通信から電話相談を中心にするなど，いつでも，どこからでも気軽に相談ができるよう内容がさらに充実した「すこやか家庭教育相談事業」に発展をみた。

(4) 父親の家庭教育参加の支援・促進

多賀によると，政府の審議会などの答申において，「父親の家庭教育」という語を用いて家庭における教育のあり方に踏み込んだ提言を初めて行ったのは，1996年7月の中教審第1次答申「21世紀を展望した我が国の教育の在り方について」だという[7]。同答申は，「父親の家庭教育への参加を促進するため，父親等を対象とした家庭教育に関する学習機会を企業等職場に開設すること，夜間・休日に開設すること，通信による講座を開設すること等学習機会を充実する必要がある」とした。

2002年3月には，「今後の家庭教育支援の充実についての懇談会」が中間報

告を取りまとめ，わが国では，ともすれば母親に家庭教育の責任が委ねられ，父親の存在感が希薄になりがちであり，父親の家庭教育参加が国際的にみてもきわめて少ないことを問題として指摘した。父親に対して，家庭教育に対する役割の重要性を認識し，責任を自覚するよう求めると同時に，子育て家庭の「支え」となる新しい人間関係，家族関係，地域社会をつくっていくことや，「子どもは社会の宝」として親と子と家族全体が育っていくのを社会全体で支援していくことを提案した[8]。

　2003年に，子育て家庭を社会全体で支援する観点から「次世代育成支援対策推進法」が制定されると，各地方公共団体では，子育て支援事業の取組が進んだ。もとより同法は，雇用・労働政策と男女共同参画政策と連携した一連の少子化対策であり，父親の育児参加を促す具体的な行動計画を求めているため，父親手帳や父親講座といった父親に対する子育て支援事業が広く推進された。しかし，父親手帳を刊行している市町村が依然として少ないことや，父親講座の回数，参加人数が必ずしも多くないなど，課題がみられる[9]。「次世代育成支援対策推進法」は，2014年度末までの時限立法であったが，2015年4月の法改正により，法律の有効期限が2025年3月末まで10年間延長されたことを考えると，社会教育が事業改善に寄与できる余地は十分にある。

3　家庭教育支援と子ども・子育て支援

(1)「少子化対策」から「子ども・子育て支援」へ

　よく知られるように，1990年の「1.57ショック」は，少子化に対する社会的な関心を広く喚起する契機となった。本格的な少子化対策として最初に策定されたのが，1994年の「エンゼルプラン」（正式名称「今後の子育て支援のための施策の基本的方向について」）であり，当時の文部省，厚生省，労働省，建設省の4大臣の合意によるものであった。「エンゼルプラン」は，「子育てを夫婦や家庭だけの問題ととらえるのではなく，国や地方公共団体をはじめ，企業・職場や地域社会も含めた社会全体で子育てを支援していくこと」をねらいの1つと

し，「子育て支援社会」の構築を基本的視点として掲げる，幅広い問題意識に基づくものであった。しかし，具体的に推進されたのは，大蔵省，厚生省，自治省の３大臣の合意によって定められた「緊急保育対策等５か年事業」であり，保育サービスの整備が中心であった。

1999 年 12 月，少子化対策推進関係閣僚会議において，「少子化対策推進基本方針」が決定された。同基本方針は，少子化の原因として，晩婚化の進行などによる未婚率の上昇をあげ，その背景として，仕事と子育ての両立の負担感の増大や子育ての負担感の増大などがあると指摘した。したがって少子化対策は，それらの負担感を緩和・除去し，安心して子育てができるようなさまざまな環境整備を進め，家庭や子育てに夢や希望をもつことができる社会にしようとするものであるとされた。それを受けて同月に，大蔵省，文部省，厚生省，労働省，建設省，自治省の６大臣の合意による「新エンゼルプラン」（正式名称「重点的に推進すべき少子化対策の具体的実施計画について」）が策定されるに至った。

新しいプランでは，従来のプランが保育ニーズの充足に偏りがちであった点を見直し，雇用や母子保健，教育などの事業も加えた広範な計画が取りまとめられたが，「エンゼルプラン」から続く保育関係の施設やサービスの充実を重視する施策から大きく脱皮することはなかった。「新エンゼルプラン」が最終年度を迎えた 2004 年に「子ども・子育て応援プラン」（正式名称「少子化大綱に基づく具体的実施計画」）が新たに策定されるも，同年の合計特殊出生率が過去最低の 1.29 を記録したことが 2005 年に判明すると，少子化はいよいよ抜き差しならない問題として議論されるようになった。自民党から民主党への政権交代を経た翌年 2010 年に閣議決定された「子ども・子育てビジョン」は，それまでの「少子化対策」から「子ども・子育て支援」へと視点を移すことを標榜し，「家族や親が子育てを担う」のではなく，「社会全体で子育てを支える」べく「子どもと子育てを応援する社会」へという「基本理念の転換」をうたった。

「1.57 ショック」以降，子育て支援の取組は，「エンゼルプラン」➡「新エンゼルプラン」➡「子ども・子育て応援プラン」➡「子ども・子育てビジョン」と，共働き家庭の母親に対する育児と仕事の両立支援に始まり，専業主婦家庭の母

親に対する育児の孤立を防ぐ支援も加わり，支援の対象をすべての母親へと広げる方向へと進展をみてきた。そうした「子ども・子育て支援」の動向は，地域の子育て力を高め，子どもの育ちと子育てを「地域のネットワークで支える」ことを政策として推進するばかりでなく，「子育てが家族の責任だけで行われるのではなく，社会全体によって取り組む，子育ての社会化」[10]へという，子育てをめぐる価値観そのものの転換を内包するものであった。

(2) 地域における身近な家庭教育支援の拡充

　厚生省を中心とする「少子化対策」が，厚生労働省を主軸とする「子ども・子育て支援」へと視野を広げ，地域の教育機能にも意を用いるようになるに先立って，文部省が推進を担ってきた家庭教育支援においても，地域の子育てネットワークづくりに主眼をおいた施策が登場した。1987年度から国の助成が始まった「家庭教育地域交流事業」が，それである。同事業は，身近な地域における交流の場を親や保護者に対して提供しようとする試みで，1991年度からは，「家庭教育ふれあい推進事業」を実施する市町村に対する助成へと組み替えられた。市町村による「家庭教育ふれあい推進事業」は，「子育てひろば」を開設し，育児経験をもつ人や家庭教育に関する学習の修了者らを「家庭教育ふれあいネットワーカー」として配置して，近隣の親たちの自主的な学習や交流，仲間づくりや親子の触れ合いなどを推進し，親たちのネットワーク形成を図った。

　ここまで述べてきたように，家庭教育支援の取組は，家庭教育に関する学習機会の提供から情報の提供へ，さらに家庭教育に関する相談事業から身近な地域における交流の場を親や保護者に対して提供しようとする事業へと裾野を広げてきた。そして，2000年度に入るころからは，家庭教育を担う親や保護者に対する直接的な支援から，親や保護者をとりまく地域住民たちを子育てに参画させることによって家庭教育を間接的に支援しようとする方向へと，家庭教育支援の取組は拡充をみるようになった。子育て中の親たちの身近な相談相手として，子育てや躾について，友人のような関係で気軽に相談に乗ったり，きめ細かなアドバイスを行ったりする「子育てサポーター」の養成と配置が始

まったのは 2000 年度からである。さらに，2004 年度から始まった「家庭教育支援総合推進事業」では，子育てサポーター同士の情報交換を行う交流会の開催や，子育てサポーター養成講座の講師として活動する「子育てサポーターリーダー」の養成が新たにめざされた。

(3)「家庭教育支援チーム」の導入と現状

　社会全体で家庭教育支援を充実させようとする方向性を決定づけたのは，2008 年度からの「地域における家庭教育支援基盤形成事業」である。この事業の目玉となったのが，「家庭教育支援チーム」であった。このチームは，上述の子育てサポーターや子育てサポーターリーダーのほか，教職員経験者，民生委員・児童委員，保健師，スクールカウンセラー，スクールソーシャルワーカーなど地域の多様な人々や専門家から構成され，子育てや家庭教育に関する相談に乗ったり，「子育て・親育ち講座」などの学習機会や親子で参加する活動プログラム，地域の情報や日常的な交流の場などを提供したりして，子育てや家庭教育をサポートする。必要であれば，学校や教育委員会，医療施設や保健所などの公的機関や行政機関，専門的施設などと連携したりもする。「地域における家庭教育支援基盤形成事業」は，きめ細かな家庭教育支援をすべての親や保護者に対して行うことにより，地域の人材を活用した身近な支援のネットワークづくりを促進する委託事業であった。

　1960 年代から着実に進展をみてきた家庭教育支援も，事業の実態として社会教育行政における法整備という観点からすると，公民館が「地域の家庭教育支援拠点」と明記されたのは 2003 年に文部科学省告示第 112 号「公民館の設置及び運営に関する基準」の全部改正によってから，さらに図書館，博物館などの社会教育施設が家庭教育支援の機能をそれぞれ担うよう，いわゆる社会教育関連三法の改正が行われたのは 2008 年 6 月になってからである。社会教育法第 5 条では，「市町村教育委員会の事務」に「家庭教育に関する情報の提供に関する事務」が加わり，図書館法第 3 条では，「図書館奉仕」として「家庭教育の向上に資することとなるように留意し」なければならないとされた。また，図書館法第 15 条ならびに博物館法第 21 条でいうところの「図書館協議会」

と「博物館協議会」の委員について,「家庭教育の向上に資する活動を行う者」が任命の対象としてそれぞれの条項において追加された。地域で身近にある一連の社会教育施設が,子育てネットワークづくりの拠点となり,家庭教育支援の担い手となるよう,法律においてようやく明文化されたのである。その後,同年の翌7月に閣議決定された「第一期教育振興基本計画」で家庭教育支援は,「特に重点的に取り組むべき」施策として位置づけられた[11]。

　家庭教育支援が教育行政として重視されるようになるのと並行して,2009年度には,「地域における家庭教育支援基盤形成事業」のうち,いわゆる「訪問型」の部分は,「訪問型家庭教育相談体制充実事業」となって独立し,「待ち受け型」のそれと分離された[12]。新設された「訪問型家庭教育相談体制充実事業」とは,仕事などで学習機会へ参加できないとか,家庭教育や子育てに対して無関心であったり,地域で孤立しがちであったりといったさまざまな状況にある親や保護者を支援するため,「訪問型家庭教育支援チーム」を設置し,家庭や企業を訪問して,家庭の状況に応じた相談や支援をする手法の開発を行おうとする委託事業である。そうした流れは,家庭教育支援において,これまでは手が届きにくかった親や保護者へのアプローチとして,アウトリーチの手法がますます重視されるようになったことを示している。2013年6月に閣議決定された「第二期教育振興基本計画」でも「家庭教育支援チーム」による支援を推進する方針は引き継がれ[13],とりわけ「訪問型」に関しては,2016年度に新たな委託事業として「地域人材の活用や学校等との連携による訪問型家庭教育支援事業」が実施されるに至った。

　近年の家庭教育支援の取組は,「家庭教育支援チーム」を中心とした地域の身近な支援のネットワークづくりがめざされてきた。しかしながら,「家庭教育支援チーム　登録一覧」(2020年8月19日現在,文部科学省)をみると,まったく導入していない県が4,設置はしていても1チームのみの県も4あり,全国で「計323チーム」にとどまっている[14]。あえて登録しないチームも知られており,323を超えるチームが実際には存在しているのだろうが,そうだとしても「家庭教育支援チーム」が構想された当初には,「小学校区程度を活動範

囲とする」とされていたことを考え合わせると，普及が進んでいるとは言い難い。

　そのように「家庭教育支援チーム」の定着が停滞している実態は，2018年6月に閣議決定された「第三期教育振興基本計画」と符節を合するが如くみえる。「家庭教育支援チーム」への着眼は，第一期と第二期を通じて，「家庭教育支援」を契機とする個々人の多様な学習活動や地域コミュニティ活動を通じて家庭や地域のネットワークを広げ，互助や共助による活力ある地域コミュニティを形成するという視点で貫かれていた。第二期では，「家庭教育支援チーム数の増加」が「家庭教育支援の充実」の「成果指標」とされた。しかし，第三期になると「家庭教育支援チーム」は，「家庭の経済状況や地理的条件への対応」[15]という文脈における施策とされ，課題をかかえた家庭への効果的な支援の取組という側面が強調されている。

　「家庭教育支援チーム」の構想は，教育とは異なる保健や福祉などの領域の専門的人材と連携する具体的なツールを実現させた点，「訪問型家庭教育支援」というアウトリーチの手法を重視した点で大きな成果をもたらした。それだけに今後は，すべての親や保護者とそれらをとりまく地域住民たちを子育てに参画させ，家庭教育支援の取組を社会全体の教育力の向上へと連環させる手立てとして，「家庭教育支援チーム」を広く普及させることが強く求められる。

4　家庭教育支援がはらむ課題と展望

(1) 家庭教育の私事性をめぐる論点

　改めていうまでもなく，家庭教育とはきわめて個人的なものである。したがって，私的領域に属する家庭教育を支援しようとするとき，行政であれ，地域の支援者であれ，どこまでが支援で，どこからは介入となるのかという問題に必ず逢着する。支援する側の前提や価値観を，支援される側の家庭に押しつけることになりかねないという懸念を常に伴うからである。そうした論点をふまえると，現行法の第10条（家庭教育）第2項に，「家庭教育の自主性を尊重し

つつ」と定められていることの重要性が改めて理解されよう。

　さらに，家庭教育支援の取組を，「子ども・子育て支援」という，より大きな潮流のなかに位置づけてみると，いっそう複雑な論点がみえてくる。一連の「子育て支援」施策をめぐっては，家族社会学の立場から活発な議論がなされており，「子育て私事論」と「子育ての社会化」との関係について，しばしば検討がなされている。たとえば松木は，1990 〜 2000 年代にかけて，さまざまな子育て支援サービスの提供が拡充してきたという実態は，「家族の子育てを支援する」という論理を通じて，それまで家族に帰属されていた子育ての責任を，部分的にではあれ，家族の外にある広範な社会へと移行しようとする家族責任の外部化・共同化，つまりは「子育ての社会化（＝脱家族化）」の主張が政策的に提起されるようになったのだと指摘する。そのように述べたうえで松木は，現在の日本における子育て支援の論理は，「子育て私事論」＝「子育ての責任をなお家族，とりわけ母親へと帰属する論理」に明確に取って代わる形でなされてきたわけではなく，むしろ子育ての責任を家族，とりわけ母親へと帰属する論理の存在を前提としながら成り立っていることに関心を向けるのである[16]。

　家庭教育に対する支援の必要性は，「子育ての社会化」に呼応しており，「家庭教育の社会化（＝脱家族化）」と捉えることもできる。家庭教育を社会全体で支援するという論理のもとに，家庭教育の担い手である親の育ちを地域社会が応援するという方向へ家庭教育支援の施策が進められてきたのは前節でみたとおりである。しかし，親を家庭教育の主体として自立させようとするそうした取組が家庭教育の責任を親に，とりわけ母親に帰してしまう前提を伏在させていることは，気づかれにくい。家庭教育支援の取組は，「子ども・子育て支援」がそうであるように，今ある社会制度をジェンダーの視点やワーク・ライフ・バランスの考え方，次世代を担う子ども・若者に対する社会保障の観点から広範に見直し，家庭教育をめぐる環境そのものを組み換え，再構築していこうとする志向を併せもつべきであろう。

(2) 家庭教育支援の推進に向けて

　家庭教育支援については，すべての親や保護者を対象とする取組と比較すると，困難をかかえている子どもをもっていたり，自身に困難をかかえていたりする親や保護者に支援を届ける取組がまだまだ十分でないという全般的な課題が指摘されている。それゆえ，乳幼児期から子どもの自立まで「切れ目のない支援」が求められ，保健や福祉などの行政担当部局ならびに関連諸機関とのいっそうの連携が喫緊の課題となっている[17]。

　いっぽうで，家庭教育支援の営みを生涯学習という視角から俯瞰すれば，支援する側と支援される側の双方がともに学び育つ関係にあることこそが重要である。支援される親や保護者にとって，また家庭教育支援にたずさわる者にとっても，そのかかわり自体が，地域への理解と愛着を深め，地域住民一人ひとりを地域づくりの主体として成長させる自己革新のプロセスとなる。さらに，支援する側と支援される側が世代交代とともに循環することは，家庭を規定する社会制度のあり方などについて，地域住民が通時的に思考することも可能にする。そうした視点と展望が，他の行政部局や関連機関と連携した今後の家庭教育支援を豊かで魅力的なものにするであろう。

【天野　かおり】

【注】
1)　本章は，以下の論文をもとに執筆した。志々田まなみ・天野かおり・熊谷愼之輔・佐々木保孝「学校・家庭・地域の連携協働による家庭教育支援体制の課題について」『日本生涯教育学会論集』第39号，2018，p.23-32.
2)　小玉亮子「教育政策における〈家族〉の何が問題か」広田照幸編『〈理想の家族〉はどこにあるのか？』教育開発研究所，2002，p.112.
3)　家庭教育支援の推進に関する検討委員会「つながりが創る豊かな家庭教育〜親子が元気になる家庭教育支援を目指して〜」2012，p.5-6.
4)　文部省編集・監修『学制百二十年史』ぎょうせい，1992，p.483.
5)　服部英二「家庭教育学級（かていきょういくがっきゅう）」『生涯学習研究e事典』日本生涯教育学会ウェブサイト http://ejiten.javea.or.jp/contentcc83.html（2020年8月31日最終閲覧）.
6)　文部省編集・監修，前掲，p.483-484.
7)　多賀太「『父親の家庭教育』言説と階層・ジェンダー構造の変化」関西大学教育学

会『教育科学セミナリー』第 41 巻，2010，p.2.

8) 「今後の家庭教育支援の充実についての懇談会」中間報告，2002.

9) 岡田みゆき・伊藤葉子・一見真理子「地方公共団体における父親の子育て支援」『日本家政学会誌』第 6 巻第 1 号，2014，p.42.

10) 内閣府『平成 17 年版 国民生活白書：子育て世代の意識と生活』2005，p.185.

11) 文部科学省「第一期教育振興基本計画」(2008 年 7 月 1 日閣議決定) p.39.

12) 志々田まなみ・天野かおり・熊谷愼之輔「学校・家庭・地域の連携・協力事業の『有機的な組み合わせ』をめぐる課題」『広島経済大学研究論集』第 34 巻第 2 号，2011 年，p.52-53.

13) 文部科学省「第二期教育振興基本計画」(2013 年 6 月 14 日閣議決定) p.67-68.

14) 文部科学省「家庭教育支援チーム 登録一覧 (2020 年 8 月 19 日現在)」http://katei.mext.go.jp/contents4/pdf/R208_teamichiran.pdf (2020 年 8 月 31 日最終閲覧).

15) 文部科学省「第三期教育振興基本計画」(2018 年 6 月 15 日閣議決定) p.75.

16) 松木洋人『子育て支援の社会学：社会化のジレンマと家族の変容』新泉社，2013，p.22，30-37.

17) 家庭教育支援の推進に関する検討委員会，前掲，p.10-11.

キーワード

家庭の教育力　地域の教育力　教育振興基本計画　家庭教育支援チーム　少子化対策
子ども・子育て支援　子育て私事論　子育ての社会化　核家族化　都市化

この章を深めるために

(1) 教育振興基本計画において，家庭教育支援がどのように方向づけられているか，調べて検討してみよう。

(2) 家庭教育支援がはらむ課題について，自分の考えをまとめてみよう。

【参考文献】

松木洋人『子育て支援の社会学：社会化のジレンマと家族の変容』新泉社，2013

第16章　社会教育経営の課題

1　評価と調査

(1) 社会教育経営における評価の重要性

　本章では，ここまで各章で部分的に論じられることはあったにせよ十分ではなかった社会教育経営の課題を，3点に絞って取り上げたい。

　課題の1点目は「評価」である。

　かつて「『経営』という表現を前面に打ち出した社会教育関係の出版物は本書をもって嚆矢（筆者注：嚆矢の意か）とする」との謳い文句で刊行された塚本哲人・古野有隣編『社会教育の経営』（第一法規，1979）は，「Ⅰ　社会教育経営の評価」から始まっていた。同書は社会教育経営を「①目標設定，②計画立案，③計画実践，④自己評価の4つのステップ」と定めたが，「評価」の視点を踏まえることが目標設定，計画立案，計画実践には不可欠であるという考えを表していたのだろう[1]。

　社会教育経営に「評価」が不可欠であることは言うまでもなく，本書でもたびたびふれてきたところである。社会教育経営の評価としては，主には行政評価（第2章）と施設評価（第5章）があり，以前より日常的に行われていた営みではあるが，法律に明記されたのは2000年代に入ってからのことである。ここで改めて確認しておこう。

　教育委員会の所掌事務（社会教育行政を含む）について毎年点検・評価を行うことを定めた「地方教育行政の組織及び運営に関する法律」（以下，地教行法）第26条は，2007年の法改正で新たに設けられたものである。同条に基づき，各教育委員会では点検・評価を実施し，その結果に関する報告書は議会に提出

するとともに，公表しなければならないとされた（ウェブサイトから報告書が入手可能な自治体もある）。第2項では，点検・評価にあたり学識経験者の知見を活用することも定めているが，それは客観性を確保するためである。

　社会教育施設の評価については，社会教育法，図書館法，博物館法がそれぞれ2008年に改正され，公民館，図書館，博物館の運営状況について評価を行うとともに，その結果に基づき改善措置を講ずるよう努めることが明記された[2]。社会教育施設の評価においては，利用者である地域住民等の意向が適切に反映され，かつ評価の透明性・客観性が確保されるよう，公民館運営審議会や図書館協議会，博物館協議会等を活用するなど，外部の視点を入れた評価を導入することが望ましいとされている。

　行政評価にせよ施設評価にせよ，評価とは目標が明確であることを前提に，その目標への達成度を測ることであるが，社会教育の目標は曖昧なものが少なくなく，そのことに伴う困難さがあるのも事実である。たとえば，「地域住民の学習意欲の高まり」や「地域の絆の深化」のような目標は，到達点を量的データとして明確に示しにくい。佐藤晴雄は，社会教育経営の研究が独自の位置づけを与えられてこなかった原因の1つに「教育目標が曖昧あるいは欠如していること」をあげているが[3]，出発点である目標が曖昧である，あるいは欠如しているようでは，計画立案，実施，評価，改善の「PDCAサイクル」が空回りになりかねない。

　そこで近年では「数値目標を掲げること」が推奨される傾向にあるが，ではどのような数値目標を設定すればよいのかという問題が生じる。新規事業，あるいは既存事業で従来著しく参加者が少ない（あるいは満足度が低い）ものに対して改善を図るために数値目標を掲げるという場合は理解できるが，自治体の人口が減少傾向にあるにもかかわらず，やみくもに施設利用者数や事業参加者数等の増加をめざす，あるいは逆に，のちの評価を恐れて達成が確実な「低めの」数値を掲げるなど，数値目標の設定のあり方が問題視されることはしばしばである。合理的根拠があって掲げられている数値目標であればよいが，そうでなければ数字合わせに汲々とすることになりかねないだろう[4]。

（2） EBPM と調査

このように評価を実施するためには目標設定が重要ということになるわけだが，そのためには現状を可能なかぎり正確に把握することが必要となる[5]。

新たな目標を設定し，その目標を達成するために新たな計画を立案する（あるいは既存の計画を再検討する）際に，客観的根拠に基づくことが求められるのは当然である。その点について，第三期教育振興基本計画（2018 年 6 月 15 日閣議決定）が，客観的な根拠を重視した行政運営に取り組んでいくこと，すなわち，国レベルでは「教育政策に関する EBPM（Evidence-Based Policy Making：筆者注）を推進する体制を文部科学省に構築するとともに，国立教育政策研究所における，客観的な根拠に基づく政策に資する研究を進める体制整備を進める」と述べていたことが思い出されよう。国は各種調査を実施しているが，まずは，統計法に基づく基幹統計調査として 1960 年から原則 3 年に 1 回実施されている社会教育調査がある（市町村別に分析することも可能である）。文部科学省あるいは国立教育政策研究所社会教育実践研究センターでは社会教育（および関連領域）に関するさまざまな調査を毎年実施しており，内閣府では「生涯学習に関する世論調査」を数年ごとに実施している。そのほか，さまざまな調査を国は行っており，これらについてはそれぞれの機関のウェブサイトから，あるいは「政府統計の総合窓口（e-Stat）」から入手できる（巻末資料を参照）。

いっぽう，自治体（とりわけ基礎自治体である市町村）では，日常的な社会教育の取組・事業を通して，たとえば，公立社会教育施設の利用人数などの基礎データや，施設利用者あるいは事業参加者へのアンケートで得られたデータなどを蓄積している（はずである）。連携・協働の相手となりうる社会教育関係団体，社会教育にかかわる NPO，企業，高等教育機関などの実態を把握することも日頃から行っているだろう。「調査」と意識して実施しているかどうかはさておき，日常的なデータの蓄積こそが次の計画の目標設定には重要である。それらとは別に，社会教育計画を策定する際に，住民の学習実態や学習ニーズを把握するための質問紙調査が実施されることは少なくない。一般的には無作為抽出法による標本調査として実施されるが，社会調査の手法についての基礎

知識は知っておくことが必要である[6]。自治体が実施する調査は必ずしも公表されるとは限らないが，結果の一部がウェブサイトで公開される場合もある。

2　危機管理

(1)　社会教育施設における危機管理

課題の2点目は「危機管理」である。

社会教育経営は，平時だけでなく，非常時のことも想定しておくことが必要である。一般的に危機管理には，①あらゆる危機の発生を事前に想定し，危機の発生を未然に防止する「事前対策」，②危機発生直後に被害を最小限に食い止め，迅速に危機に対処する「緊急対策」，そして，③危機が一応収まった段階で復旧・復興（および再発防止）をはかる「事後対策」の要素がある。

学校教育においては，学校保健安全法（1958年法律第56号）の第26条において，学校の設置者は，児童生徒らの安全の確保を図るため，事故，加害行為，災害などにより児童生徒らに生ずる危険を防止する，あるいは危険・危害が現に生じた場合において適切に対処することができるよう，学校施設・設備ならびに管理運営体制の整備充実などの必要な措置を講ずるよう努めるとされている。あわせて，学校は学校安全計画（第27条）および危険等発生時対処要領（第29条）を策定・作成することになっている。

社会教育も同様であり，社会教育施設には多くの人々が集まるため，危機管理には十分な注意を払う必要がある。学校保健安全法のような法的な定めはないが，たとえば，図書館の設置及び運営上の望ましい基準の「第一　総則」のなかには，「1　図書館は，事故，災害その他非常の事態による被害を防止するため，当該図書館の特性を考慮しつつ，想定される事態に係る危機管理に関する手引書の作成，関係機関と連携した危機管理に関する訓練の定期的な実施その他の十分な措置を講じるものとする。2　図書館は，利用者の安全の確保のため，防災上及び衛生上必要な設備を備えるものとする」という記載がある（博物館の設置及び運営上の望ましい基準も同様である）。事前対策よりの内容となって

いるが，緊急対策および事後対策も視野に入れた危機管理が求められる。

（2） ICT 活用―危機管理の観点から

このことに関連して，危機管理という観点からの ICT 活用について，一層の検討が望まれよう。記憶に新しいところでは，2020 年春以降の新型コロナウィルス感染症（COVID-19）の拡大により，多くの社会教育施設が閉館となり，社会教育の事業が中止になった。当時，学校も休校となり教育を受ける権利が問題となったが，これは社会教育においても問われることである。物理的な場としての教育施設が使用不可能になったとき，学びをどのように継続しうるかは，危機管理の一部として考えなければならない。

その 1 つの方法が ICT の活用である。第 5 期科学技術基本計画（2016 年 1 月22 日閣議決定）では，ICT を最大限に活用し，サイバー空間とフィジカル空間（現実世界）とを融合させた取組により，人々に豊かさをもたらす「超スマート社会」[7] を未来社会の姿として共有し，その実現に向けた一連の取組をさらに深化させつつ Society 5.0 として強力に推進することがうたわれた。学校教育については，学校教育の情報化の推進に関する法律（2019 年法律第 47 号）が施行され，整備活用が一層進みつつある。

中央教育審議会答申「人口減少時代の新しい地域づくりに向けた社会教育の振興方策について」（2018 年 12 月 21 日）が，情報通信技術の発達を背景とするサイバー空間の発展に対し，「人と人との交流や，書物や作品，資料などを通して実際に五感を使ってリアリティを体験することができる場としても，社会教育施設の重要性は高まっている」と指摘したことにみられるように，社会教育においては，これまでどちらかといえばリアルな「体験」を重視してきた。その重要性が減じることはないが，いっぽう MOOCs（Massive Open Online Courses，大規模公開オンライン講座）など，社会人らを対象とするオンラインによる学習機会の提供も広がっている。このような動きは空間的時間的な制約なく学ぶことができるため，これまで長らく論じられてきた周辺的学習者（空間的時間的あるいは経済的制約などにより学習活動に参加できない者）が学習へ参加することの敷居を下げる効果もある。社会教育施設，なかでも図書館・博物館に

おいてはコレクションのデジタル化が進められてきたところではあるが，公民館を含めほかの社会教育施設においての活用も期待されるところである。

ICT については，すでに四半世紀以上にわたって積極的導入がうたわれており，危機管理という観点のみに議論をとどめるものではないが，経営戦略に組み込むことは必要不可欠となっている。

3　住民参加

(1) 住民参加制度は活用されているか

3 点目の課題は「住民参加」である。

社会教育においては，事業実施，施設運営，そして行政への住民参加が，幅広く行われている。法律に定められた住民参加制度，あるいはボランティアによる各種事業実施・施設運営への関与によって，住民は単に教育を受ける「受益者」としての存在にとどまらず，住民の学習を支援する役割をも担っているのである。

社会教育において住民参加が重要であることは，とりわけ「制度」が法にいつ定められたかを確認するとより明瞭になる。社会教育委員，公民館運営審議会，図書館協議会，博物館協議会という住民参加制度は，いずれも 1950 年前後に社会教育法，図書館法，博物館法が制定されたときに設けられたもので，すでに 70 年ほどの歴史をもっている[8]。学校教育への住民参加制度である学校運営協議会（第 10 章）が，2004 年の地教行法改正によって誕生したものであることを思えば，その重要性はわかるであろう。

社会教育法第 4 章に規定された社会教育委員は，社会教育に関する諸計画の立案，教育委員会の諮問に応じての答申や提言，教育委員会の会議における意見具申などを職務としている。社会教育委員の趣旨は「民間人で社会教育に優れた意見を有する人々の卓見良識を社会教育の施策の上に実現せしめようとするもの」[9]であるが，社会教育行政全般にわたって住民の意見を反映させる仕組みである。同様に，社会教育法第 5 章のなかで規定されている公民館運営審

議会は，館長の諮問に応じ，公民館の各種事業の企画実施につき調査審議するものであり，図書館協議会，博物館協議会もそれぞれ図書館法，博物館法に同様に規定されている（図書館協議会，博物館協議会ともに公立館の規定）。

　社会教育委員，公民館運営審議会，図書館協議会，博物館協議会のうち，公民館運営審議会のみ 1999 年以前は必置であったが，現在ではすべて任意設置となっている。とはいえ，社会教育行政も社会教育施設も地域住民のためにあるものであるから，地域住民の意見を聞きながら運営するのは当然であろう。なお，これらの委員は，かつては当該区域の学校長や社会教育関係団体の代表者，学識経験者など，委員の委嘱基準が法に定められていたが，現在では撤廃され，自治体が条例で定めることになっている。

　ただし，これらの制度が活用されているかどうかは別である。任期ごとに答申・提言を行うなど活発に動いている自治体[10]がある一方，形だけ年1〜2回程度の会合をしているにすぎないような，形骸化が指摘される自治体も少なくない。制度の原点に立ち返り，改めてその意義を見直すことが必要である。

(2)「主体的に参加する能力」の育成

　法律に定められた住民参加制度とは別に，広くボランティア活動がみられるのも社会教育の特徴の1つである。平成 30 年度社会教育調査によると，社会教育施設におけるボランティア登録者数は約 48 万人となっている[11]。この数値はボランティアの一部にすぎず，施設に登録されたボランティア以外にも多くのボランティアが活動している。

　住民参加の重要性に対する認識やボランティアの認知度は，昭和末・平成初期と比べて高まったようにみえる。しかし，何に対して（参加場面），いつの時点で（参加時期），誰が参加しているのか（参加者），参加のきっかけは何か（参加動機），そして参加の場を実質的に動かしているのは誰か（参加の権力構造），これらの視点で「住民参加」「ボランティア」といわれている事象を検討すると，果たしてそれが真に自主的・主体的な住民参加・ボランティアであるのかどうか疑わしい場合もある[12]。住民参加制度同様，その内実が問われている。

　社会教育における住民参加を考えるにあたっては，社会教育が住民参加に

よって支えられているという側面とともに，社会教育によって「主体的に参加する能力」を育てるという側面も検討する必要がある。教育基本法第2条には，教育の目標の1つとして「公共の精神に基づき，主体的に社会の形成に参画し，その発展に寄与する態度を養うこと」が掲げられている。住民参加のためのさまざまな機会や制度が用意されたとしても，住民自身に参加の意思・態度がなければ住民参加は進まないことはいうまでもない。都市化や核家族化・少子化などの進展により，人々の地域社会へのかかわり方は大きく変容し，近年では地縁，血縁，社縁（会社の人間関係），趣味の集まりなど共通の目的を達成するための団体による縁，これらの縁をまったくもたない「無縁」も社会問題としてクローズアップされている[13]。どのような取組によって「主体的に参加する能力」を育成することができるだろうか。

学校教育においては，2002年の中央教育審議会答申「青少年の奉仕活動・体験活動の推進方策等について」以降，社会奉仕体験活動，自然体験活動，職業体験活動などさまざまな体験活動によって，子どものころから社会の一員であることを意識させる取組がカリキュラムに組み込まれるようになった。しかし「主体的に参加する能力」の育成は若年層だけの課題ではない。団塊世代が定年退職を迎えた2000年代以降，社会教育施設で団塊世代の地域デビューをうたう取組が多くみられるようになったが[14]，会社以外に居場所をもたず，地域社会で活動することの乏しかった団塊世代の人々（とくに男性）が地域に参加するきっかけを提供するものであった。このような取組は今後も必要であろう。OECD教育研究革新センター（CERI）の研究によると，先進国では教育レベルが上がっても市民・社会的関与（Civic and Social Engagement）は上昇しない（実際には多くの国で低下している）という「参加のパラドックス」がみられるという[15]。社会の形成に主体的に参加するためのシティズンシップ（Citizenship）教育は国際的な共通課題である。

(3) 社会教育経営を担うのは誰か

2010年の「新しい公共」宣言[16]は「公共は官だけが担うものではない」ことを宣言したものであったが，社会教育の本質が自律性，自発性に基づく国民

の自己教育および相互教育であり，多様な主体との連携・協働によって進めていくものである以上，社会教育は官だけが担うものではないというのは改めていうまでもない。社会教育経営を担うのは，行政においては社会教育主事，施設においては公民館主事などの専門的職員であるとしても，住民をはじめ多様な主体の参加は必須である。

そして，ここにもう１つ加えるならば，社会教育主事講習等規程改正により新たに誕生した「社会教育士」の称号をもつ者が，社会教育行政・社会教育施設の枠を超えて社会教育の推進を果たしていくことも今後望まれよう。

社会教育主事養成課程および社会教育主事講習により得られる社会教育主事資格は，これまで教育委員会における社会教育主事の任用資格として活用されるにとどまっていた（社会教育法第２章）。しかしながら，社会の各分野で社会教育主事の有資格者が，教育委員会の発令を受けずとも，その能力を発揮して活躍することは，社会全体における学習の充実と質の向上につながるものであり望ましいことである。そこで，社会教育活動にたずさわるうえで社会教育主事と同等の資質・能力を有することを示す「社会教育士」が称号として新たに設けられた。

「社会教育士」が，教育委員会ではなく首長部局で，あるいは民間非営利団体，企業，高等教育機関など，社会のさまざまな場，さまざまな機会において，人々の学習支援に活躍することが期待される。

【山本　珠美】

【注】
1) 従来，社会教育において評価が議論される際には２つの側面がある。一方は事業実施主体の評価（行政評価および施設評価），もう一方は学習者の評価（学習成果評価）である。この２つは相互にかかわるものではあるが，本章では前者の観点を論じるものである。
2) 社会教育法，図書館法，博物館法の 2008 年改正に先立ち，公民館の設置及び運営に関する基準（2003 年 6 月 6 日文部科学省告示第 112 号），公立図書館の設置及び運営上の望ましい基準（2001 年文部科学省告示第 132 号，2012 年に現行基準に改正），公立博物館の設置及び運営上の望ましい基準（2003 年文部科学省告示第 113 号，2011

年に現行基準に改正）において，それぞれ点検・評価が盛り込まれている。

3）　2000 年に社会教育経営研究のレビューを行った佐藤は，目標の曖昧さおよび欠如以外に，行政と経営の概念が峻別されにくいこと，社会教育の主体に曖昧性がみられることも理由としてあげている。佐藤晴雄「社会教育経営研究」日本教育経営学会編『教育経営研究の理論と軌跡』〈シリーズ教育の経営 5〉玉川大学出版部，2000，p.43.

4）　そもそも論として，財政計画と連動しない行政計画では，裏付けのない目標を掲げているに過ぎないということも指摘しておかねばならない。なお，社会教育経営の評価については，次の文献も参照のこと。久井英輔「社会教育における評価の意味」鈴木眞理・稲葉隆・藤原文雄編『社会教育の公共性論—社会教育の制度設計と評価を考える』〈講座 転形期の社会教育Ⅴ〉学文社，2016，p.108-124.

5）　塚本・古野編『社会教育の経営』の評価に続く項は「Ⅱ 社会教育経営調査」である。

6）　森岡清志編『ガイドブック社会調査』日本評論社，1998．や盛山和夫『社会調査法入門』有斐閣，2004．など，社会調査に関する教科書は多数ある。なお，調査については次の文献も参照されたい。鈴木眞理「社会教育計画と調査」鈴木眞理・山本珠美・熊谷愼之輔『社会教育計画の基礎［新版］』学文社，2012，p.201-210.

7）　第 5 期科学技術基本計画では，超スマート社会を「必要なもの・サービスを，必要な人に，必要な時に，必要なだけ提供し，社会の様々なニーズにきめ細かに対応でき，あらゆる人が質の高いサービスを受けられ，年齢，性別，地域，言語といった様々な違いを乗り越え，活き活きと快適に暮らすことのできる社会」と定義している。

8）　制度化以前の話として，学習者が自ら学習機会の設定を行うという一種の「住民参加」は，大正時代の自由大学運動など，さらに長い歴史がある。

9）　寺中作雄『社会教育法解説』社会教育図書，1949，p.85.

10）　社会教育委員の活動事例については，一般社団法人社会教育委員連合が発行する雑誌『社教情報』を参照のこと。

11）　ただし，この社会教育施設におけるボランティア登録者数は平成 20 年度の約 60 万人をピークに年々減少傾向にある。関連して，内閣府が実施した令和元年度市民の社会貢献に関する実態調査によると，2018 年の 1 年間にボランティア活動を「したことがある」と回答した人は 17.0％であり，参加した分野はまちづくり・まちおこし（29.9％），子ども・青少年育成（24.1％），地域安全（23.3％），自然・環境保全（18.7％），保健・医療・福祉（17.0％）などである。

12）　参加に関する議論においてしばしば引用されるアーンスタイン（Arnstein, S.R.）の「市民参加の階梯」では，参加は，①操作，②治療，③情報提供，④相談，⑤宥和，⑥パートナーシップ，⑦権限移譲，⑧自主管理の 8 段階に分類されている。そのうち①②は非参加，③④⑤が形式参加の段階，そして⑥⑦⑧が市民権力の段階と区分されている。参加という言葉の含意の幅の広さを考えるにあたって示唆に富む分類である。「市民参加の階梯」は多くの本で紹介されているが，たとえば，篠原一『市民参加』岩波書店，1977，p.115-117．などがある。

13）　たとえば，橘木俊詔『無縁社会の正体—血縁・地縁・社縁はいかに崩壊したか』PHP 研究所，2011．を参照。

14）　たとえば，松本すみ子『地域デビュー指南術—再び輝く団塊シニア』東京法令出版，

  2010. を参照。
15) OECD 教育研究革新センター編著／教育テスト研究センター監訳／坂巻弘之・佐藤
  郡衛・川崎誠司訳『学習の社会的成果—健康，市民・社会的関与と社会関係資本』明
  石書店，2008，p.107.
16) 内閣府ウェブサイト https://www5.cao.go.jp/npc/（2020 年 10 月 30 日最終閲覧）。

キーワード

評価 調査 危機管理 ICT 住民参加 社会教育委員 ボランティア
主体的に参加する能力

この章を深めるために

(1) 社会教育行政あるいは社会教育施設は現在どのような手順・方法により評価されて
  いるか，具体例を調べてみよう。
(2) 社会教育施設における危機管理のあり方を，施設別に考えてみよう。
(3) 社会教育の各種住民参加制度（社会教育委員，公民館運営審議会など）がどのような
  活動を行っているか，具体例を調べてみよう。

【参考文献】
佐藤晴雄「2 章 社会教育経営研究」日本教育経営学会編『教育経営研究の理論と軌跡』〈シリ
  ーズ教育の経営 5〉玉川大学出版部，2000，p.29-46

特論 **1**　学校教職員等が社会教育を学ぶ意義

1　社会教育の足元から

　本書をここまで読み進めた読者であれば，社会教育が法律上どのように定義されているか，近年どのような教育政策の下で社会教育行政や社会教育活動が展開されてきたか，一通り理解が深まったところだろう。社会教育は「個人の要望や社会の要請にこたえ，社会において行われる教育」（教育基本法第 12 条 1 項）であり，すべての国民がその対象とされている。教育を学習支援と捉え直せば，社会において行われるさまざまな学習場面でしかるべき方法によって人々の学びを支援・援助することが求められている。その環境を醸成する総合的な責任を負っているのが，国および地方公共団体であり，その振興方策については「図書館，博物館，公民館その他の社会教育施設の設置，学校の施設の利用，学習の機会及び情報の提供その他の適切な方法」（同法第 12 条 2 項）をとると定められている。

　それは「国民一人一人が，自己の人格を磨き，豊かな人生を送ることができるよう，その生涯にわたって，あらゆる機会に，あらゆる場所において学習することができ，その成果を適切に生かすことのできる社会の実現」（同法第 3 条）という生涯学習の理念とも深く関連している。生涯学習の理念を実現するために，社会教育がどうあるべきかを経営の視点から見つめ直そうというのが本書の趣旨でもあろう。生涯学習振興の視点からいえば，社会教育はもとより学校教育も，教育行政のみならず一般行政も，行政だけでなく人々の学習支援に携わる公益法人や民間教育文化産業，社会教育関係団体，社会教育事業を行うNPO 法人も支援主体である。それらが点から線，線から面へと有機的につな

がることが生涯学習社会への近道であるといえる。その要となるのが社会教育行政であるとともに，先導して積極的な連携・協働を創出することが望まれる。この生涯にわたり保障される学習環境のなかで，人生の初期段階に位置づく学校は重要な役割を担っている。その自覚の下に，児童生徒に対して生涯にわたり学び続ける力を身につけさせるため，教職員の意識の変容が訪れることを願わずにはいられない。

2　地域は学習指導要領の母屋か庇か

　社会教育はノンフォーマル教育であり，教育に係る対象・内容・方法・形態・規模に定めがなく，自発的意思によって参加が決定される。指導者や教授者についても学歴や資格などのフォーマルな要件よりは，その分野での専門的あるいはすぐれた知見や経験などのほうが重視される。場合によっては参加者のほうが豊かな経験を有していることもあり，学び合いの側面が強いことも社会教育の特徴の１つである。これが醍醐味でもあるわけだが，参加者の素性（年齢，職業，経歴など）もわからないところで先生という役割を演じるのは教職員にとっては恐怖かもしれない。これは筆者の経験によるものだが，学校における先生から抜け出してその学び合いの輪のなかに入ればこれまで見えてこなかった景色が見えてくる。じつは先生が最も学ぶチャンスに恵まれていることに気づかされる。教育課程の編成の観点からいえば，地域の豊かな教育資源から受けた刺激は授業の発想や構想力を高め，これまでよりも質の高い授業へと展開できる。

　さて，社会教育の目線で「小学校学習指導要領（平成29年告示）解説総則編」（以下，学習指導要領）を読み進めると，「社会に開かれた教育課程」や「地域とともにある学校」というキーワードが目にとまる。これを組織的に実現させるためには，学校運営協議会（コミュニティ・スクール）や地域学校協働活動との実質的な連携・協働が鍵を握るだろうと直感的に反応する。ただ，社会教育の常識は必ずしも学校教育の常識ではない。教職員はこれらのキーワードをどう

受け止めているのであろうか。

　もう少し，社会教育の常識で引っ張ってみよう。学校運営協議会における協議の中身は，学校の教育目標や育成すべき子ども像を委員全員で共有することから始め，地域で育つ子どもの理想の姿を想像し，地域住民らにできることは何かを自らが熟慮することが順当な流れだろう。おそらく，目の前の児童生徒に懸命に対応する教職員にはこのような展開への発想は浮かばない。良い悪いということではなく，そういう思考パターンには不慣れであり，マインドセットの仕方が異なっているのである。学校から地域住民へ説明責任を果たす方法の１つに，学習指導要領に示されている「学びの地図」[1]がある。教育課程を通した学校と地域との位置関係を確認しあうことで，地域の果たすべき役割や連携・協働の可能性を地域側が考える環境が整うと考えてはどうだろうか。

　それでは，学習指導要領においてキーワードとなっている「社会に開かれた教育課程」を深掘りしてみよう。従来からあるふるさと教育や地域学習と比べると，かなり踏み込んだ内容を含んでいるように思われる。別のキーワードでもある「よりよい学校教育を通じてよりよい社会を創るという目標」とも強く関連している。地域のかかえる諸課題をも包含する教育資源[2]をカリキュラム・マネジメントによって，よりよい教育課程の編成へとつなぎ，未来社会を支える児童生徒を育成しようと企図されている。教育課程の守備範囲を，学校にいる児童生徒の「今」にとどめることなく，持続可能な未来社会の形成へと見通されている。「地域を学び，地域から学ぶ」という学校の枠組みから一歩も出ない教育課程から脱皮し，地域に軸足を移し地域の一員として地域課題へ向き合い地域貢献のあり方を考えさせる教育課程へと転換する必要がある。

　また，学校は「地域社会における重要な役割を担い地域とともに発展していく存在」であり，「学校運営協議会制度や地域学校協働活動等の推進により，学校と地域の連携及び協働の取組を更に広げ，教育課程を介して学校と地域がつながることにより，地域でどのような子供を育てるのかといった目標を共有し，地域とともにある学校づくりが一層効果的に進められていく」（学習指導要領）ことが期待されてもいる。

総論が受け入れられたとして，次は具体的に学校がどのようなアクションを起こせばよいのかが問題となる。そこには地域の多様性という困難さが立ちはだかっている。地域といっても「都市，農村，山村，漁村など生活条件や環境の違いがあり，産業，経済，文化等にそれぞれ特色」があり，その特殊性が全国一律の取組を阻んでいる。さらに学習指導要領には，学校の教育目標の設定や教育課程の編成，指導内容の選択にあたって，上記のような地域社会の実態を十分考慮することが重要であるとしている。とくに，教育課程や指導内容に関していえば「地域の教育資源や学習環境（近隣の学校，社会教育施設，児童の学習に協力することのできる人材等）の実態を考慮」（以上，学習指導要領）することが必要であるとしているのである。ハードルは高いといえるが，このまま手をこまねいていれば，子どもの学びが教室から抜け出せない従来のふるさと教育や地域学習の域を出ず，次の学習指導要領の改訂を迎えることになる。発想の転換を図るためにも，それぞれの地域で実践されている社会教育活動から学ぶ必要があるだろう。

3　地域を射程に入れる学校

　これまで児童生徒の教育にかかわる教職員には，「使命感や責任感，教育的愛情，教科や教職に関する専門的知識，実践的指導力，総合的人間力，コミュニケーション能力等」の資質能力が求められていた。これらは教員が教壇に立って授業をしたり，日常的に児童生徒とかかわったりする際に必要な資質能力と考えられる。近年，さらに「自律的に学ぶ姿勢を持ち，時代の変化や自らのキャリアステージに応じて求められる資質能力を生涯にわたって高めていくことのできる力」や「情報を適切に収集し，選択し，活用する能力や知識を有機的に結びつけ構造化する力」なども加えられることとなった。多様な環境で育つ児童生徒に向き合うために，教員の職務遂行能力だけでなく，もう一段階上の現代社会への適応能力や人間的成長を遂げることが求められている（中央教育審議会「これからの学校教育を担う教員の資質能力の向上について～学び合い，高

め合う教員養成コミュニティの構築に向けて～（答申）」2015年12月21日；以下，答申❶）。

　背景には，予測困難な未来社会があり，過去に経験したことのないスピードで変化しつづける社会がある。今後，学校は地域のなかにあって，地域における拠点機能も有し，地域の持続可能性も見据えた教育活動の展開が期待されている。地方創生の観点から「学校を核とした地域づくり」の実現に向けた学校へ転換できないかという社会からの要請もある。「子供に地域への愛着や誇りを育み」「地域の将来を担う人材の育成を図り」「地域住民のつながりを深め」「自立した地域社会の基盤の構築・活性化を図る」という趣旨である（中央教育審議会「新しい時代の教育や地方創生の実現に向けた学校と地域の連携・協働の在り方と今後の推進方策について（答申）」2015年12月21日）。そこまで一気に到達しようとすれば，教職員のみならず，地域住民も含めた意識改革を図らなければならない。学校が自己完結的に教育活動を行う時代はもはや終焉を迎え，地域に存在するあらゆる機能が有機的に連携し，よりよい地域づくりに貢献することが求められている。学校の立場からすれば，それこそがチーム学校であり，ともすれば教員のキャリアに不足しがちな力である「多様な専門性を持つ人材と効果的に連携・分担し，組織的・協働的に諸課題の解決に取り組む力」（答申❶）をどのように獲得するかが課題となっている。

　新たな教育課題も急激な社会変化とともに増大してきている。教育課題については，学校内に起因するものもあるが，そもそも家庭や社会の影響を色濃く受けているため，学校単独の取組で解決できるものではなくなっている。それにもかかわらず悲劇的なのは，対応については学校がかなりの部分を引き受けなければならないということである。このこと自体はとても理不尽なことなのだが，日常的に登校してくる児童生徒に対して課題に関する教育活動を行いさえすれば，もれなく対応が完了したとするアリバイにすり替えられるのである。この問題を健全化するためには，地域と学校の連携・協働によって，地域の側にも児童生徒の成長発達を支える主体としての意識をもってもらうことが大切である。つまり，地域で暮らす児童生徒に係る教育課題について，地域住民ら

が正面から向き合うよう意思形成を行い，取組へと展開する動きをつくるのである。

　早寝早起き朝ごはんの取組を例としよう。国民運動として全国展開が始まった 2006 年当時から，家庭での子どもの生活習慣に関する状況調査は当然のことのように学校が引き受けていた。朝ごはんの摂取状況が学力テストの結果と相関関係にあるということで，学校も調査に応じることとなり，しばらく継続実施された。結果的にこの運動は全国協議会 (http://www.hayanehayaoki.jp) を組織し，多くの企業や関係者を巻き込むことで，学校だけに取組を押しつける構造にはならずに済んでいるが，実態の改善については課題をかかえる家庭への介入は困難であり，その成果については心許ないかぎりである。この取組が直接的なきっかけとなっているわけではないが，子どもの貧困（家庭の貧困，家庭の養育能力の低下など含む）に端を発する「こども食堂」の取組が全国各地に広がっているものの，根本的な解決にはほど遠い。そのほか，防災教育や環境教育，消費者教育，金融教育，情報教育，国際理解教育，薬物乱用防止教育なども新たな教育課題として学校のなかに入り込んできたものである。

　突発的な課題について，緊急性や網羅性を理由に学校に押しつけることは慎むべきであろう。つまり，社会課題をすぐさま教育課題に変換して，にわか仕込みの教員が児童生徒に教え込むことが本当に正しいことか吟味する必要がある。ただし，課題対応に係る役割や責任に厳密さを求めすぎると，鶏と卵の話に陥り誰も手を出さなくなる。学校の立場として，地域の立場として，連携・協働の立場として，有効な取組を検討し，実際に進めることが大切である。たとえば，地域と学校との連携・協働を前提として，教員とは違う専門家が学校の内外で児童生徒に教えたり，考える題材を与えて一緒に考えたりする場を設けることがあってもいいだろう。社会教育や関連する専門機関の協力を得るという発想をもつことも必要である。付け加えるのであれば，PTA などの研修の機会を活用して，できれば学校運営協議会の研修も兼ねて，ステイクホルダーが新たな教育課題にふれ考えることで，徐々にチーム学校の風土に近づくような機会があるとよい。

4 社会教育法からみる地域と学校の連携・協働

　社会教育を学ぶ意義について，社会教育法から理解を広げてみよう。本書の読者であれば周知のことであろうが，同法で定める社会教育は「学校の教育課程として行われる教育活動を除き，主として青少年及び成人に対して行われる組織的な教育活動（体育及びレクリエーションの活動を含む。）」（第2条）とされる。条文前半の「学校の教育課程として行われる教育活動を除き」という表現の印象が強いため，教職員としては社会教育を他人事と捉えてしまう傾向にある。家庭や地域においても子どもの人格形成がなされている現実に目を向ければ，社会教育での教育機会や活動実態を知ることは学校経営や学級経営，教科指導，生徒指導などに有益であることは明らかである。

　同法では，市区町村の教育委員会の事務として，「主として学齢児童及び学齢生徒に対し，学校の授業の終了後又は休業日において学校，社会教育施設その他適切な施設を利用して行う学習その他の活動の機会を提供する事業の実施並びにその奨励に関すること」「青少年に対しボランティア活動など社会奉仕体験活動，自然体験活動その他の体験活動の機会を提供する事業の実施及びその奨励に関すること」「社会教育における学習の機会を利用して行った学習の成果を活用して学校，社会教育施設その他地域において行う教育活動その他の活動の機会を提供する事業の実施及びその奨励に関すること」（第5条十三号〜十五号）を列挙している。これらの事業については，それぞれの地域の実態に即し，当該教育委員会の判断により実施されているため，全国一律に展開されているわけではない。それぞれの地域で，教職員にとって重要な情報であると思われるが，ほとんど届いていないのが実態である。生きた社会教育（子どもを育む地域の熱意と子どもの姿）を実感するために，アンテナを高くしてほしい。

　そのアンテナを磨くために最も有効な方法は「社会教育主事講習」の受講である。講習科目には，社会教育の歴史や理論等の座学に加え，現地視察等のインタビュー調査や事例研究を通した演習などが含まれる。2020年度より，社会教育主事講習等規定が改正され，講習修了者には社会教育士の称号が付与さ

れるなど資格の汎用性が高まり，新たなネットワークの構築が期待されている。社会教育士の称号をもつ教職員が各学校に複数配置される時代を迎えれば，「地域とともにある学校」は広く市民権を得るであろう。

　とくに前掲の十五号については，カリキュラム・マネジメントとアクティブ・ラーニングの観点から，児童生徒の成長を軸に捉え直すことも可能である。学校における児童生徒の教科学習などの成果を活用し，異校種（高校生が中学生へ，小学生が園児へと何らかの支援活動を行うなど）や社会教育施設そのほか地域において行われる教育活動（地域課題への取組や地域行事への参画など）への道筋を整えることは有効である。児童生徒の意識を，支援される側から支援する側へと転換させることで教育効果を高めることができる。教育活動の主体を児童生徒に移すことで，他者や地域に貢献する活動，地域課題の解決に向けた活動へと展開させるのである。それらは既出の「よりよい学校教育を通してよりよい社会を創る」の考え方に沿った取組でもあり，学校の教育課程として実施されている「総合的な学習の時間」（小・中学校）や「総合的な探究の時間」（高等学校）との親和性も高い。教科にとらわれることのない，育成したい子ども像や教育目標にも調和的である。教職員にとっては，児童生徒の育ちを当該学校の在籍時や教育課程内という時空間に縛られず，中長期的に見通せる広い視野も獲得してほしい。

　このような理想状況に近づけるためには，地域においても児童生徒が成長する場を拡充させ，教育課程と関連づけていく必要がある。これを教職員の努力のみで行うことは到底できないため，地域に豊かな人的ネットワークを有し，学校と地域との橋渡しのできる人材を確保することが鍵を握る。社会教育法には「社会的信望があり，かつ，地域学校協働活動の推進に熱意と識見を有する者のうちから，地域学校協働活動推進員を委嘱することができる」（第9条の7第1項）とあり，行政区域や中学校区などにおいて広域的にコーディネートできる人材の配置が可能となっている。その役割は「教育委員会の施策に協力して，地域住民等と学校との間の情報の共有を図るとともに，地域学校協働活動を行う地域住民等に対する助言その他の援助を行う」（同上第2項）とされてお

り，人的体制整備のための条件は揃っている。

　さて，ここで問題となってくるのは，学校のよきパートナーとして地域のさまざまな資源と学校とをつなぐことのできる人材の発掘である。全国の好事例を見わたすと，有能なコーディネーターの多くはPTAの役員経験者であることがわかる。また，公民館長や公民館主事らがコーディネーターを兼ねているところでもすぐれた実践が報告されている。じつは学校の最も身近なPTAや公民館こそ人材の宝庫なのである。前者は社会教育関係団体であり，児童生徒の成長発達に教職員とともに責任を果たす，膨大な数の保護者を擁する組織である。歴代のPTA役員に相談することで適切な助言が得られるであろう。後者は全国約1万4000カ所に設置されている社会教育施設である。その門をたたけば学校の相談に気安く乗ってくれる。教職員が社会教育から学ぶ意義はここからも明らかである。

5　教職員の学びの新機軸

　教育基本法には「法律に定める学校の教員は，自己の崇高な使命を深く自覚し，絶えず研究と修養に励み，その職責の遂行に努めなければならない」（第9条）と規定されている。教職とはたゆまぬ研究と研修に裏打ちされた崇高な職責であることは明らかであり，社会も強くそれを望んでいる。また，中央教育審議会は，「教員が探求力を持ち，学び続ける存在であることが不可欠」とする「『学び続ける教員像』の確立」を求めた。そこに期待されている教員像は「社会からの尊敬・信頼を受ける教員」「思考力・判断力・表現力等を育成する実践的指導力を有する教員」「困難な課題に同僚と協働し，地域と連携して対応する教員」などであった（答申❶）。

　ひるがえって，教職員は十分な社会経験や教育実践を積んでから教職に就いているわけではない。大学卒業後間もなく教員として採用されたとしても，最初から「一人前の先生」であることが求められるという特殊性をもっている。教職年数を重ねることで経験が豊かになるのだが，急激に変化する社会におい

ては学校や教室でのOJT（On the Job Training）だけでは不十分である。職場を離れて知識や技能をリフレッシュするOff-JT（Off the Job Training）がますます重要となっている。自己完結では済まされない学校教育に風穴を開けるための学びに社会教育をぜひとも組み込んでほしい。

　筆者とともに仕事をしてきた教員籍社会教育主事の多くは，学びに貪欲で足しげく実践現場に通っていた。その背後には，人間関係が固定化された閉鎖空間にある学校と，多様な魅力ある人々から学び取ることのできる開放空間である社会教育との違いが大きいと推察される。不案内な世界に興味を抱き，そこから刺激を受け，学びへの意欲が行動へと発展し，正のスパイラルを生み出している。社会教育の実践現場は多くの魅力的な資源に溢れている。

【清國　祐二】

【注】
1）「学びの地図」とは学習指導要領の記載内容に基づき，児童生徒の育成像を学校，家庭，地域の関係者が幅広く共有し活用するための概念図をさす。
2）　教育資源とは児童生徒の学びに即時的に役立つ正の地域資源のみをさす傾向にあったが，解決困難な負の地域資源も同様に含んでいる。この転換によって，地域住民らと教職員，児童生徒とが真のパートナーとなるだろう。

特論 *2*　社会教育計画と社会教育経営

1　社会教育計画という科目

　かつて，社会教育主事の養成のための科目には，「社会教育計画」は存在しなかった。「社会教育施設」や「社会教育行政」に関する科目が統合されるような形で「社会教育計画」という科目が登場したのである。

　そんなことを知らなくても，多くの人，とくに初心者は何も問題を感じないだろう。社会教育のことを勉強するのでなく，社会教育主事の資格を得るだけなのだからと考える人が多いはずである。ただ，それを知ることが社会教育の本質を理解し，社会教育主事の役割を考えることの基礎であることに気がつかなければいけない。どのような背景があって，「現在」があるのかを知ることは，どんな領域においても，必要なことであろう。社会教育主事として働くことを想定するのなら，当然のことなのだろうと思うのだが，時代錯誤なのか。

　その「社会教育計画」も，導入当初は，批判の対象でもあった。社会教育計画は，いわゆる「上から」の計画であって，それを住民に押しつけるものになるという発想からくる批判である。しかし，計画は，そのような性格をもつものだけだとは限らない。「上から」に対応して「下から」の計画も考えられるわけで，そのあたりの観点で考えてみるといいのかもしれない。なぜここで「社会教育計画」にこだわるのか，それを考えながら読み進められるといい。

2　『行政必携』と社会教育法第五条

　『生涯学習・社会教育行政必携』（生涯学習・社会教育行政研究会編集・第一法規）

という本がある。本というより，資料集というものであって，「生涯学習・社会教育関係諸法令」や「生涯学習・社会教育関係者の日常の仕事に必要な通知・通達，答申，建議，補助金調査要綱および統計資料など」を収録したものであり，「生涯学習・社会教育行政全般の理解に役立て」るために編集したものであるという（令和2年版，「凡例」）。1962（昭和37）年に『社会教育必携』として隔年で刊行され，1973（昭和48）年版からは『社会教育行政必携』と改称し，1990（平成2）年版から『生涯学習・社会教育行政必携』という現在の書名になったものである。これは，すでに教員や社会教育関係職員として勤務している人を対象とした社会教育主事講習においては，まさに「必携」の資料として購入を勧められるようなものであり，仕事の現場・役所でも机上に置かれているものである。

この『生涯学習・社会教育行政必携』の2000（平成22）年版には基本法令としては，日本国憲法と教育基本法が収録されているが，それまで基本法令に位置づいていた社会教育法は，「生涯学習基盤整備等」という章に「押しやられて」いた。次の2002（平成24）年版からは，1998（平成20）年版以前と同じ，基本法令という位置づけに戻っており，いかにも奇妙なことであった。そもそも，この本の編集は，「生涯学習・社会教育行政研究会」ということであるが，かつては「文部省内社会教育行政研究会」となっていたのであり，ほかの中央官庁でも同様であるが，役所内で編集作業が行われており，そこの判断が働いていたのは自明のことであった。

どういう合理的な判断だったのか，誰のどういう「気まぐれ」だったのか詮索しても仕方ないが，社会教育法を基本法令から外すというような重要なことが，いとも簡単に行われるということは認識しておいていいことであろう。行政の判断は，必ずしも原理に即して深い検討があってなされるものではなく，そのときの何らかの都合や「行きがかり」に左右されるものもあるのだろう。

社会教育法第五条は，市町村の事務に関しての規定である。

そこでは「市（特別区を含む，以下同じ）町村の教育委員会は，社会教育に関し，当該地方の必要に応じ，予算の範囲内において，次の事務を行う。」として，

2020年現在,「一 社会教育に必要な援助を行うこと」から「十九 その他第三条第一項の任務を達成するに必要な事務」と合計19の事務が示されている。社会教育法の制定当初は,示される事務は14であった。それが,たとえば青年学級振興法の廃止に伴って青年学級の開設及び運営に関する事務が削除されるなどのこともあったが,全体としては示される事務は次第に増え,(たとえば,家庭教育に関する学習の機会提供・奨励,青少年に対するボランティア活動などの社会奉仕体験活動・自然体験活動の機会提供・奨励,情報化への対応,児童生徒への放課後・休業日に学校や社会教育施設での学習機会の提供と奨励,社会教育の学習の成果の教育機会での活用の機会提供・奨励,社会教育に関する情報収集・整理・提供,など)十九号までの事務が示されるようになっている。さらに2017年には,第五条には,地域学校協働活動に関連した第二項が,2019年には,公民館等の施設に関して地方公共団体の長に権限を与える規定が,第三項として付加された。

　市町村がかかわる事務が多岐にわたってきているということがよくわかる変遷である。ただしかし,このことは,そう簡単なこと,単純なことではないと考えたほうがいいのではなかろうか。なぜ,ここまで細々したことをいちいち示さなければいけないのだろうか。さまざまな事務を,「中央」で用意してやる,という発想がみえているとは考えられないだろうか。事務とはいうが,基本的には市町村の教育委員会が,社会教育施設等を会場にして,講座・学級という形で展開させる社会教育事業である。どのような事業を実施するかは,市町村の教育委員会が,後述する社会教育委員の活動や社会教育主事の職務などを中心にして検討・企画していくものではないのか。その内容が,「中央」で推奨されているということは,どういうことなのだろうか。

　あくまでも,さまざまな規制を緩和して「地方」が自身の考えで活動を展開できるようにする方策であるという「説明」がなされるのだろうが,社会教育行政で想定されている,地方分権を前提とした中央地方関係が崩れている,「中央」の側は「地方」を信頼しない,「地方」は「中央」に頼り切っているという状況は存在しないか。そのような根本的な問題を検討する必要があるのだろう。法律に書き込まないと,補助金を出す根拠がない,それゆえ細々と社会教

育法に書き込んでいるという説明も聞くが，本来，社会教育法の発想は，中央が地方を庇護するということでもなく，地方の自律した行動を支援していくところにあると考えるのは誤りなのであろうか。これは，中央地方の関係だけでなく，行政民間の関係にもいえることでもあるのだが。

3　社会教育法が意図する社会教育の構成

　ここで，社会教育という場合，行政，それも社会教育行政が関与する社会教育のことである。基本的には，国にあっては文部科学省の総合教育政策局，地方（都道府県・市区町村）にあっては，教育委員会が関与する社会教育といっていい（基本的には，という言葉を加えなければいけないところについても悩ましいのだが。たとえば，すでにふれた，社会教育法第五条第三項の問題を想起するといい）。

　社会教育法は，社会教育主事，社会教育関係団体，社会教育委員，社会教育施設についての規定が柱になっている[1]。

　これらは，行政による社会教育は，個人の学習活動を支援する教育であり，それは自立し自律的に活動する団体や，学習活動を支援するための仕組みをもった施設を拠点としながら，専門的職員によって調整・支援され，住民の参加を基礎として，地域分権的に進められるということを前提とした仕組みとしている，ということを示していると考えられるだろう。それは，全体として考えられることであって，個別の要素単独で意味があるということではない。それぞれの要素が，分かちがたく関連してこそ意味があるというわけなのである。

　団体・施設・職員・委員は，それぞれ，自律・拠点・調整・参加というキーワードを体現する学習活動支援の要素として位置づけられ，これらは，全体として，行政の担う社会教育を構成するということなのである。

　これは，もちろん行政による社会教育は，教育行政の範疇で展開されるものであるということを前提にする考え方である。ところが，そのあたりが，きわめて不安定になってきている状況があることも明らかである。前述した「社会教育法は生涯学習・社会教育行政の基本法令ではない」という発想からの「一

瞬の」動きは，そのことを如実に表していると考えられる。そのことを感じとった指摘も少ない[2]。

　また，前提の部分に制度的変更が加えられた場合には，混乱や矛盾が生じることもある。たとえば，公の施設に指定管理者の制度が導入されたことによってどういうことが問題となったか。そもそも，各種の社会教育施設の多く（とくに公民館・図書館・青少年教育施設など）は「公設公営」（こういう言葉遣い自体が考えられるものではなかった）が基本であって，そこには公民館運営審議会や図書館協議会・博物館協議会などの設置が想定されていた（公民館運営審議会は「必置」であった）。指定管理者制度が導入されると，その住民参加の委員会は，どこに対して意見を述べるということになるのであろう。設置している自治体に対してであろうか，施設の指定管理者に対してであろうか。自治体に対してであるのならいいが，指定管理者に対してであれば，次の指定管理者選定の際に現在の指定管理者に有利に働くということにはならないのだろうか。ボランティアを導入していたら，そのボランティアは自治体のために活動しているのか，指定管理者のために活動しているということになるのか。現実的な対応がなされているのだろうが，これらの問いは，そもそも，社会教育施設では，指定管理者の制度を想定しているものではない，ということに由来するものであろう。末端であれこれの対応が余儀なくされている現実があるのだろう。

4　社会教育計画という発想

　1960年代後半から80年代，今から50年も前の話である。社会教育法の公布施行は1949年であるから，今考えれば，社会教育法の制定当初にずっと近い時期のことである。世の中，そんなに複雑になってはいなかった状況だ。

　東京都三鷹市に，青年学級という事業があった。1966年にそれまでの事業を引き継ぐ形で始められた事業である。当時は1953年に制定された青年学級振興法が存在しており，学級生の運営への参加が推奨されていた。そこでは，「参加」が強く意識された運営が，一人の社会教育主事の「熱意」によってな

されていた。その象徴的な仕掛けが，「来年度青年学級建設委員会」であった。当該年度の学級を続けながら，学級生によって次年度の企画が進められる仕組みである。進行中の学級を点検評価しながら，次の展開を学級生同士で考える，社会教育主事や「講師」（チューター）も参加する仕組みである[3]。

　Plan − Do − See とか，PDCA（Plan − Do − Check − Action）サイクルとかの言葉など知らなくても，同じことが行われていたというわけである。どこかの研修やテキストで聞いたようなことを吹聴する軽いノリの研究者が教えてくれなくても，自分が関係している事業をよりよくしようと思えば，また，ちょっとした工夫とちょっとの熱意があれば考えつくし，できることなのである。形式的に整えるとか，記録を残しておくというようなことに腐心するより，互いに「話す」ことによって考え方を共有し，一緒につくっていくことは，昔から行われていることなのである（この三鷹の事例では，キチンと記録もつくられていた，念のため）。ただし，関係したからわかるのだが，三鷹の事例は，きわめて非効率であり，狭義の目的合理的な営みではないことも間違いはない。

　社会教育計画という発想は，事業を行うのに，目的・目標を決めることから始めて，それを確認修正しながら遂行・達成するという考え方である，というように表現することが可能であろう。行政による社会教育の構成と重ねてみると，社会教育委員という参加の制度的枠組みに沿って計画が立てられ，社会教育施設において，さまざまな段階での評価を組み込みながら活動が展開される，その際専門的職員が支援する，という過程が想定されているということなのであろう。

　実施されるべき事業がどこかで決まっているのでなく，学習者自身が事業・その内容などを決め，自ら評価しながら，次につなげるということが想定されているのである。目的・目標自体が学習者など関係者の参加によって決定される，学習活動の過程で適宜修正されるということも，当たり前に想定されるものなのであろう。社会教育法では，都道府県および市町村に，「社会教育に関する諸計画を立案すること」（社会教育法第十七条第二号）を担う社会教育委員が規定されているが，そのことの意味を十分に認識すべきであろう。もちろん，

社会教育委員が，委員だけで社会教育に関する諸計画＝社会教育計画を立案することは，不可能である。当然，社会教育主事等の支援が必要であり，いわば相互の連携のもとで計画はできあがるものであると考えることが適当であろう。社会教育主事の存在と社会教育委員の存在が，さらには計画主体としての学習者の存在もが必要なのであろう。

　春山作樹という教育学研究者が存在していた。明治末から昭和初年にかけての研究者である。春山は社会教育を「組織化の道程に入りつゝあるもの」というように表現している[4]。

　春山の規定にある，「組織化の道程にある」ということを積極的に理解してみるとどうなるであろうか。学校教育は，組織化・効率化を追求するのに対して，社会教育は組織化・効率化が目的ではないのだと捉えるのである。いつまで経っても社会教育は「道程にある」，言い換えれば，完成形のない教育なのであって，さまざまな改善・工夫が凝らされるのが社会教育の特性なのであると考えることはできないかということである。完成形なるものが出現すれば，それは「社会教育」ではないのである。どこでも同じ「社会教育」が存在するとは限らないのであり，むしろその時・その地域での「社会教育」が存在するということが推奨されるということを考えるといいのであろう。その時・その地域での「社会教育」がどのようにしてできるのか，その過程がまた社会教育の重要な一面なのであろう。組織化・効率化を追求する学校教育をモデルとするのでなく，完成形のない教育，過程としての教育を社会教育のあり方として理解されることも必要なのであろう。

5　社会教育経営という発想

　そもそも教育経営という用語は，学校教育を前提として使われてきたものである。社会教育領域においては，「経営」は，それほど一般的だった用語ではない。10数年位前から，たとえば周辺の博物館などの領域で，「マネージメント」という言葉が用いられ，それを使った「学会」が立ち上がっているが，教

育の観点からの研究を志向するのでなく，効率的な経営，サービス産業としての博物館ともいうべきスタンスでの活動が中心である。

　さて，教育経営という言葉は administration と management という語の間での考え方や発想の違いを背景に用いられてきたと考えられるし，それはまた，学校経営（あるいは学級経営）という一段下げた形で用いられてきたと考えていいのだろう。おそらく，そのような背景・経緯の検討なしに，教育行政担当の役所つまり文部科学省の主導で社会教育主事養成科目として「社会教育経営」なる科目が登場してきたのである。その際，もちろん「研究者」の関与もあったわけであるが，領域の専門的な研究業績をもつ人間によって本質の深い検討がなされたのか，ということを考えてみると，さもありなんということが理解できるようでもある。先に示した，社会教育法を「基本法令」から外すということが行われることと似たような状況があったと考えられるのである。社会教育の領域で，「経営」という発想をどのように考えるかという観点が抜けていて，当然かのように「社会教育経営」という用語が登場してきたとみることが正しい理解であろうかとも思える。何か新しいことをしなければ，という担当者・担当部署の発想からくるものだったのだろうか。

　学校教育では，全国一律に，目的・目標が明確に定められており，そこへ効率的に到達することがめざされる。さまざまな制度や組織も，しっかり決まっており，それに則って教育が展開される。もちろん，公立校に限らず，すべて行政が何らかの形で関与している。学校教育法・学校教育法施行令・学校教育法施行規則などをはじめとする法令や学習指導要領を一瞥すればそれはよく理解できることであろう。国家基準によって，到達すべき目標は明確に示されている。

　いっぽう，社会教育は，行政が関与する社会教育に限定しても，地方分権的に実施されることが基本であり，目的・目標はそれほど明確にされてはいない場合もあり，むしろ非効率がその特徴であったり，制度や組織も，それほど整備されているわけではない。そのことは，「遅れている」わけではなく，社会教育の特性ともいうべきことなのである。そこに，「経営」という概念をもち

込むということは，どういう意味をもつことになるのであろうか。

　1979年に塚本哲人・古野有隣編著『社会教育の経営』(第一法規)というタイトルの本が刊行されている。「社会教育講座」の第3巻としての位置づけである。その第一章の岡本包治による書き出しでは，「近年，社会教育行政の作用をめぐって『経営』という概念が多用されてはじめている」として，「それは，行政活動も施設活動も，自らがそれぞれの目標を設定し，それに必要なヒト，モノ，カネなどの手段を選択し組織し，その手段の組み合わせによる実践活動を展開し，その実践のあと，はたして当初の目標にどの程度まで到達しえたかを評価(反省)するというサイクルで動いていくことをめざすようになったからであるといえよう」と述べられている。

　岡本は，「自分が目標を設定し，自らがその目標への到達度を自己評価する一連の環流作用としてとらえる考え方」であり，目標管理の発想であって，「①目標設定，②計画立案，③計画実践，④自己評価の四つのステップが，社会教育経営の内容であるといってもよい」としている[5]。岡本の議論で注目すべきは，「自ら」とか「自分」「自己」という用語であろう。また，「選択」「反省」にも注目していい。

　岡本の記述のとおり，1980年前後には，「経営」という用語が社会教育の領域でも出現するようにはなったが，それらは，たとえば「社会教育施設の経営計画」(岡本包治・山本恒夫編著『社会教育計画』第一法規，1975)，「生涯教育的経営」(辻功・新井郁男編『生涯学習援助の企画と経営』〈生涯学習講座3〉第一法規，1989)，「施設経営」(吉川弘・角替弘志編『生涯学習施設経営の今日的効用』〈生涯学習講座4〉第一法規，1989)，というような施設やそこでの事業の経営というような関心からの用語法であった。『社会教育の経営』においても，目次をみれば，調査・指導者・団体リーダー・大学開放・学校開放・学級講座・地域活動・子ども会・社会教育主事・企業内教育・機会均等・等の機関や分野などが，「雑然と」並んでいる状況であり，「経営論」という発想が必ずしも社会教育の諸領域になじんでいるというわけではないことが理解できるかのようである。

　このことは，社会教育の領域に「経営」という発想がなかなかなじむもので

はないことを示していると考えることにつながるのだともいえるのだろう。岡本の「自ら」「自分」「自己」などの用語は,「社会教育経営」より,むしろ「社会教育計画」に親和的なのであろう。それは,社会教育の特性を考えてみれば理解できるのかもしれない。

ところで,博物館の領域などでは,「ファンドレイジング」という用語がよく使われるようになっている。米国などで,行政ではなく民間の力で設立・運営されている博物館,自らの理念を基礎にした活動を展開する博物館では資金を捻出するための努力として,何らかの形で寄付を募ることが一般的であり,そういう背景がある用語である。日本ではあまり聞き慣れない用語であったが,先に述べたような博物館の領域などやNPOの活動が活発になるなかで「マネージメント」が意識されるようになってからは,一般的になってきた用語である。理念に共鳴し,あるいは意気に感じて寄付をするということが,日本においても次第に広がってきているのである。発達したwebを利用して寄付を募る「クラウドファンディング」も一般的になっている。このことをどう考えるかである。「社会教育経営」という発想からは,大きく評価されることであろう。2020年に総理大臣の座に就いた菅義偉のキャッチコピー「自助・共助・公助・そして絆」にも沿った流れである。

しかし,考えなければならないことは,行政が担う社会教育のなかで,そのような「ファンドレイジング」や「クラウドファンディング」がどういう意味をもつかということである。サービス産業・観光産業としての博物館という位置づけならば,資金調達を自力で行うことも必要なことであろう。しかし,教育機関として位置づけられる博物館なら,行政の担う教育の活動で,その教育機関・施設が自力で資金を調達すべきだということにはならないのではなかろうか。これは,「サービス」を有料にするということとも関連することである。

つまり,その機関・施設が,公共的課題に対応した事業展開をしているのかどうか,対象となる事業が真に公共的なものになっているかどうか,が重要な論点になる。公共的な事業をしている教育機関が,公費を使用できずに自力で資金調達をしなければならない状況は歪んでいるとしか考えられないのではな

かろうか。公費が充当されず，「クラウドファンディング」でしか資金調達をできない事業は，行政が担う公共的な事業でないといえると考えるのが普通であろう。公費をどう配分するかに問題も存在する場合もあろうが，それはまた別な問題である。行政の関与する社会教育のあり方が問われているのである。

6　社会教育主事・「社会教育士」・社会教育委員

　教育委員会事務局におかれる社会教育主事を養成する科目を取得すると，「社会教育士」という称号を名乗れるという制度が発足した。「『社会教育士』になれますよ」という宣伝文句は不正確なのだが，いわば「資格商法」の類の「文科省商法」で「社会教育主事養成業界」を支援しようという企画だという批判も可能であろう。関係者としてはありがたいことなのだろうが，果たして喜んでばかりいていいのだろうか[6]。

　新しいカリキュラムで養成される社会教育主事ならびに「社会教育士」には，どのような能力が備わることが求められているのだろうか。そのことについての議論は，アカデミックに展開されているのだろうか。そもそも社会教育主事は，行政の「司令塔」として行政が関与する社会教育の全体の調整にあたる任務をもつものであろう。それを，民間が提供する学習機会・学習場面で活動することが想定される「社会教育士」と同じ内容での養成過程を措定すること自体に問題はないのか。社会教育主事と公民館主事の違いに関する議論は，社会教育法に社会教育主事の規定が追加された1951年前後からずっと存在してきたのであるが，そのような経緯もわからずに，あるいは意識的に無視して進められてきた施策だと考えられるものである（なんて，言っても，関心ある人は，どれほどいるのだろう）。

　改訂された社会教育主事養成カリキュラムをみてみればわかることであるが，「実際の学習場面で役立つ」ことを意識したカリキュラムであることが理解できる。それは，直接の学習支援の際に意味のあることであって，社会教育主事に本来期待されてきたこととは異なる類のことなのである。技法修得中心の内

容になっており，それらは不要だとまではいわないが，社会教育主事として基本の事柄ではないとは考えられないか。「社会教育士」としての活動であるのならいいが，少なくとも，行政に籍をおく社会教育主事に必須の重要な技法というわけではなかろう。社会教育の本質を理解するほうが，より重要なことであろう。合意形成のためのワークショップをうまく運営できても，そこでの合意は果たして深い合意なのであろうか，はなはだ疑わしい。合意そのものや合意形成ということについてどう考えるかのほうが重要なのであろう。社会教育主事や「社会教育士」は，ワークショップの運営者なのではないし，また，そのような「学習」の組織者の位置に甘んじる存在ではなかろう[7]。

　長浜功に「社会教育の職員と姿勢」という小論がある。専門職員論といえるものであり，学術論文風でないのだが，きわめて示唆的なことが書かれている。長浜は，社会教育職員の専門性について，「自分の仕事の上で居住する人々にどれだけ信頼され，たよりにされているか」「社会教育の仕事には時間という名の拘束はない」「住民に対するサービスの重要な柱である，情報の提供について，ひとことでいえば，価値のある選択を的確になしうる」「職場のみならず，己の勤務する職場の『顔役』であること」という点を指摘している[8]。

　技法に注目するより，このような「専門性」をもつ職員がどのようにして育つか・確保できるかの方策を考えることが，社会教育の領域での重要な課題なのであろう。社会教育の本質から，社会教育主事等の専門性を問うということなのである。

　与えられた事業を効率的に遂行することに注力するか，非効率かもしれないが，学習者を強く意識した学習活動を展開していくか，どういう選択がなされるべきか，社会教育の本質とか特性とかを基礎にした検討が求められるということなのであろう。その際，職員とともに，社会教育委員の存在も意識されることが望まれる。そのような仕組みの妙味を感じられるといい。

【鈴木　眞理】

【注】

1) このあたりについては，鈴木眞理『新時代の社会教育』放送大学教育振興会，2015, p.91-94. を参照されたい。

2) このあたりについては，鈴木眞理「戦後の社会教育を検証する—何を得て何を失ったか」『社会教育』2011 年 12 月号，p.10. を参照されたい。

3) 小川正美「青年学級」碓井正久編著『社会教育の学級・講座』〈講座現代社会教育Ⅴ〉亜紀書房，1977, p.211-233. この仕組みは，講師補佐制度，毎週の学級生による新聞づくり，年度のまとめの冊子や文集づくり，毎回の終了後のたまり場での「2 次会」など，さまざまな仕掛けの 1 つとして存在していたことも注意しなければいけない。

4) このあたりについては，鈴木眞理「社会教育の特性と社会教育の研究」『生涯学習・社会教育研究ジャーナル』第 3 号，2009, p.141-174. や，倉内史郎「春山作樹『教育学概論』」碓井正久編『社会教育』講談社 1981, p.228-251. を参照されたい。

5) 岡本包治「社会教育経営の評価」塚本哲人・古野有隣編著『社会教育の経営』第一法規，1979, p.3.

6) 全国社会教育職員養成研究連絡会（社養協）という団体がある。この団体は，かつて，日本社会教育学会の会長をしていた小川利夫が，社会教育主事を養成している大学の連合組織をつくろうと，社会福祉系の領域を模して提案したことを発端としたものである。筆者は，当時，同学会の事務局長をしており，可能性を探る役割を担っていたが，結局，「民主的な」関係者を中心とする個人参加の団体となり，大学の連合組織ということでなく動いてきた。文部省・文部科学省の担当部局が，仲介する職員もいて組織の位置づけなども深く理解しないまま，「連携」を続けてきていることは，理解しがたいことでもある。なお，この団体が，「社会教育士」商法に「便乗」し，「一般社団法人日本社会教育士会」なる団体を設立したことは，さらに事態を複雑にするものと考えられよう。社会教育主事と「社会教育士」なる称号との区別をしっかりすることが求められる。

7) このあたりについては，鈴木眞理[社会教育における学習者を考える視座」鈴木眞理・青山鉄兵・内山淳子編著『社会教育の学習論』〈講座 転形期の社会教育Ⅳ〉学文社，2016, p.165. を参照されたい。社会教育職員の専門性という議論がキチンとなされなければいけない。それなしでの，状況追随的な行動は大学関係者が行うことではなかろう。学術的に十分な検討のない科目が，資格取得のために必要だからといって，大学のカリキュラムに堂々と位置づく。それは，大学の自律性や専門性を損なうことにもつながるのであろう。制度的根拠がないのに，行政に求められる書類を競って提出し「了解」をもらうことや，誰がその点検・評価するのかについても，前述の団体からも学術団体からも異議は唱えられない。社会教育のみならず大学教育さえも自壊の道を歩んでいるわけでないのならいいが。

8) 長浜功「社会教育の職員と姿勢」『社会教育の思想と方法』大原新生社，1980, p.149-163. また，鈴木眞理「社会教育の制度と社会教育行政の論理」鈴木眞理・稲葉隆・藤原文雄編著『社会教育の公共性論』〈講座 転形期の社会教育Ⅴ〉学文社，2016, p.179 も参照されたい。

巻末資料

■**参考ウェブサイト**（URL などの情報はすべて 2021 年 1 月現在）

1. 法規
□ **e-Gov 法令検索**　https://elaws.e-gov.go.jp/
　憲法・法律・政令・勅令・府令・省令・規則について，各府省が確認した法令データを提供している。法令は随時改正されるので，教育基本法，社会教育法，図書館法，博物館法，地方教育行政の組織及び運営に関する法律など，最新の条文はこちらで検索のこと。

□ **国立国会図書館　日本法令索引**　https://hourei.ndl.go.jp/#/
　このサイトでは，法令の改廃経過が参照できる。

2. 国の統計・世論調査
□ **e-Stat 政府統計の総合窓口**　https://www.e-stat.go.jp/
　各府省等が実施している統計調査のポータルサイト。総務省統計局が整備し，独立行政法人統計センターが運用管理を行っている。文部科学省の社会教育調査，地方教育費調査などの過去データはすべてこのサイトで閲覧できる。

□ **世論調査**　https://survey.gov-online.go.jp/
　内閣府大臣官房政府広報室が実施している世論調査のポータルサイト。1947 年以降の世論調査が閲覧できる。社会教育に関連する世論調査としては，数年ごとに実施されている「生涯学習に関する世論調査」がある。

3. 国の組織
□ **文部科学省**　https://www.mext.go.jp/
　教育基本法第 17 条第 1 項による政府が定める教育振興基本計画，中央教育審議会等の過去の答申，政策評価および文部科学省所管独立行政法人評価，文部科学白書をはじめとする各種刊行物，文部科学省委託調査の結果などが閲覧できる。社会教育調査や地方教育費調査も直近数回分についてはこちらにも掲載されている。そのほか各種統計情報へのリンクも充実している。

□ **国立教育政策研究所社会教育実践研究センター**　https://www.nier.go.jp/jissen/
　同センターが開催している社会教育職員のための各種研修に関する情報のほか，調査研究報告書や基礎資料（公民館，図書館，博物館，ボランティア）が閲覧できる。

□文部科学省所管の独立行政法人（国立社会教育施設）
　下記の独立行政法人のウェブサイトでは，各法人の業務に関する情報に加え，調査研究報告書，各種データなどの閲覧ができる。
・国立青少年教育振興機構　https://www.niye.go.jp/
・国立女性教育会館　　　　https://www.nwec.jp/
・国立科学博物館　　　　　https://www.kahaku.go.jp/
・国立美術館　　　　　　　http://www.artmuseums.go.jp/
・国立文化財機構　　　　　https://www.nich.go.jp/
・日本芸術文化振興会　　　https://www.ntj.jac.go.jp/

4. 社会教育にかかわる主な団体
　下記の全国的な団体のウェブサイトでは，各団体の事業に関する情報に加え，調査研究報告書，各種データなどの閲覧ができる。

・一般社団法人 全国社会教育委員連合　http://www.shakyoren.or.jp/
・公益社団法人 全国公民館連合会　　　https://www.kominkan.or.jp/
・公益社団法人 日本図書館協会　　　　https://www.jla.or.jp/
・公益財団法人 日本博物館協会　　　　https://www.j-muse.or.jp/
・公益財団法人 日本スポーツ協会　　　https://www.japan-sports.or.jp/

　なお，地方自治体の情報については，例規集（条例・規則のデータベース）をはじめ，自治体，教育委員会，団体のウェブサイトを参照のこと（下記は東京都の例）。

・東京都例規集データベース　http://www.reiki.metro.tokyo.jp/
・東京都　　　　　　　　　　https://www.metro.tokyo.lg.jp/
・東京都教育委員会　　　　　https://www.kyoiku.metro.tokyo.lg.jp/
・東京都公民館連絡協議会　　https://tokyokouminkan.wixsite.com/tokoren/

■社会教育行政に関する主要な出来事（第14章参照）

【内山　淳子】

1872（明治5）年	学制発布　文部省博物館の開催　書籍館の設置
1918（大正7）年	臨時教育会議「通俗教育の改善に関する答申」
1947（昭和22）年	教育基本法・学校教育法制定
1949（昭和24）年	社会教育法制定
1953（昭和28）年	中央教育審議会発足　青年学級振興法制定
1959（昭和34）年	社会教育関係団体への補助金支出を可能に（社会教育法改正）
1965（昭和40）年	ユネスコにおいて「生涯教育」の提唱
1971（昭和46）年	社教審答申「急激な社会構造の変化に処する社会教育のあり方について」
1981（昭和56）年	中教審答申「生涯教育について」
1984（昭和59）年	臨時教育審議会設置　第1次答申（1985）～最終答申（1987）
1990（平成2）年	生涯学習の振興のための施策の推進体制等の整備に関する法律制定
1992（平成4）年	生涯審答申「今後の社会の動向に対応した生涯学習の振興方策について」
1996（平成8）年	中教審答申「21世紀を展望した我が国の教育の在り方について」（第1次）
1998（平成10）年	阪神・淡路大震災発生
1998（平成10）年	中教審答申「今後の地方教育行政の在り方について」 生涯審答申「社会の変化に対応した今後の社会教育行政の在り方について」，特定非営利活動促進法（NPO法）成立
1999（平成11）年	地方分権一括法成立 公民館運営審議会が任意設置制へ変更（社会教育法改正） 青年学級振興法廃止
2001（平成13）年	省庁再編　文部科学省設置・生涯学習政策局設置 国立社会教育施設が独立行政法人に移行（社会教育法改正）
2002（平成14）年	完全学校週5日制実施
2003（平成15）年	地方自治法改正　指定管理者制度導入
2006（平成18）年	教育基本法改正
2008（平成20）年	社教主事による学校での教育活動への助言が可能に（社会教育法改正）
2011（平成23）年	東日本大震災発生
2013（平成25）年	土曜授業の実施が可能に（学校教育法施行規則一部改正）
2015（平成27）年	中教審答申「新しい時代の教育や地方創生に実現に向けた学校と地域の連携・協働の在り方と今後の推進方策について」
2018（平成30）年	中教審答申「人口減少時代の新しい地域づくりに向けた社会教育の振興方策について」
2019（令和元）年	公民館・図書館・博物館の首長部局所管が可能に（地教行法改正）

索　　引

社会教育経営の基礎

2021年2月9日　第1版第1刷発行

著者　山本　珠美
　　　熊谷愼之輔
　　　松橋　義樹

発行者　田中　千津子

発行所　株式
　　　　会社　学文社

〒153-0064　東京都目黒区下目黒3-6-1
電話　03（3715）1501（代）
FAX　03（3715）2012
https://www.gakubunsha.com

印刷／新灯印刷

ISBN978-4-7620-3037-6